Gert Haendler

Die abendländische Kirche im Zeitalter der Völkerwanderung

Kirchengeschichte
in Einzeldarstellungen

I/5

herausgegeben von
Gert Haendler, Kurt Meier
und Joachim Rogge

Gert Haendler

Die abendländische Kirche im Zeitalter der Völkerwanderung

Evangelische Verlagsanstalt
Berlin

Meinem Vater
Professor D. Otto Haendler
in herzlicher Dankbarkeit
zum 90. Geburtstag am 18. April 1980

CIP-Kurztitelaufnahme:
Haendler, Gert:
Die abendländische Kirche im Zeitalter
der Völkerwanderung / Gert Haendler.
– 3. Aufl. – Berlin: Evangelische Verlagsanstalt, 1987. – 150 S. – (Kirchengeschichte in Einzeldarstellungen; 1,5)
NE: GT

Kirchengeschichte in Einzeldarstellungen
ISBN 3-374-00017-7

Bd. I/5 ISBN 3-374-00015-0

Bisher erschienen:
Bd. I/1 ISBN 3-374-00295-1
Bd. I/3 ISBN 3-374-00297-8
Bd. I/6 ISBN 3-374-00298-6
Bd. I/7 ISBN 3-374-00299-4
Bd. II/3–4 ISBN 3-374-00300-1
Bd. II/6 ISBN 3-374-00016-9

3. Auflage 1987

Lizenz 420.205-18-87 · LSV 6310 · H 4865
Schutzumschlag und Einband: Werner Sroka
Printed in the German Democratic Republic
Druck: Grafische Werke Zwickau
00980

Inhaltsverzeichnis

Abkürzungsverzeichnis

AdW	Akademie der Wissenschaften
BKV	Bibliothek der Kirchenväter
CChL	Corpus Christianorum Series Latina
CSEL	Corpus scriptorum ecclesiasticorum Latinorum
DA	Deutsches Archiv für Geschichte des Mittelalters
EMZ	Evangelische Missionszeitschrift
FMSt	Frühmittelalterliche Studien
GCS	Die griechischen christlichen Schriftsteller der ersten drei Jahrhunderte
GdV	Geschichtsschreiber der deutschen Vorzeit
HJb	Historisches Jahrbuch (der Görregesellschaft)
HKG (J)	Handbuch der Kirchengeschichte. Hrsg. v. Hubert Jedin
HZ	Historische Zeitschrift
JAC	Jahrbuch für Antike und Christentum
KGiE	Kirchengeschichte in Einzeldarstellungen
KiG	Die Kirche in ihrer Geschichte
MGH	Monumenta Germaniae historica
– A	Antiquitates
– AA	Auctores antiquissimi
– Cap	Capitularia regnum Francorum
– Conc	Concilia
– Ep	Epistolae
– L	Leges
– SS	Scriptores
– SRM	Scriptores rerum Merovingicarum
MIÖG	Mitteilungen des Instituts für österreichische Geschichtsforschung
NZSTh	Neue Zeitschrift für systematische Theologie
PG	Patrologiae cursus completus. Accurante Jacques-Paul Migne, Series Graeca
PL	– Series Latina
RAC	Reallexikon für Antike und Christentum
SB	Sitzungsbericht
SC	Sources chrétiennes
ThJb (L)	Theologisches Jahrbuch. Leipzig
ThJB (H)	Theologische Jahrbücher. Halle
ThLZ	Theologische Literaturzeitung
ThR	Theologische Rundschau
TKTG	Texte zur Kirchen- und Theologiegeschichte
TU	Texte und Untersuchungen zur Geschichte der altchristlichen Literatur
WdF	Wege der Forschung
WZ	Wissenschaftliche Zeitschrift (Leipzig, Halle usw.)
ZfG	Zeitschrift für Geschichtswissenschaft
ZKG	Zeitschrift für Kirchengeschichte
ZRG	Zeitschrift für Rechtsgeschichte
ZThK	Zeitschrift für Theologie und Kirche

Literaturverzeichnis

1. Quellen

Monumenta Germaniae historica (seit 1826). Für diesen Band wichtig: 17 Bände Auctores antiquissimi, 7 Bände Scriptores rerum Merovingicarum, ferner Leges I, Concilia I, Diplomata I, Epistolae I–III

K. Mohlberg (Hrsg.), Das fränkische Sacramentarium Gelasianum in alemannischer Überlieferung, St. Gallen 1918, ²1939

W. Streitberg, Die gotische Bibel (German. Bibliothek II, 3,1), Heidelberg 1919, ⁶1971

J. F. Kenney, The Sources of the Early History of Ireland, New York 1929

Sacramentarium Veronese, ed. *L. C. Mohlberg,* Rom 1956

Missale Gallicanum vetus, ed. *L. C. Mohlberg,* Rom 1958

W. Lange, Texte zur germanischen Bekehrungsgeschichte, Tübingen 1962

P. P. Joannou, Les canons des concils oecumeniques, Grottaferrata 1962 ff.

L. Bieler, The Irish Penitentials (Scriptores Latini Hiberniae V), Dublin 1963

K. Gamber, Codices liturgici Latini antiquiores, Freiburg (Schweiz) 1963, ²1968

C. Munier, Concilia Galliae a.314–a.506 (CChL 148), Turnhout 1963

Textus patristici et liturgici, hrsg. v. *K. Aland* und *W. Schneemelcher,* Berlin (West) 1964 ff.

P. E. Brigthman / C. E. Hammond, Liturgies Eastern and Western, Oxford 1965 ff.

P. R. Coleman-Norton, Roman State and Christian Church. A collection of Legal Documents, 3 Bde., London 1966

Corpus Christianorum, Series Latina, Continuatio mediaevalis, Turnhout 1970 ff.

L. Bieler, Four Latin Lives of St. Patrick (Scriptores Latini Hiberniae VIII), Dublin 1971

M. Erbe, Quellen zur germanischen Bekehrungsgeschichte 5.–8. Jahrhundert, TKTG, hrsg. v. *G. Ruhbach,* Heft 15, Gütersloh 1971

2. Deutsche Übersetzungen

Geschichtsschreiber der deutschen Vorzeit, seit 1847 verschiedene Auflagen und Gesamtausgaben

Th. Hänlein, Die Bekehrung der Germanen zum Christentum, 2 Bde. (Voigtländers Quellenbücher 78/78a), Leipzig 1914/1919

H. Bartels, Die Anfänge des Christentums in Deutschland, Leipzig 1926

Aurelius Augustinus in deutscher Sprache, hrsg. v. *C. J. Perl,* München/Paderborn/Wien 1952 ff.

St. Augustin, der Lehrer der Gnade, hrsg. v. *A. Kunzelmann* u. *A. Zumkeller,* Würzburg 1955 ff.

St. Augustin, der Seelsorger, hrsg. v. *A. Kunzelmann* und *A. Zumkeller,* Würzburg 1958 ff.

Ausgewählte Quellen zur deutschen Geschichte des Mittelalters, hrsg. v. *R. Buchner,* Frhr.-v.-Stein-Gedächtnis-Ausgabe, Berlin o. J. (1958 ff.)

G. Haendler, Das Christentum und die Germanen bis Bonifatius (Quellen, hrsg. v. *H. Ristow* und *W. Schulz,* Heft 16, I), Berlin 1961

Eugippius, Das Leben des heiligen Severin, lateinisch und deutsch, Einführung, Übersetzung und Erläuterungen von *R. Noll* (Schriften und Quellen der alten Welt, hrsg. v. d. AdW Berlin, Bd. 11), Berlin 1963

G. Haendler, Kaisertum und Papsttum bis zu Nikolaus I. (Quellen, hrsg. v. *H. Ristow* und *W. Schulz,* Heft 18), Berlin 1964

Aurelius Augustinus, Ausgewählte Briefe. Nach Auswahl und Übersetzung von *A. Hoffmann* zusammengestellt von *H. J. Diesner,* Leipzig 1966

A. M. Ritter, Alte Kirche (Kirchen- und Theologiegeschichte in Quellen Bd. I), Neukirchener Verlag 1977

3. *Periodica – Literaturgeschichten*

Archiv der Gesellschaft für ältere deutsche Geschichtskunde, 1820 ff., später mehrfach umbenannt, seit 1950: Deutsches Archiv für Erforschung des Mittelalters

W. Wattenbach / W. Levison / H. Löwe, Deutschlands Geschichtsquellen im Mittelalter, Vorzeit und Karolinger, 1–5 mit Beiheft, Weimar 1952–1973

N. K. Chadwick, Poetry and Letters in Early Christian Gaul, London 1955

Études Augustiniennes, Paris 1954 ff.

Revue des Études Augustiniennes, Paris 1955 ff.

Ausgrabungen und Funde, Berlin 1956 ff.

Recherches Augustiniennes, Paris 1958 ff.

Studia Monastica, Montserrat 1959 ff.

Vivarium, Leiden 1962 ff.

R. C. van Caenegem, Kurze Quellenkunde des Westeuropäischen Mittelalters, Göttingen 1964

FMSt, Berlin (West) / New York 1967 ff.

Dahlmann / Waitz, Quellenkunde der deutschen Geschichte, 10. Aufl. von *H. Heimpel* und *H. Geuß,* Stuttgart 1969 ff.

J. Vogt / N. Brockmeyer, Bibliographie zur antiken Sklaverei, Bochum 1971

G. Denzler (Hrsg.), Päpste und Papsttum, Stuttgart 1971 ff.

J. Herrmann (Hrsg.), Veröffentlichungen des Zentralinstituts für Alte Geschichte und Archäologie der AdW der DDR, Berlin 1973 ff.

F. Brunhölzl, Geschichte der lateinischen Literatur des Mittelalters I, München 1975

Lexikon des Mittelalters, München/Zürich 1977 ff.

4. *Allgemeine Geschichte – Wirtschaftsgeschichte*

A. Dopsch, Die Wirtschaftsentwicklung der Karolingerzeit, 2 Bde., Weimar 1911, ^{3}1962

E. Stein, Geschichte des spätrömischen Reiches, Wien 1928, ^{2}1959

F. W. Walbank, The Decline of the Roman Empire in the West, London 1946

M. Deansly, A History of the Early Medieval Europe, London 1956

H. Dannenbauer, Die Entstehung Europas, 2 Bde., Stuttgart 1959/1962

A. J. Njeussychin, Die Entstehung der abhängigen Bauernschaft als Klasse der frühfeudalen Gesellschaft in Westeuropa vom 6.–8. Jahrhundert, Berlin 1961

F. Behn, Römertum und Völkerwanderung, Stuttgart 1963

E. Werner, Einige Charakteristika des vorder- und mittelasiatischen Feudalismus, ZfG 1963, 1134–1145

E. Müller-Mertens, Zur Genesis der Feudalgesellschaft im Lichte schriftlicher Quellen, ZfG 1964, 1384–1402

H. J. Bartmuß, Zur Genesis der Feudalgesellschaft in Deutschland, ZfG 1965, 1001–1010

F. K. Strobecker, Germanentum und Spätantike, Zürich 1965

J. Vogt, Der Niedergang Roms. Metamorphose der antiken Kultur von 200–500, Zürich 1965

O. Gigon, Die antike Kultur und das Christentum, Gütersloh 1966
E. Müller-Mertens, Zur Feudalentwicklung im Okzident und zur Definition des Feudalverhältnisses, ZfG 1966, 52–73
J. Herrmann, Frühe klassengesellschaftliche Differenzierungen in Deutschland, ZfG 1966, 398–422
J. Vogt, Kulturwelt und Barbaren. Zum Menschenbild der spätantiken Gesellschaft, Wiesbaden 1967
The Provinces of the Roman Empire, 3 Bde., London 1967/1969/1974
P. E. Hübinger, Kulturbruch oder Kulturkontinuität im Übergang von der Antike zum Mittelalter, WdF 201, Darmstadt 1968
F. G. Maier, Die Verwandlung der Mittelmeerwelt (Fischers Weltgeschichte, Bd. 9), Hamburg 1968
P. E. Hübinger, Zur Frage der Periodengrenze zwischen Altertum und Mittelalter, WdF 51, Darmstadt 1969
K. Christ (Hrsg.), Der Untergang des römischen Reiches, WdF 169, Darmstadt 1969
L. Varady, Das letzte Jahrhundert Pannoniens 376–476, Budapest 1969
F. L. Ganshof, Was ist Lehnswesen?, Darmstadt 1971
B. Töpfer, Zur Frage der gemeinsamen Wesensmerkmale der vorkapitalistischen Klassengesellschaften und der Anwendungsmöglichkeit des Revolutionsbegriffs, Ethnographisch-archäologische Zeitschrift 12 (1971), 221–230
J. Herrmann, Sozialökonomische Grundlagen und gesellschaftliche Triebkräfte für die Herausbildung des deutschen Feudalstaates, ZfG 1971, 752–789
R. Günther, Zur Entstehung des Feudalismus bei den Franken, ZfG 1972, 427–443
J. Herrmann, Der Prozeß der revolutionären Umwälzung zum Feudalismus in Europa und die Herausbildung des deutschen Volkes, ZfG 1972, 1228–1233
J. Vogt, Sklaverei und Humanität, Studien zur antiken Sklaverei und ihrer Erforschung, Wiesbaden 1972
J. Straub, Regeneratio imperii, Darmstadt 1972
N. Brockmeyer, Sozialgeschichte der Antike, Stuttgart 1972
E. Schwarz, Völkerwanderung und Staatsdenken, Zeitschrift für Bayrische Landesgeschichte 35 (1972), 893–945
H. Nehlsen, Sklavenrecht zwischen Antike und Mittelalter (Göttinger Studien zur Rechtsgeschichte 7), Göttingen 1972
J. Herrmann, Allod und Feudum als Grundlagen des west- und mitteleuropäischen Feudalismus und der feudalen Staatsbildung, Beiträge zur Entstehung des Staates, hrsg. v. *J. Herrmann* und *I. Sellnow,* in: Veröffentlichungen des Zentralinstituts für Alte Geschichte und Archäologie der AdW der DDR, hrsg. v. *J. Herrmann,* Bd. 1, Berlin 1973
W. Bleiber, Politische Macht und sozialökonomische Grundlagen bei der Ausbildung feudaler Verhältnisse in West- und Mitteleuropa, ZfG 1973, 810–829
L. Stern / H. J. Bartmuß, Deutschland in der Feudalepoche von der Wende des 5./6. Jh. bis zur Mitte des 11. Jh., Berlin 1973
A. Heuss, Das Revolutionsproblem im Spiegel der antiken Geschichte, HZ 216 (1973), 1–72
Chr. Meier, Kontinuität – Diskontinuität im Übergang von der Antike zum Mittelalter, in: Kontinuität – Diskontinuität in den Geisteswissenschaften, hrsg. v. *H. Trümpy,* Darmstadt 1973
W. Seyfarth, Römische Geschichte. Kaiserzeit I/II, Berlin 1974
H. Wunder, Feudalismus. 10 Aufsätze (Nymphenburger Texte zur Wissenschaft 17), München 1974

J. Herrmann, Das Problem der revolutionären Veränderungen in den vorkapitalistischen Gesellschaftsformationen und die Rolle der Volksmassen (SB der AdW Berlin, Heft 116, 1974), Berlin 1975

J. Fleckenstein, Grundlagen und Beginn der deutschen Geschichte (Deutsche Geschichte, hrsg. v. *J. Leuschner,* Bd. 1), Göttingen 1974

C. Brühl, Palatium und Civitas, Studien zur Profantopographie spätantiker civitates vom 3.–13. Jh., Bd. 1, Köln/Wien 1975

J. Herrmann / I. Sellnow, Die Rolle der Volksmassen in der Geschichte der vorkapitalistischen Gesellschaftsformationen = Veröffentlichungen des Zentralinstituts für Alte Geschichte und Archäologie der AdW der DDR, hrsg. v. *J. Herrmann,* Bd. 7, Berlin 1975, darin:

J. Herrmann, Die Rolle der Volksmassen für den historischen Fortschritt in den vorkapitalistischen Gesellschaftsordnungen, ebd., 17–28

R. Günther, Die Volksbewegungen in der Spätantike und ihre Bedeutung für den gesellschaftlichen Fortschritt im Feudalismus, ebd., 167–173

A. R. Korsunskij, Über einige charakteristische Züge des sozialen Kampfes der Volksmassen in der Periode des Übergangs von der Urgesellschaft zur Feudalgesellschaft in Europa, ebd., 195–210

G. Alföldy, Römische Sozialgeschichte, Göttingen 1975

Th. Schieffer, Europa im Wandel von der Antike zum Mittelalter (Handbuch der Europäischen Geschichte I), Stuttgart 1976

R. Günther, Einige neue Untersuchungen zu den Laeten und Gentilen in Gallien im 4. Jh. und zu ihrer historischen Bedeutung, Klio 59 (1977), 311–321

E. M. Stajerman, Die ideologische Vorbereitung des Zusammenbruchs der Produktionsweise der Sklavenhaltergesellschaft, Klio 60 (1978), 225–234

R. Günther, Die Epoche der sozialen und politischen Revolution beim Übergang von der antiken Sklavereigesellschaft zum Feudalismus, Klio 60 (1978), 235–246

A. R. Korsunskij, Zur Entstehung von Elementen feudaler Beziehungen im weströmischen Kaiserreich, Klio 60 (1978), 247–258

J. Herrmann, Der Untergang des weströmischen Reiches in der historischen Literatur des 18. Jh. in Deutschland, Klio 60 (1978), 409–422

E. Demougeot, Bedeutet das Jahr 476 das Ende des weströmischen Reiches im Okzident?, Klio 60 (1978), 371–382

J. Irmscher, Das Ende des weströmischen Kaisertums in der byzantinischen Literatur, Klio 60 (1978), 397–402

5. *Allgemeine Darstellungen zur Kirchengeschichte jener Epoche*

H. v. Schubert, Geschichte der christlichen Kirche im Frühmittelalter, Tübingen 1921, Neudruck Darmstadt 1962

Fliche/Martin, Histoire de l'église, Bd. 4 und 5, Paris 1947/1948

J. Fischer, Die Völkerwanderung im Urteil der zeitgenössischen kirchlichen Schriftsteller, Heidelberg 1948, ²1958

G. Haendler, Geschichte des Frühmittelalters und der Germanenmission (Die Kirche in ihrer Geschichte, E 1), Göttingen 1961, ²1976

J. Daniélou/H. J. Marrou, Von der Gründung der Kirche bis zu Gregor d. Gr. (Geschichte der Kirche I), Einsiedeln 1963

G. Haendler, Die Trennung der abendländischen Kirchen vom römischen Staat im Zeitalter der Völkerwanderung, ThLZ 88 (1963), 881–890

W. Schneemelcher, Der diakonische Dienst in der alten Kirche, in: Das diakonische Amt der Kirche, hrsg. v. *H. Krimm* I, Stuttgart ²1965

La conversione al cristianesimo nell'Europa dell'alto medioevo (Settimane di studio del centro italiano di studi sull'alto medioevo 14), Spoleto 1967
A. Hamman, Vie liturgique et vie sociale dans l'antiquité chrétienne, Paris 1968
J. N. Hilgarth, The Conversion of Western Europe 350–750, London 1969
R. Lorenz, Das vierte bis sechste Jahrhundert [Westen]. (Die Kirche in ihrer Geschichte, C 1), Göttingen 1970
H. Jedin (Hrsg.), HKG (J) II/1 und II/2, Freiburg/Basel/Wien 1973/1975
P. Charanis, Church and State in the Later Roman Empire, Thessalonike 1974
W. H. C. Frend, Der Verlauf der Mission in der Alten Kirche bis zum 7. Jh. (Kirchengeschichte als Missionsgeschichte I), München 1974, 32–50
K. Schäferdiek (Hrsg.), Kirchengeschichte als Missionsgeschichte II/1, München 1977

6. *Archäologie und kirchliche Kunst*

B. Salin, La civilisation mérovingienne, 2 Bde., Paris 1950
W. Schulz, Archäologische Zeugnisse frühen Christentums in Deutschland, WZ Halle 5 (1956) 1057–1066
K. Ziegel, Zum Spangenhelm von Stössen, Ausgrabungen und Funde I, Berlin 1956, 230 ff.
A. Grabar / C. Nordenfolk, Le haut Moyen-Age du IVe au IXe siècle, Genf 1957
K. Böhner, Die fränkischen Altertümer des Trierer Landes, Berlin (West) 1958
F. Fremersdorf (Hrsg.), Die Denkmäler des römischen Köln, Bd. 3–8, Köln 1958–1967
H. v. Petrikovits, Das römische Rheinland (Beihefte der Bonner Jahrbücher 8), Köln 1960
Germania Romana, 3 Bde. (Gymnasium, Beiheft 1, 5 und 7), Heidelberg 1960–1970
B. Schmidt, Die späte Völkerwanderung in Mitteldeutschland, Berlin, Textband 1961, Katalogbände 1970 und 1977
H. Ziliacus, Sylloge inscriptionum christianarum veterum, 2 Bde. Helsinki 1963
Das erste Jahrtausend. Kultur und Kunst im werdenden Abendland an Rhein und Ruhr, hrsg. v. *K. Böhner, V. Elbern* u. a., 3 Bde., Düsseldorf 1964
B. Schmidt, Thüringische Hochadelsgräber der späten Völkerwanderungszeit, Berlin 1964
E. Sauser, Frühchristliche Kunst, Innsbruck 1966
Th. Klauser, Frühchristliche Sarkophage in Wort und Bild, Olten 1966
P. Grimm, Der Beitrag der Archäologie für die Erforschung des Mittelalters, Berlin (West) 1966
A. Grabar, Die Kunst im Zeitalter Justinians (Universum der Kunst, Bd. 10), München 1967
K. Christ, Antike Numismatik, Einführung und Bibliographie, Darmstadt 1967
J. Beckwith, Die Kunst des frühen Mittelalters, München 1967
P. Verzone, Werdendes Abendland (Kunst der Welt), Baden-Baden 1967
E. Diehl, Inscriptiones Latinae Christianae veteres, 2 Bde., 2. Aufl. von *J. Moreau,* Berlin/Zürich 1967
W. Nysssen / F. P. Sonntag, Der Gott der wandernden Völker, Leipzig 1969
J. Werner, Neue Analyse des Childerichgrabes von Tournay, Rheinische Vierteljahresblätter 35 (1971), 43 ff.
W. Boppert, Die frühchristlichen Inschriften des Mittelrheingebietes, Mainz 1971
K. H. Krüger, Königsgrabkirchen der Franken, Angelsachsen und Langobarden bis zur Mitte des 8. Jh. (Münstersche Mittelalter-Schriften 4), München 1971
J. Engemann, Anmerkungen zu spätantiken Geräten des Alltagslebens mit christlichen Symbolen und Inschriften, JAC 15 (1972) 154–173
J. Herrmann / P. Donat, Corpus archäologischer Quellen zur Frühgeschichte auf dem Gebiet der DDR, Berlin 1973 ff.

H. W. Böhme, Zur Chronologie der germanischen Grabfunde des 4.–5. Jh. zwischen Elbe und Loire (Text- und Tafelband), München 1974
Fr. Schlette, Germanen zwischen Thorsberg und Ravenna. Kulturgeschichte der Germanen bis zum Ausgang der Völkerwanderung, Leipzig/Jena/Berlin 1974

7. *Amt – Papsttum – Kirchenrecht*

E. Caspar, Geschichte des Papsttums, 2 Bde., Tübingen 1930/1933
F. X. Seppelt, Geschichte der Päpste II, München ²1955
W. Ullmann, Die Machtstellung des Papsttums im Mittelalter, Graz/Wien/Köln 1960
J. Straub, Die Verurteilung der 3 Kapitel durch Vigilius, Kleronomia 2 (1970) Thessalonich, 347–375
E. Jerg, Vir venerabilis. Untersuchungen zur Titulatur der Bischöfe in den außerkirchlichen Texten der Spätantike, Wien 1970
B. Kötting, Der Zölibat in der alten Kirche, Münster ²1970
W. Marschall, Karthago und Rom (Päpste und Papsttum Bd. I), Stuttgart 1971
P. P. Joannou, Die Ostkirche und die Kathedra Petri im 4. Jh. (Päpste und Papsttum, Bd. 2), Stuttgart 1972
L. Magi, La Sede Romana nella corrispondenza degli imperatori e patriarchi bizantini, VI.–VII.sec., Rom/Löwen 1972
K. L. Noethlichs, Zur Einflußnahme des Staates auf die Entwicklung eines christlichen Klerikerstandes, JAC 15 (1972), 136–153
R. Schieffer, Das V. oekumenische Konzil in kanonistischer Überlieferung, ZRG, kan. Abt. 59, Weimar 1973, 1–34
G. Denzler, Das Papsttum und der Amtszölibat, 2 Bde. (Päpste und Papsttum, Bd. V, 1/2), Stuttgart 1973/1975
B. Jaspert, „Stellvertreter Christi" bei Aponius, einem unbekannten Magister und Benedikt von Nursia, ZThK 71 (1974), 291–324
A. Franzen / R. Bäumer, Papstgeschichte, Freiburg 1974
E. Zettl, Die Bestätigung des V. oekumenischen Konzils durch Papst Vigilius (Abhandlungen zur alten Geschichte 20), Bonn 1974
W. Ullmann, A short History of the Papacy in the Middle Ages, London 1974
H. H. Anton, Kaiserliches Selbstverständnis in der religionspolitischen Gesetzgebung der Spätantike und päpstliche Herrschaftsinterpretation im 5. Jh., ZKG 88 (1977), 38–84

8. *Bibel und Liturgie*

H. Glunz, Britannien und Bibeltext (Kölner anglistische Arbeiten 12), Köln 1930
B. Beck, Annotationes ad textus quosdam liturgicos e vitis sanctorum aevi merovingici selectos, Rom 1939
P. Riché, Le psautier, livre de lecture élementaire après les vies des saints merovingiennes, Paris 1953
T. Ayuso Marazuela, La Biblia visigotica de la Cava dei Tirreni, Madrid 1956
K. Gamber (Hrsg.), Wege zum Urgregorianum (Texte und Arbeiten hrsg. durch die Erzabtei Beuron), Freiburg 1956
A. M. La Bonnardière, S. Augustin et les libri Regnorum, in: Studia patristica I (TU 63), 357–388, Berlin 1957
G. Strauß, Schriftgebrauch, Schriftauslegung und Schriftbeweis bei Augustin, Tübingen 1959
H. J. Frede, Pelagius, der irische Paulustext, Sedulius Scotus (Aus der Geschichte der lateinischen Bibel III), Freiburg 1961
J. A. Jungmann, Missarum sollemnia, Wien ²1962

Th. Klauser, Kleine abendländische Liturgiegeschichte, Bonn 1965
J. A. Jungmann, Liturgie der christlichen Frühzeit, Freiburg (Schweiz) 1967
G. J. Bonner, Augustine on Romans 5, in: Studia evangelica 5 (TU 103), Berlin 1968, 242–247
W. Huber, Passa und Ostern, Berlin (West) 1969
W. Nagel, Geschichte des christlichen Gottesdienstes, Berlin (West) ²1970
H. Merkel, Die Widersprüche zwischen den Evangelien, ihre polemische und apologetische Behandlung in der alten Kirche bis zu Augustin, Tübingen 1971
W. Schütz, Geschichte der christlichen Predigt, Berlin (West) 1972
A. M. La Bonnardière, Biblia Augustiniana, 6 Bde. (Études Augustiniennes), Paris 1960–1972
R. Schlieben, Christliche Theologie und Philosophie in der Spätantike. Die schulwissenschaftlichen Methoden der Psalmenexegese Cassiodors (Arbeiten zur Kirchengeschichte 46), Berlin (West) 1974

9. *Theologie- und Dogmengeschichte*

H. Weisweiler, Das frühe Marienbild der Westkirche, Scholastik 28 (1953)
H. Steinacker, Die römische Kirche und die griechischen Sprachkenntnisse des Frühmittelalters, MIÖG 62 (1954)
B. A. Senger, Mater ecclesiae – Die Vorstellungen über die Kirche als Mutter von der Antike bis zur Karolingerzeit, Bonn 1955
M. Schmaus, Das Fortwirken der augustinischen Trinitätspsychologie, in: Vitae et veritati – Festgabe für Karl Adam, Tübingen 1956
O. Schaffner, Christliche Demut, Würzburg 1959
J. Groß, Geschichte des Erbsündendogmas, 2 Bde., München 1960/1963
M. F. Berrouard, Similitudo et la définition du réalisme sacramental, in: Studia patristica 6 (TU 81), Berlin 1962, 277–293
R. P. C. Hanson, Tradition in the Early Church, London 1962
A. Dempf, Geistesgeschichte der altchristlichen Kultur, Stuttgart 1964
M. Hoffmann, Der Dialog bei den christlichen Schriftstellern der ersten vier Jahrhunderte, TU 96, Berlin 1966
D. Faul, Sinners in the Holy Church, in: Studia patristica 9 (TU 94), Berlin 1966, 404–415
M. Meslin, Les Ariens d'Occident 335–430, Paris 1967
H. A. Wolfson, The Philosophy of the Church Fathers, Cambridge (Mass.) ³1970
B. R. Voss, Der Dialog in der frühchristlichen Literatur, München 1970
W. Simonis, Ecclesia visibilis et invisibilis. Untersuchungen zur Ekklesiologie von Cyprian bis Augustin, Frankfurt 1970
W. Blum, Das Wesen Gottes und das Wesen des Menschen nach Salvian von Marseille, Münchner Theologische Zeitschrift 21 (1970), 327–341
La Scuola nell'Occidente latino dell'Alto Medioevo (Settimane di studio del centro italiano di studi sull'alto Medioevo 19), Spoleto 1972
W. Weismann, Kirche und Schauspiele. Die Schauspiele im Urteil der lateinischen Kirchenväter, Würzburg 1972
P. Riché, Éducation et culture dans l'occident barbare, Paris ³1973
J. Paul, Histoire intellectuelle de l'occident médiéval, Paris 1973
B. Studer, Consubstantialis patri – consubstantialis matri, une antithèse christologique chez Léon le Grand, in: Studia patristica 13 (TU 116), Berlin 1975, 286–305

10. Augustin

H. J. Diesner, Studien zur Gesellschaftslehre und sozialen Haltung Augustins, Halle 1954

B. Lohse, Augustins Wandlung in seiner Beurteilung des Staates, in: Studia patristica 6 (TU 81), Berlin 1962, 447–475

G. J. Bonner, Libido and Concupiscentia in St. Augustine, in: Studia patristica 6 (TU 81), Berlin 1962, 303–314

C. Andresen, Zum Augustingespräch der Gegenwart, Darmstadt 1962

J. Dachsel, Aurelius Augustinus, Berlin 1963

L. J. van der Lof, Der numidische Manichäismus im 4. Jh., in: Studia patristica 8 (TU 93), Berlin 1966, 118–129

O. Lechner, Zu Augustins Metaphysik der Engel, in: Studia patristica 9 (TU 94), Berlin 1966, 422–430

B. Altaner, Kleine patristische Schriften, Teil I: Augustiniana (TU 83), Berlin 1967, 3–331

E. König, Augustinus philosophus. Christlicher Glaube und philosophisches Denken in den Frühschriften Augustins, München 1970

J. Pfleger, Die Vita communis bei Augustinus, Diss. Innsbruck 1970

A. Schöpf, Augustinus, Einführung in sein Philosophieren, München 1970

V. Hand, Augustin und das klassisch-römische Selbstbewußtsein, Diss. Hamburg 1970

H. J. Sieben, Konzilien im Leben und Lehre des Augustinus, Theologie und Philosophie 46 (1971), 496–528

R. Pintard, Remarques sur la Transfiguration dans l'oeuvre de S. Augustin, in: Studia patristica 11 (TU 108), Berlin 1972, 335–340

K. Baus, Wesen und Funktion der apostolischen Sukzession in der Sicht des hl. Augustin, ThJb (L), hrsg. v. *A. Dähnhardt,* Leipzig 1972, 191–200

P. Brown, Augustinus von Hippo, eine Biographie, übers. v. *J. Bernard,* Leipzig 1972

W. Stein, Sapientia bei Augustin, Diss. Köln 1973

C. Andresen, Bibliographia Augustiniana, Darmstadt 1974

R. Lorenz, Zwölf Jahre Augustinforschung (1959–1970), ThR 38 (1974), 292–333; 39 (1975), 95–138, 253–286, 331–364; 40 (1975), 1–41, 95–149, 227–261

G. H. Allard, L'articulation du sens et du signe dans le ‚de doctrina christiana' de S. Augustin, in: Studia patristica 14 (TU 117), Berlin 1976, 377–388

P. D. Letter, Gratia generalis in the De vocatione gentium and in St. Augustine, in: Studia patristica (TU 117), Berlin 1976, 393–401

W. Eborowicz, La misère des enfants d'après les confessions de St. Augustin et ses écrits anti-pelagian, in: Studia patristica 14 (TU 117), Berlin 1976, 410–416

R. B. Eno, Some Nuances in the Ecclesiology of the Donatists, in: Studia patristica 14 (TU 117), Berlin 1976, 417–421

S. Pieszczoch, L'actualité des idées fondamentales sur l'exégèse contenues dans le De Doctrina christiana de St. Augustin, in: Studia patristica 14 (TU 117), Berlin 1976, 484–486

D. Bumiller, Augustinus – Skizze eines neuen Christentums aus Elementen seiner Philosophie, Stuttgart 1977

H. J. Diesner, Augustinus und die Barbaren der Völkerwanderung, Revue des Études Augustiniennes 28 (1977), 83–91

W. Geerlings, Augustin und sein Bistum, Theologische Quartalschrift 1978, 27–35

11. Germanen und Germanenmission

W. Baetke, Die Religion der Germanen in Quellenzeugnissen, Leipzig ²1938
K. D. Schmidt, Die Bekehrung der Germanen, 2 Bde., Göttingen 1939, 1942 (unvollendet)
K. D. Schmidt, Germanischer Glaube und Christentum, Göttingen 1948
H. Steubing, Miscellen zur gotischen Bibelübersetzung, ZKG 64 (1952–1953), 137–165
V. Groenbech, Kultur und Religion der Germanen, 2 Bde., Hamburg ²1954
I Goti in Occidente (Settimane di studio del centro italiano di studi sull'alto Medioevo 3), Spoleto 1956
H. Kars, Studien zum Sündenverständnis der arianischen Goten, Th.Jb (H), hrsg. v. *E. Barnikol,* Halle 1956, 40–65
J. de Vries, Ostgermanische Religionsgeschichte, 2 Bde., Berlin (West) 1956–1957
C. Weibull, Die Auswanderung der Goten aus Schweden, Göteborg 1958
K. K. Klein, Fritigern, Athanarich und die Spaltung des Westgotenvolkes, Südostforschungen 19 (1960), 34–58
G. Haendler, Wulfila und Ambrosius, Berlin 1961
E. Follieri, Saba Goto e Saba Stratelata, Analecta Bollandiana 80 (1962), 249–307
K. Gamber, Die Liturgie der Goten, Ostkirchliche Studien 10 (1962), 109–135
E. A. Thompson, The Visigoths in the time of Ulfila, Oxford 1966
G. Haendler, Altkirchliche Konfessionskämpfe und Germanenmission, EMZ 22 (1966), 15–24
K. K. Klein, Gotenprimas als Bischof und Missionar, in: Festschrift F. Müller, Stuttgart 1967, 84–107
J. Svennung, Jordanes and Scandia, Stockholm 1967
N. Wagner, Getica. Untersuchungen zum Leben des Jordanes (Quellen und Forschungen zur Sprache und Kulturgeschichte der germanischen Völker, N.F. 22), Berlin (West) 1967
W. H. Fritze, Universalis gentium confessio, FMSt 3 (1969), 78–130
R. Hachmann, Die Goten und Skandinavien, Berlin (West) 1970
M. Waas, Germanen im römischen Dienst im 4. Jh. n. Chr., Bonn ²1971
U. E. Hagberg (Hrsg.), Studia Gothica, Stockholm 1972
E. Schwarz (Hrsg.), Zur germanischen Stammeskunde, WdF 249, Darmstadt 1972
G. Köhler, Ewart. Ein Beitrag zur Lehre vom altgermanischen Priesteramt, ZRG, kan. Abt 58, Weimar 1972, 306–319
B. S. Bachrach, A History of the Alans in the West, Minneapolis 1973
P. Scardigli, Die Goten. Sprache und Kultur, übers. v. *B. Vollmann,* München 1973
O. Höfler, Verwandlungskulte, Volkssagen und Mythen, Wien 1973
W. Baetke, Die Aufnahme des Christentums bei den Germanen, Darmstadt ²1973
W. Baetke, Geschichte, Recht und Religion in germanischem Schrifttum, hrsg. v. *K. Rudolph* u. *E. Walter,* Weimar 1973
F. Schlette, Germanen zwischen Thorsberg und Ravenna. Kulturgeschichte der Germanen bis zum Ausgang der Völkerwanderung, Leipzig/Jena/Berlin 1974
H. Wolfram, Gotische Studien I: Das Richteramt Athanarichs, MIÖG 83 (1975), 1–32
H. Kuhn, Die gotische Mission. Gedanken zur germanischen Bekehrungsgeschichte, Saeculum 27 (1976), 50–65
K. Schäferdiek / O. Gschwantler, Bekehrung und Bekehrungsgeschichte, Realenzyklopädie für germanische Altertumskunde 2 (1976), 175–205
K. Schäferdiek, Germanenmission, RAC Bd. 10, Stuttgart 1977, 492–548
Die Germanen. Geschichte der germanischen Stämme in Mitteleuropa, I. Ein Handbuch in 2 Bde., ausgearbeitet von einem Autorenkollektiv unter Leitung v. *B. Krüger* =

Veröffentlichungen des Zentralinstituts für Alte Geschichte und Archäologie der AdW der DDR, hrsg. v. *J. Herrmann*, Bd. 4/I, Berlin 1978

K. Schäferdiek, Wulfila – Vom Bischof von Gothien zum Gotenbischof, ZKG 90 (1979), 107–146

12. Die Kirche auf der iberischen Halbinsel

J. Fontaine, Isidore de Séville et la culture classique dans l'Espagne visigothique, 2 Bde., Paris 1959

H. Messmer, Hispania-Idee und Gothenmythos, Zürich 1960

M. C. Diaz y Diaz, Isidoriana, Leon 1961

J. N. Hillgarth, The East, Visigotic Spain and the Irish, in: Studia patristica 4 (TU 79), Berlin 1961, 422–456

A. Borst, Das Bild der Geschichte der Enzyklopädie Isidors von Sevilla, DA 22 (1966), 1–62

K. Schäferdiek, Die Kirche in den Reichen der Westgoten und Suewen, Berlin 1967

E. A. Thompson, The Gots in Spain, Oxford 1969

A. R. Korsunskij, Gotskaja Ispanija, Moskau 1969

Cl. Sanchez-Albornoz, Estudios Visigodos, Roma 1971

H. J. Diesner, Papsttum und Zeitgeschichte bei Isidor von Sevilla, ThLZ 96 (1971), 81–90

P. Riché, L'éducation à l'époque visigothique, Anales Toledanos 3 (1971)

D. Claude, Adel, Kirche und Königtum im Westgotenreich, Sigmaringen 1971

D. Claude, Gentile und territoriale Staatsideen im Westgotenreich, FMSt 6 (1972), 1–38

P. D. King, Law and Society in the Visigothic Kingdom, Cambridge 1972

H. H. Anton, Der König und die Reichskonzilien im westgotischen Spanien, HJb 92 (1972), 257–281

A. L. Conde, Los origines del monacato benedictino en la Peninsula iberica, 3 Bde., Leon 1973

L. A. Garcia Moreno, Prosopographia del reino visigodico de Toledo, Salamanca 1974

H. J. Diesner, Zeitgeschichte und Gegenwartsbezug bei Isidor von Sevilla, Philologus 119 (1975), 92–97

H. J. Diesner, Isidor von Sevilla und das Westgotische Spanien (Abhandlungen der sächs. AdW, phil.-hist. Klasse 67, 3), Berlin 1977

H. J. Diesner, Politik und Ideologie im Westgotenreich von Toledo: Chindasvind (SB der sächs. AdW 121), Berlin 1978, 1–35

13. Die Kirche in Nordafrika (außer Augustin)

Chr. Courtois, Les Vandales et l'Afrique, Paris 1955

H. J. Diesner, Vandalen und Völkerwanderung, ZfG 1964, 1406–1414

H. J. Diesner, Der Untergang der römischen Herrschaft in Nordafrika, Weimar 1964

H. J. Diesner, Das Vandalenreich, Urbanbücher 95, Stuttgart 1966

H. J. Diesner, Fulgentius von Ruspe als Theologe und Kirchenpolitiker, Berlin 1966

H. J. Diesner, Die Auswirkungen der Religionspolitik Thrasamunds und Hilderichs auf Ostgoten und Byzantiner (SB der sächs. AdW, phil.-hist. Klasse 113, 3), Berlin 1967

H. J. Diesner, Mobilität und Differenzierung des Grundbesitzes im nordafrikanischen Vandalenreich, in: Acta antiqua Academiae scientiarium Hungaricae 15, Budapest 1967, 347–358

H. J. Diesner, Prolegomena zu einer Prosopographie des Vandalenreiches, Jahrbuch der österreichisch-byzantinischen Gesellschaft, Graz/Wien/Köln 1968, 1–15

E. Chrysos, Zur Datierung und Tendenz der Werke des Facundus von Hermiane, Kleronomia 1, Thessalonich 1969, 311–324
L. J. van der Lof, Der fanatische Arianismus der Vandalen, ZNW 64 (1973), 146–151
M. Overbeck, Untersuchungen zum afrikanischen Senatsadel in der Spätantike (Frankfurter altchristliche Studien 7), Kallmünz 1973
D. Claude, Probleme der vandalischen Herrschaftsnachfolge, DA 30 (1974), 329–355
H. J. Diesner, Der Untergang der Römerherrschaft in Nordafrika, Mitteilungen der Gesellschaft der Freunde Carnuntums, Wien 1976, 3–16

14. *Die Kirche in Gallien*

W. von den Steinen, Chlodwigs Übergang zum Christentum, MIÖG Erg.Bd. 12, Wien 1932, 417–501, Nachdruck Darmstadt 1963
E. de Moreau, Histoire de l'église en Belgique I, Brüssel ²1945
F. Steinbach, Das Frankenreich (Brandt/Meyer/Just, Handbuch der deutschen Geschichte I,2), Konstanz 1957
E. Ewig, Der Petrus- und Apostelkult im spätrömischen und fränkischen Gallien, ZKG 71 (1960), 213–251
D. Claude, Die Bestellung der Bischöfe im merovingischen Reich, ZRG, kan. Abt. 49 (1963), 1–75
R. Folz, Tradition hagiographique et culte de Saint Dagobert, Le moyen âge 69 (1963)
G. Tessier, Le Baptême de Clovis, Paris 1964
G. Langgärtner, Die Gallienpolitik der Päpste im 5. und 6. Jh., Theophaneia 16 (1964)
F. Prinz, Frühes Mönchtum im Frankenreich, Wien 1965
E. Ewig, Descriptio Franciae, in: Karl d. Gr. I, Düsseldorf 1965, 143–177
F. Graus, Volk, Herrschaft und Heilige im Reich der Merovinger, Prag 1965
K. Hauck, Von einer spätantiken Randkultur zum karolingischen Europa, FMSt 1 (1967), 3–93
F. Prinz, Heiligenkult und Adelsherrschaft im Spiegel merovingischer Hagiographie, HZ 204 (1967), 529–544
O. Perrin, Les Burgondes, Leur histoire des origines à la fin du premier royaume 534, Neuenburg 1968
P. Assion, Die mittelalterliche Mirakelliteratur als Forschungsgegenstand, Archiv für Kulturgeschichte 50 (1968), 172–180
J. M. Wallce-Hadrill, Gregory of Tours and Bede: Their Views on the personal qualities of Kings, FMSt 2 (1968), 31–44
E. Zöllner, Geschichte der Franken bis zur Mitte des 6. Jh., München 1970
E. Ewig, Die christliche Mission bei den Franken und im Merovingerreich (Miscell.Hist.eccl. 3), Louvain 1970, 24–52
W. Gessel, Germanus von Auxerre, Römische Quartalschrift 65 (1970), 1–14
W. M. Daly, Ceasarius von Arles. A precursor of Medieval Christendom, Traditio 26 (1970), 1–28
A. M. Drabek, Der Merowingervertrag von Andelot aus dem Jahre 587, MIÖG 78 (1970), 34–41
H. J. Diesner, Fragen der Sozialgeschichte und des frühen Feudalismus bei Gregor von Tours, Philologus 115 (1971), 52–57
R. Weiß, Chlodwigs Taufe: Reims 508, Bern 1971
U. Nonn, Merowingische Testamente. Studien zum Fortleben einer römischen Urkundenform im Frankenreich (Archiv für Diplomatik 18), 1972
K. Schäferdiek, Ein neues Bild der Geschichte Chlodwigs?, ZKG 84 (1973), 270–277
C. Servatius, Per ordinationem principis ordinetur, ZKG 84 (1973), 1–29

F. Petri, Siedlung, Sprache und Bevölkerungsstruktur im Frankenreich, WdF 49, Darmstadt 1973
E. Ewig, Studien zur merowingischen Dynastie, FMSt 8 (1974), 15–59
K. G. Fürst, Ecclesia vivit lege Romana?, ZRG, kan. Abt. 61 (1975), 17–36
R. Günther, Einige neue Untersuchungen zu den Laeten und Gentilen in Gallien im 4. Jh. und zu ihrer historischen Bedeutung, Klio 59 (1977), 311–321

15. *Die Kirche im Rheinland und Donau-Alpengebiet*

A. Hauck, Kirchengeschichte Deutschlands I, Berlin [7]1952
E. Ewig, Das Bistum Köln im Frühmittelalter (Annalen des historischen Vereins für die Geschichte des Niederrheins 155/156) 1954, 205–243
E. Ewig, Trier im Merowingerreich, Trier 1954
F. Zoepfl, Das Bistum Augsburg und seine Bischöfe im Mittelalter, München/Augsburg 1956
I. Zibermayr, Noricum, Baiern und Österreich, Horn [2]1956
P. Paulsen, Die Einführung des Christentums bei den Alemannen, Zeitschrift für württembergische Landesgeschichte 15 (1956), 1–24
R. Bauerreiß, Kirchengeschichte Bayerns I, St. Ottilien [2]1958
H. Büttner, Die Alpenpolitik der Franken im 6. und 7. Jh., HJb 79 (1960), 62–88
H. Büttner, Frühmittelalterliches Christentum und fränkischer Staat zwischen Hochrhein und Alpen, Darmstadt 1961, [3]1973
H. Bellen, Der Primicerius Mauricius. Ein Beitrag zum Thebäerproblem, Historia 10 (1961), 239–247
B. Ita, Antiker Bau und frühmittelalterliche Kirche, Zürich 1961
J. A. Fischer, Das Christentum zur Römerzeit im nachmaligen Bistum Freising, Jahrbuch für Altbayrische Kirchengeschichte, 1963, 11–39
R. Pfister, Kirchengeschichte der Schweiz I, Zürich 1964
K. Reindel, Die Bistumsorganisation im Alpen-Donauraum in der Spätantike und im Frühmittelalter, MIÖG 72 (1964), 277–310
H. Büttner, Frühmittelalterliche Bistümer im Alpenraum, HJb 84 (1964), 1–33
W. Neuß / F. W. Oediger, Geschichte des Erzbistums Köln I, Köln 1964
O. Doppelfeld, Domgrabungen, Frühchristliches Köln (Schriftenreihe der archoälogischen Gesellschaft Köln 12), 1965, 24–28
K. Bosl, Zur Geschichte der Bayern, WdF 60, Darmstadt 1965
F. Oswald / L. Schaffer / R. Sennhauser, Vorromanische Kirchenbauten. Katalog der Denkmäler (Veröffentlichungen des Zentralinstituts für Kunstgeschichte München III), München 1966
H. Büttner / I. Müller, Frühes Christentum im schweizerischen Alpenraum, Zürich/Köln 1967
F. Prinz, Stadtrömisch-italische Märtyrerreliquien und fränkischer Reichsadel im Maas-Moselraum, HJb 87 (1967), 1–25
H. Borger, Möglichkeiten und Grenzen der Archäologie des Mittelalters, dargelegt am Beispiel Xanten, FMSt 2 (1968), 251–277
H. Borger, Die Ausgrabungen am St. Quirin zu Neuss 1959–1964 (Beihefte der Bonner Jahrbücher 28), Bonn 1968
R. Schützeichel, Sprachliche Frühmittelalterforschungen in den Rheinlanden, FMSt 2 (1968), 387–397
O. Roller, Die Oberrheinlande in der Römerzeit, Zeitschrift für Geschichte des Oberrheins 117 (1969), 1–25
I. Müller, Zur Raetica Curiensis im frühen Mittelalter, Schweizer Zeitschrift für Geschichte 19 (1969), 281–325

G. Winkler, Die Reichsbeamten von Noricum und ihr Personal bis zum Ende der römischen Herrschaft (SB der österr. AdW 261, 2), Wien 1969
F. Prinz, Salzburg zwischen Antike und Mittelalter, FMSt 5 (1971), 10–36
E. Marckhgott, Wiedererweckung einer Basilika. Das Kultkontinuum zu St. Laurentius in Enns-Lorch, Theologisch-praktische Quartalschrift 119 (1971), 46–52
L. Falck, Mainz im frühen und hohen Mittelalter, Mainz 1972
U. Osterhaus, Beobachtungen zum römischen und frühmittelalterlichen Regensburg (Verhandlungen des historischen Vereins für Oberpfalz und Regensburg, 112, 7–17), Regensburg 1972
W. Müller, Zur Frage nach dem vorkarolingischen Christentum in Süddeutschland, Römische Quartalschrift 68 (1973), 69–77
D. Kauss, Drei Feldkirchen in der südlichen Ortenau als Zeichen frühen Christentums, Römische Quartalschrift 68 (1973), 78–90
H. Keller, Spätantike und Frühmittelalter im Gebiet zwischen Genfer See und Hochrhein, FMSt 7 (1973), 1–26
W. Kleiber, Zwischen Antike und Mittelalter: Das Kontinuitätsproblem in Südwestdeutschland im Lichte der Sprachgeschichtsforschung, FMSt 7 (1973), 27–52
H. Kuhn, Das Rheinland in den germanischen Wanderungen, Rheinische Vierteljahresblätter 38 (1974), 1–31
F. Prinz, Fragen der Kontinuität zwischen Antike und Mittelalter am Beispiel Bayerns, Zeitschrift für bayrische Landesgeschichte 37 (1974), 699–727
H. Büttner, Zur fränkischen Reichsgeschichte an Rhein, Main und Neckar, Darmstadt 1975
P. F. Barton, Frühzeit des Christentums in Österreich und Südostmitteleuropa bis 788, Wien/Köln/Graz 1975
R. Günther / H. Köpstein (Hrsg.), Die Römer an Rhein und Donau = Veröffentlichungen des Zentralinstituts für Alte Geschichte und Archäologie der AdW der DDR, hrsg. v. *J. Herrmann,* Bd. 3, Berlin 1975
W. Müller (Hrsg.), Zur Geschichte der Alemannen, WdF 100, Darmstadt 1975
H. Grünert (Hrsg.), Römer und Germanen in Mitteleuropa, Berlin 1975 (Protokollband der 6. Tagung der Fachgruppe Ur- und Frühgeschichte der Historischen Gesellschaft der DDR), Berlin 1975
H. J. Kellner, Die Römer in Bayern, München 1976
F. Lotter, Severinus von Noricum – Legende und historische Wirklichkeit (Monographien zur Geschichte des Mittelalters, Bd. 12), Stuttgart 1976

16. Die Kirche auf den Britischen Inseln

L. Bieler, The Mission of Palladius, Traditio 6 (1948), 1–32
L. Bieler, The Life and Legend of St. Patrick, Dublin 1949
L. Bieler, The Works of St. Patrick, London 1953
W. Delius, Geschichte der irischen Kirche von ihren Anfängen bis zum 12. Jh., München/Basel 1954
H. D. Kahl, Papst Gregor d. Gr. und die christliche Terminologie der Angelsachsen, Zeitschrift für Missionswissenschaft 40 (1956), 93–111. 190–200
G. Schoebe, Königtum und Kirche bei den Angelsachsen, Diss. phil. Hamburg 1956
M. Deanesly / P. Grosjean, The Canterbury Edition of the Answers of Pope Gregory I. to St. Augustin, Journal of Eccl.hist. 10 (1959), 1–49
N. Chadwick, The Age of Saints in the Early Celtic Church, Oxford 1961
J. MacQueen, St. Nynia, Edinburgh 1961
Chr. Mohrmann, The Latin of St. Patrick, Dublin 1961
M. Deanesly, The pre-conquest Church in England, London 1961

C. J. Godfrey, The Church in Anglo-Saxon England, Cambridge 1962
N. Chadwick, Celtic Britain, London 1963
J. Bulloch, The Life of the Celtic Church, Edinburgh 1963
R. McNally (Hrsg.), Old Ireland, Dublin 1965
C. H. Lawrence (Hrsg.), The English Church and the Papacy in the Middle Ages, London 1965
K. Hughes, The Church in the Early Irish Society, London 1966
L. Bieler, St. Patrick and his Coming of Irish Christianity, Dublin 1967
R. P. C. Hanson, Saint Patrick, Oxford 1968
M. W. Barley / R. P. Hanson, Christianity in Britain 300–700, Leicester/New York 1969
P. Meyvaert The Registrum of Gregory the Great and Bede, Revue benedictine 80 (1970), 162–166
C. Thomas, Britain and Ireland in the early Christian Times, a.d. 400–800, New York 1971
F. M. Stenton, Anglo-Saxon England, Oxford 1971
L. Hardinge, The Celtic Church in Britain, London 1972
H. Mayr-Harting, The Coming of Christianity to Anglo-Saxon England, London 1972
K. Hughes, Early Christian Ireland. Introduction to the sources, London 1972
J. Morris, The Age of Arthur. A History of the British Iles from 350 to 650, London 1973
J. T. McNeill, The Celtic Churches. A History a. D. 200–1200, London 1974
K. U. Jäschke, Frühes Christentum in Britannien, Archiv für Kulturgeschichte 56 (1974), 91–123
R. P. C. Hanson, The Omissions in the Text of the Confession of St. Patrick in the Book of Armagh, in: Studia Patristica 12 (TU 115), Berlin 1975, 91–95
U. Stancliffe, Early „Irish" Biblical Exegesis, in: Studia Patristica 12 (TU 115), Berlin 1975, 361–370
L. Bieler, Christian Ireland's Graeco-Latin Heritage, in: Studia Patristica 13 (TU 116), Berlin 1975, 3–8

17. *Die Kirche in Italien unter Ostgoten und Langobarden*

V. Schurr, Die Trinitätslehre des Boethius, Paderborn 1935
W. Enßlin, Theoderich d. Gr., München 1947
H. Löwe, Theoderich d. Gr. und Papst Johannes I., HJb 72 (1953), 83–100
A. Momigliano, Cassiodor and Italian culture of his time, Proceedings of the British Academy 41 (1955), 218–245
A. J. Fridh, Terminologie et formules dans les Variae de Cassiodor, Stockholm 1956
J. Gross, Cassiodor und die augustinische Erbsündenlehre, ZKG 69 (1958), 299–308
H. D. Kahl, Der Übergang von der Antike zum Mittelalter im Lebensgang des Cassiodorus Senator, Nachrichten der Gießener Hochschulgesellschaft 34 (1956)
G. Ludwig, Cassiodor über den Ursprung der abendländischen Schule, Frankfurt/Main 1967
D. Hofmann, Die geistige Auslegung der Schrift bei Gregor d. Gr., Münsterschwarzach 1968
G. Dufner, Die Dialoge Gregors d. Gr. im Wandel der Zeiten und Sprachen (Miscellanea Erudita 19), Padua 1968
O. Giordano, L'invasione langobarda e Gregorio magno, Bari 1970
L. Magi, La sede Romana nella Corrispondenza degli imperatori e patriarchi bizantini, V.–VII.sec., Löwen 1972
V. Bierbrauer, Zur ostgotischen Geschichte in Italien, Studi mediaevali 14 (1973), 1–37
P. A. Cusack, Some Literary Antecedens of the Totila Encounter in the second Dialogue of Pope Gregory I., in: Studia Patristica 12 (TU 115), Berlin 1975, 87–90

T. W. Guzie, Exegetical and sacramental Language in the Sermons of Leo the Great, in: Studia Patristica 12 (TU 115), Berlin 1975, 208–213
R. Schieffer, Zur Beurteilung des norditalienischen Dreikapitelschismas, ZKG 87 (1976), 167–202
H. J. Diesner, Byzanz, Rom und die Langobarden, Mitteilungen der Gesellschaft der Freunde Carnuntums, Wien 1977, 1–20
H. J. Diesner, Westgotische und langobardische Gefolgschaften und Untertanenverbände (SB der sächs. AdW 120), Berlin 1978, 1–32

18. *Das Mönchtum*

H. v. Campenhausen, Die asketische Heimatlosigkeit im altkirchlichen und frühmittelalterlichen Möchtum, Tübingen 1930
H. Thiele, Cassiodor, seine Klostergründung Vivarium und sein Nachwirken (Studien und Mitteilungen zur Geschichte des Benediktinerordens 50), München 1932
Ph. Schmitz, Geschichte des Benediktinerordens I, Einsiedeln 1946
B. Kötting, Peregrinatio religiosa, Münster 1950
A. Blacovich, Soziologie des Mönchtums und der Benediktinerregel, Wien 1954
K. Hallinger, Papst Gregor d. Gr. und der hl. Benedikt von Nursia, Studia Anselmiana 42, Rom 1957
Il Monachesimo nell'Alto Medioevo e la formazione della civilità occidentale (Settimane di studio del centro ital. di studi sull'Alto Medioevo 4), Spoleto 1957
W. Schatz, Studien zur Geschichte der Vorstellungswelt des frühen abendländischen Mönchtums, Diss. Freiburg 1957
W. M. Peitz, Dionysius Exiguus-Studien, Berlin (West) 1960
G. Penco, Storia del Monachesimo in Italia I, Rom 1961
H. O. Weber, Die Stellung des Johannes Cassianus zur außerpachomianischen Mönchstradition, Münster 1961
J. Leclercq, Wissenschaft und Gottverlangen. Zur Mönchstheologie des Mittelalters, Düsseldorf 1963
J. Décarreaux, Die Mönche und die abendländische Zivilisation, Wiesbaden 1965
R. Lorenz, Die Anfänge des abendländischen Mönchtums im 4. Jh., ZKG 77 (1966), 1–61
B. Chadwick, John Cassian, Cambridge ^{2}1967
A. Zumkeller, Das Mönchtum des hl. Augustin, Würzburg ^{2}1968
P. Rousseau, Cassian, Contemplation and the coenobitic Life, Journ. of Eccl. History 26 (1975), 113–126
B. Jaspert, Die Regula Benedicti – Regula Magistri – Kontroverse (Regula Benedicti Studia, Suppl. III), Hildesheim 1975

Vgl. auch Literaturnachtrag S. 150

Einleitung

Die Epoche vom Ende des vierten bis zum Anfang des siebenten Jahrhunderts ist durch große Veränderungen gekennzeichnet. Die Gesellschaftsordnung der Sklaverei wurde abgelöst von der des Feudalismus. Damit verbunden waren Einbrüche fremder – vor allem germanischer – Völker in das römische Reich, die zu dem Begriff „Völkerwanderung" geführt haben. Als Gründe für diese Wanderungen wurden Klimaverschlechterung und Bevölkerungsüberschuß genannt. Sicher hat der Ansturm der Hunnen, die 375 aus Asien kamen, große Bedeutung gehabt. Auch der hohe Lebensstandard im römischen Reich, der durch Kaufleute den Germanen vor Augen geführt wurde, hat mit zu den Wanderungen beigetragen. In der neusten Darstellung der Völkerwanderung in der DDR nennt der Althistoriker H. J. Diesner als Gründe: „Man wich vor Hungersnöten und ähnlichen Krisenerscheinungen aus und suchte sich günstigere Sitze, wobei es oft zu langen Umwegen und Wanderungen kam, in die wie durch eine Kettenreaktion verschiedene benachbarte oder entferntere Stämme mit hineingerissen wurden."[1] Diesner sagt, daß oft übertriebene Vorstellungen von den Annehmlichkeiten des Lebens im römischen Reich geherrscht hätten. Die Erfolge der Germanen, die zahlenmäßig der römischen Bevölkerung weit unterlegen waren, sind nur erklärbar aus der inneren Schwäche des römischen Reiches. Die Sklavenhalterordnung wurde immer unhaltbarer, innere Widersprüche im System trugen entscheidend zum Zerfall des weströmischen Reiches bei.
Marxistische Forscher haben sich häufig mit diesem Zeitabschnitt beschäftigt. Naheliegenderweise besteht Interesse an einer Epoche, in der sich eine neue Gesellschaftsordnung durchsetzte, die des Feudalismus. Von sowjetischer Seite gab A. J. Njeussychin einen wesentlichen Anstoß.[2] Die marxistische Zeitschrift für Geschichtswissenschaft brachte mehrfach Artikel zum Stichwort Feudalismus mit durchaus unterschiedlichen Akzenten.[3] Besonders hat sich J. Herrmann durch Artikel und Sammelwerke um die Klärung anstehender Probleme verdient gemacht.[4] In Leipzig fand 1976 eine Tagung zum 1500. Jahrestag des Unterganges

---

[1] *H. J. Diesner,* Die Völkerwanderung, Leipzig 1976, 70.

[2] Die Entstehung der abhängigen Bauernschaft als Klasse der frühfeudalen Gesellschaft in Westeuropa vom 6.–8. Jh. (übers. aus dem Russischen), Berlin 1961.

[3] In Auswahl seien genannt (Titel im Literaturverzeichnis, Abschnitt 4): *E. Werner* 1963, 1134–1145; *E. Müller-Mertens* 1964, 1384–1402; 1966, 52–73; *B. Töpfer* 1965, 785–809; *H. J. Bartmuß* 1965, 1001–1010; *J. Herrmann* 1966, 398–422; 1971, 752–789; 1972, 1228–1233; *R. Günther* 1972, 427–443; *W. Bleiber* 1973, 810–829; zuletzt *G. Brendler* in einer Sammelrezension 1978, 559–561.

[4] Allod und Fedum als Grundlagen des west- und mitteleuropäischen Feudalismus in: Beiträge zur Entstehung des Staates (Veröffentlichungen des Zentralinstituts für Alte Geschichte und Archäologie der AdW der DDR, hrsg. v. *J. Herrmann* I), hrsg. v.

des Weströmischen Reiches statt.[5] Auf dieser Tagung untersuchte R. Günther erneut die Frage, ob man für jene Übergangsepoche den Begriff „Revolution" anwenden könne; er bejaht diese Frage in gewissen zeitbedingten Grenzen. Zugleich spricht er von einer „partiellen Kontinuität", die „in jeder Revolution der Klassengesellschaft nachweisbar" sei.[6] Von der Kirchengeschichte her ist gerade solche Kontinuität wichtig, obwohl Günther mit Recht erklärte, daß auch die Kirche in jener Epoche einem Wandlungsprozeß unterworfen war.

Betrachtet man die Vorgänge vom Standpunkt der Kirche aus, so sind zwei Linien von entscheidender Bedeutung: Einmal bedeutete der Zerfall des weströmischen Reiches nicht auch den Zerfall der Kirche, obwohl sich diese in enge Abhängigkeit vom römischen Staat begeben hatte. Die katholische Kirche konnte in der Auflösung des weströmischen Reiches ihre Kontinuität bewahren. Das gilt für alle Gebiete des weströmischen Reiches: Italien, Spanien, Gallien, Britannien sowie auch die Provinzen am Rhein und an der Donau. Die zweite Linie zeigt, daß das Christentum von den erobernden germanischen Stämmen angenommen wurde. Das gilt für alle germanischen Stämme, die im Rahmen der Völkerwanderung in das römische Reich eindrangen: Westgoten, Ostgoten, Wandalen, Burgunder, Sueben, Heruler, Gepiden, Franken, Langobarden und Angelsachsen. Diese beiden Linien – Erhaltung der Kontinuität und Kraft zur Mission – sind eng miteinander verflochten, jedoch keineswegs immer miteinander identisch. Die folgende Darstellung wird beide Linien möglichst gemeinsam im Blick behalten. Die einzelnen Kapitel konzentrieren sich daher überwiegend auf bestimmte Landschaften, Zeitabschnitte und Germanenstämme, um so ein Bild vom Ablauf der Ereignisse zu bieten. Auf größere Längsschnitte über mehr als zwei Jahrhunderte hinweg wurde verzichtet.

Anfangspunkt der Darstellung sind die ersten Begegnungen zwischen wandernden Germanenstämmen und dem Christentum auf dem Balkan. Andere Probleme, wie etwa die Wege der Germanen auf der Völkerwanderung oder die verschiedenen Namen für bestimmte germanische Stämme oder gar die religiösen Vorstellungen der Germanen vor der Christianisierung, werden ausgeblendet. Die Wanderwege der germanischen Stämme lassen sich nur teilweise rekonstruieren. Die Verschiedenheit der Stammesbezeichnungen ließ schon immer Raum für verschiedene Deutungen. Von „der germanischen Religion" sollte man nicht sprechen,

---

J. Herrmann und *I. Sellnow,* Berlin 1973; Das Problem der revolutionären Veränderungen in den vorkapitalistischen Gesellschaftsformationen und die Rolle der Volksmassen (SB der AdW der DDR 1974, Heft 116, Berlin 1975); Die Rolle der Volksmassen in den vorkapitalistischen Gesellschaftsformationen, in: Die Rolle der Volksmassen in der Geschichte der vorkapitalistischen Gesellschaftsformationen (Veröffentlichungen des Zentralinstituts für Alte Geschichte und Archäologie der AdW der DDR, hrsg. v. *J. Herrmann* VII), hrsg. v. *J. Herrmann* und *I. Sellnow.*

[5] Bericht in ZfG 1977, 196–198. Vorträge gedruckt in Klio 60 (1978). Die Bedeutung des Christentums würdigt die sowjetische Historikerin *E. M. Stajerman* unter der Überschrift „Die ideologische Vorbereitung des Zusammenbruchs der Produktionsweise der Sklavenhaltergesellschaft" (ebd., 225–234).

[6] *R. Günther,* Die Epoche der sozialen und politischen Revolution beim Übergang von der antiken Sklavereigesellschaft zum Feudalismus, Klio 60 (1978), 235–246, Zitat 244.

da die einzelnen Stämme sehr verschieden waren und die Quellen spärlich fließen; oft genug sind die Quellen auch schon christlich beeinflußt. Der Leipziger Religionswissenschaftler W. Baetke sei genannt: Er hat die Quellen zur germanischen Religion gesammelt und vorsichtig analysiert.[7] Manche Forscher haben von einer speziellen „Prädisposition"[8] der Germanen für das Christentum gesprochen. Man kann vermuten, daß germanische Religionen günstige Voraussetzungen für die Übernahme des neuen Glaubens geboten haben könnten. Einen Beweis für solche Theorien kann man jedoch nicht liefern. In seiner leider unvollendet gebliebenen Darstellung „Die Bekehrung der Germanen" hat K. D. Schmidt gezeigt, wie differenziert sich die Bekehrung der Germanen bei den einzelnen Stämmen in den verschiedenen Landschaften und unter verschiedenen Zeitumständen abgespielt hat.[9]

Der Endpunkt der nachfolgenden Darstellung sei ebenfalls kurz umrissen: In der ersten Hälfte des siebenten Jahrhunderts begann der Aufbruch der arabischen Stämme nach der Begründung des Islam durch Mohammed. Der belgische Historiker Henri Pirenne[10] hat die Eroberungen der Araber für so tiefgreifend gehalten, daß er erst mit ihnen das Mittelalter beginnen lassen wollte. Diese späte Ansetzung der entscheidenden Zäsur zwischen Antike und Mittelalter hat gute Gründe: Durch die arabische Eroberung der Ost- und Südküste des Mittelmeeres verliert dieses Meer seine zentrale Bedeutung, die es im römischen Reich gehabt hatte. Dadurch mußte sich der Schwerpunkt der Geschichte (und auch der Kirchengeschichte) nach dem Norden verschieben. Aus diesem Grunde soll der Untergang der Kirche in Nordafrika im siebenten Jahrhundert noch ganz mit in die folgende Darstellung einbezogen werden (Kap. 9). Wichtiger ist freilich der positive Gesichtspunkt dieser Einteilung: Um 600 war bereits eine ziemlich stabile Synthese zwischen christlichem Glauben und germanischen Völkern hergestellt. Das zeigen die vielseitigen Beziehungen des Papstes Gregor d. Gr. (Kap. 10). Am Anfang des siebenten Jahrhunderts sind die neuen germanischen Kirchen durchaus eigenständig bei den Westgoten in Spanien und bei den Franken in Gallien; sie sind im Entstehen bei den Langobarden in Italien und den Angelsachsen in Britannien.

Durch diese Eingrenzung des Stoffes wird der in der Kirchengeschichte weit verbreitete Einschnitt zwischen der Geschichte der alten Kirche (Kirchengeschichte I) und der Kirchengeschichte des Mittelalters (Kirchengeschichte II) überdeckt. Diese alte Einteilung ist damit zu begründen, daß die Geschichte der alten Kirche sich im Rahmen des römischen Reiches abgespielt habe, während die Kirchengeschichte des Mittelalters ihren Schwerpunkt weiter nördlich hatte. Aber diese Abgrenzung hatte schon immer ihre Probleme. So legte P. E. Hübinger 1969 einen

---

[7] *W. Baetke,* Die Religion der Germanen in Quellenzeugnissen, Frankfurt ²1938; Die Aufnahme des Christentums bei den Germanen, Darmstadt ²1959; Geschichte, Recht und Religion im germanischen Schrifttum, Weimar 1973 sowie weitere Arbeiten.

[8] Z. B. die verbreitete „Kirchengeschichte auf Grund akademischer Vorlesungen" von *Karl von Hase,* II, 1890, 32. Zuletzt zu dieser Problematik *K. Schäferdiek,* Kirchengeschichte als Missionsgeschichte II/1, München 1978, 82.

[9] *K. D. Schmidt,* Die Bekehrung der Germanen I, Göttingen 1939; II, Göttingen 1941, unvollendet abgebrochen.

[10] *H. Pirenne,* Mahomet et Charlemagne, Brüssel 1937.

Sammelband vor „Zur Frage nach der Periodengrenze zwischen Altertum und Mittelalter“[11]. Hübinger sieht den entscheidenden Einschnitt schon bei Kaiser Konstantin, der das Christentum anerkannte und Germanen in seinen Dienst zog. So hatte auch diese Abgrenzung gute Gründe; gerade in der Kirchengeschichte spricht man viel von der „konstantinischen Wende“. Dem historischen Ablauf wird man aber doch wohl am besten gerecht, wenn man eine längere Übergangszeit zwischen Antike und Mittelalter annimmt. Es dauerte rund zwei Jahrhunderte, bis das römische Reich im Abendland wirklich zu existieren aufgehört hatte. Auch die Etablierung germanischer Staaten auf dem Boden des weströmischen Reiches ist ein längerer Prozeß gewesen. Während dieser Prozesse befand sich aber auch die Kirche in einer Zeit des Überganges.
Mit dem Eintritt germanischer Völker in die Geschichte der Kirche ergibt sich eine Erweiterung der Quellen, die heranzuziehen sind. Neben die in Teil I/3 genannten Quellensammlungen wie PL[12], CSEL[13], CChl[14] und SC[15] treten nun die Monumenta Germaniae historica. Angeregt u. a. von den Gebrüdern Grimm, E. M. Arndt und dem Freiherrn vom Stein war 1819 eine Gesellschaft für ältere deutsche Geschichte gegründet worden, die eine Sammlung aller älteren Quellen zur deutschen Geschichte begann. Man rechnete ursprünglich mit etwa 40 Bänden. Inzwischen geht die Zahl der erschienenen Bände in die Hunderte, und es ist kein Ende abzusehen. Über die einzelnen Reihen und Übersetzungen sowie den Stand der Forschung um 1950 informiert das Standardwerk von Wattenbach-Levison[16]. Über den Fortgang der Arbeit berichtet das Deutsche Archiv zur Erforschung des Mittelalters. Neben schriftlichen Quellen bekommen auch archäologische Zeugnisse immer größere Bedeutung. In der DDR sind mehrere instruktive Veröffentlichungen erschienen, die das archäologische Material dem Leser nahebringen: Von B. Schmidt 1961, W. Nyssen/F. P. Sonntag 1969, G. Behm-Blanke 1973 sowie H. J. Diesner 1976.[17] Hingewiesen sei auf die Darstellungen unseres Zeitabschnittes im protestantischen Handbuch „Die Kirche in ihrer Geschichte“[18], im

[11] *P. E. Hübinger,* Zur Frage nach der Periodengrenze zwischen Altertum und Mittelalter, WdF 51, Darmstadt 1969; Hübinger äußert sich 145–205.

[12] *J.-P. Migne,* Patrologia Latina, für unsere Epoche etwa Bände 30–80.

[13] Corpus scriptorum ecclesiasticorum Latinorum, Wien.

[14] Corpus Christianorum, Series Latina, Turnhout (Belgien).

[15] Sources chrétiennes, (Lateinisch-Französisch im Paralleldruck), Paris.

[16] *W. Wattenbach / W. Levison,* Deutschlands Geschichtsquellen im Mittelalter I, Weimar 1952.

[17] *B. Schmidt,* Die späte Völkerwanderungszeit in Mitteldeutschland, Halle 1961, dazu Katalogbände 1970 und 1976; *W. Nyssen / F. P. Sonntag,* Der Gott der wandernden Völker, Leipzig 1969; *G. Behm-Blanke,* Gesellschaft und Kunst der Germanen, Dresden 1973; *H. J. Diesner,* Die Völkerwanderung, Leipzig 1976.

[18] Begründet von *K. D. Schmidt* und *E. Wolf,* hrsg. v. *B. Moeller.* Lieferung C 1 von *R. Lorenz:* Das vierte bis sechste Jh., 1970; daran anschließend Lieferung E 1 von *G. Haendler:* Geschichte des Frühmittelalters und der Germanenmission, 1961, ²1976.

katholischen „Handbuch der Kirchengeschichte“[19] sowie auf den Band II/1 der „Kirchengeschichte als Missionsgeschichte“[20]. Schließlich sind für die Christianisierung der Germanen drei neuere Quellensammlungen zu nennen von G. Haendler[21], W. Lange[22] und M. Erbe[23].

[19] Hrsg. v. *H. Jedin,* Freiburg/Basel/Wien, Bd. II/1, 1973, bearb. v. *K. Baus* u. *E. Ewig,* Bd. II/2 1975, bearb. v. *K. Baus, H. G. Beck, E. Ewig* und *H. J. Vogt.*

[20] Kirchengeschichte als Missionsgeschichte II: Die Kirche des frühen Mittelalters, 1. Halbband hrsg. v. *K. Schäferdiek,* München 1978.

[21] Das Christentum und die Germanen (Quellen zur Geschichte der christlichen Kirche, Heft 16,1), Berlin 1961.

[22] Texte zur germanischen Bekehrungsgeschichte, Tübingen 1962.

[23] Quellen zur germanischen Bekehrungsgeschichte, TKTG, hrsg. v. *G. Ruhbach,* Heft 15, Gütersloh 1971.

Kapitel 1
Die Ausbreitung des homöischen Christentums bei den Germanen während der Völkerwanderung

a) Einzelne germanische Christen auf dem Balkan im 4. Jahrhundert

Zahlreiche Quellen bezeugen uns, daß es schon im 4. Jh. unter den Goten auf der Völkerwanderung Christen gegeben hat. Diese Nachrichten führen uns nach Südosteuropa. Häufig wurde die (weithin zutreffende) Meinung vertreten, daß bei der Christianisierung der Germanen die Könige die entscheidende Rolle gespielt haben.[1] Ganz gewiß haben Herrscher wie Fritigern, Chlodwig oder Ethelbert entscheidende Bedeutung für den Anschluß ihrer Völker an die Kirche gehabt. Aber am Anfang der Germanenbekehrung stehen individuelle Entscheidungen einzelner Menschen. Östliche Kirchengeschichtsschreiber erwähnen einen Raubzug von Goten im Jahre 264 bis nach Kappadozien (in der heutigen Türkei), wo Christen gefangengenommen und verschleppt wurden. Diese Christen bewahrten ihren Glauben und hatten Kraft zur missionarischen Ausstrahlung unter ihren gotischen Herren.[2] Athanasius schreibt – vermutlich 318 –, daß die Goten von der christlichen Predigt erreicht worden seien.[3] Die Akten des Konzils von Nicäa 325 wurden auch von einem Bischof Theophilus aus Gothien unterschrieben.[4] In damaliger Zeit wurde die Gegend an der unteren Donaumündung (im heutigen Rumänien) als Gothien bezeichnet.[5] Die Goten erlitten 332 eine Niederlage durch Kaiser Konstantin; eine damit eingeleitete engere Bindung an das römische Reich könnte der christlichen Minderheit unter den Goten genutzt haben.[6] Bischof Basilius von Cäsarea erwähnt einen kappadozischen Missionar Eutyches, der unter den Barbaren jenseits der Donau gewirkt habe.[7] Derselbe Basilius nennt den Goten Arintheus, der seit 355 als Offizier im römischen Heer diente, als Christen.[8]

Mehrere Kirchenväter berichten von Verfolgungen, denen Christen bei den

---

[1] So zuletzt *K. Schäferdiek* in seinem Artikel „Germanenmission" in dem RAC X, Stuttgart 1977, 492–548, bes. 496.

[2] Philostorgios, Hist.eccl. II, 5, ed. *J. Bidez–F. Winkelmann,* GCS 21, ²1971; Sozomenos, Hist.eccl. II,6, ed. *J. Bidez–G. Hansen,* GCS 50, ²1960; Auszüge bei *W. Lange,* Texte zur germanischen Bekehrungsgeschichte, Tübingen, 1962, 3–7.

[3] De incarnatione Verbi 51,2 (Datierung umstritten).

[4] Mansi, Conciliorum collectio II, 214.

[5] So *K. Schäferdiek,* a. a. O. 498 gegen die frühere Deutung auf sogenannte Krimgoten.

[6] Socrates, Hist.eccl. I,18 (PG 67). Dazu *E. A. Thompson,* The Visigoths in the time of Ulfila, Oxford 1966, 78–81.

[7] Ep. 164,2 (PG 32).

[8] Ep. 269. Dazu *M. Waas,* Germanen im römischen Dienst des 4. Jh. Diss. Bonn 1965, 81 ff.

Goten ausgesetzt waren: Epiphanius[9], Hieronymus[10], Sokrates[11], Sozomenos[12], Ambrosius[13], Augustin[14]. Man kann eine Verfolgung auf das Jahr 369 datieren. Märtyrerberichte sind erhalten. Die Leidensgeschichte des Innas, Rhemas und Pinnas berichtet, daß diese drei gotischen Christen wegen ihres Glaubens hingerichtet wurden. Ein gotischer Bischof Goddas kümmerte sich um die Reliquien. Möglicherweise gehören diese Märtyrer auch schon in eine Verfolgung 348 hinein.[15] Einblick in das Leben eines gotischen Christen in seinem heidnischen westgotischen Stamm bietet die Leidensgeschichte des Sabas. Trotz aller Bedrängnisse hielt er am Glauben fest, seine Familie versuchte, ihm zu helfen, dennoch war der Märtyrertod schließlich unausweichlich. Der Bericht ist geschrieben von der Gemeinde in Gothien an die Gemeinde in Kappadozien, wohin die Gebeine des Sabas überführt wurden.[16] Auch die Reliquien des Märtyrers Nicetas, der trotz seines griechisch klingenden Namens wohl ein Gote war, wurden später überführt.[17] Schließlich haben wir einen gotischen liturgischen Kalender, der von gotischen Christen berichtet, die Märtyrer geworden waren.[18] Zum 23. 10. werden die „vielen Märtyrer im Gotenland" genannt. Zum 29. 10. heißt es: „Das Gedächtnis dieser Märtyrer bei dem Presbyter Wereka und Batwins ist geblieben: In einer vollen Kirche im Gotenland verbrannt." Eine griechische Überlieferung berichtet, in einer Kirche seien 26 Menschen verbrannt worden, 22 werden mit Namen genannt.[19] Später hat eine gotische Fürstin die Reliquien in das römische Reich bringen lassen. Nach ihrer Rückkehr nach Gothien wurde ihr christlicher Begleiter gesteinigt.

Weitaus am deutlichsten steht in der Mitte des 4. Jh. der gotische Christ Wulfila vor uns. Seine Lebensgeschichte wurde von seinem Schüler Auxentius aufgeschrieben; dessen Freund Maximinus hat sie in eine größere Darstellung eingearbeitet.[20] Daraus können wir das Leben Wulfilas rekonstruieren: Er wurde 311 geboren. Seine Großeltern mütterlicherseits waren 264 aus Kleinasien verschleppt

---

[9] Panarion haereseoon 70,14,5–15,5, ed. *K. Holl,* GCS 37, 1933.

[10] Chronik zum Jahre 369, ed. *R. Helm,* GCS 47, ²1956.

[11] Hist.eccl. 4,33 (unklar eingeordnet). Vgl. *W. Lange,* a. a. O. 4–5.

[12] Hist.eccl. 6,37 (unklar eingeordnet). Vgl. *W. Lange,* a. a. O. 5–6.

[13] Lukaskommentar II,37, ed. *C. Schenkl,* CSEL 32,4, Wien 1902.

[14] De civitate Dei 18,52.

[15] So *E. A. Thompson,* a. a. O. 161 f.

[16] Ed. *H. Delehaye,* Analecta Bollandiana 31 (1912), 216 ff. Auszüge bei *W. Lange,* a. a. O. 9–10.

[17] Ed. *H. Delehaye,* Analecta Bollandiana 31 (1912), 209–215.

[18] Ed. *H. Achelis,* ZNW 1 (1900), 308–335; dazu *R. Loewe,* Gotische Namen in hagiographischen Texten, Beiträge zur Geschichte der Sprache und Literatur 47 (1923), 407–433; *G. Eis,* Altgermanische Beiträge zur geistlichen Gebrauchsliteratur, Bern/Frankfurt 1974.

[19] Einzelheiten mit Textstellen bei *K. D. Schmidt,* Die Bekehrung der Germanen I, Göttingen 1939, 224–225.

[20] Dissertatio Maximini, PL Suppl. I, Paris, 1959, 703–707.

[20a] Eine neue Deutung der Vorgänge bietet *K. Schäferdiek* in seinem Aufsatz „Wulfila- Vom Bischof von Gothien zum Gotenbischof", in ZKG 90 (1979), 107–146. Demnach wurde Wulfila schon 336 noch unter Kaiser Konstantin zum Bischof geweiht und kam mit seinen Anhängern 343 in das oströmische Reich (nach der Synode von Sardica).

worden und hatten seitdem in der Gefangenschaft ihren Glauben bewahrt. Wulfilas Vater war ein Gote. Wulfila wuchs auf in einer christlichen Gemeinde, schon frühzeitig betätigte er sich als Lektor. Die griechische und gotische Sprache sind ihm vertraut, er hat aber auch in lateinischer Sprache gepredigt. Als 341 eine gotische Delegation an den Kaiserhof geschickt wurde, gehörte ihr auch der damals 30jährige Wulfila an. Er begegnete dem theologischen Berater des Kaisers Konstantius, dem Hofbischof Euseb von Nikomedien, der ihn zum Bischof weihte. Wulfila hat als Missionsbischof von 341 bis 348 unter den Goten gewirkt. Eine Christenverfolgung, der zahlreiche Männer und Frauen zum Opfer gefallen waren, zwang ihn zur Auswanderung in das römische Reichsgebiet. Dort wurde er mit Mose verglichen, der sein bedrücktes Volk aus der Knechtschaft geführt hatte.[20a] Wulfila und seine Anhänger erhielten Siedlungsraum bei Nikopolis (im heutigen Bulgarien). Wulfila war der weltliche und geistliche Führer jener Volksgruppe, die man später die Kleingoten nannte. Diese gotische Gruppe beendete die Völkerwanderung und wurde seßhaft. Von ihr ging eine der größten Missionsbewegungen aller Zeiten aus.

Der gegebene Überblick läßt gewiß manche Fragen offen. Aber er dürfte doch gezeigt haben, daß bei der Bekehrung der Germanen die Könige anfangs keine Rolle spielten; es ging zunächst um die Entscheidung einzelner Menschen.

b) Wulfilas Bibelübersetzung und Theologie

Wulfilas größte Leistung war die Übersetzung der Bibel ins Gotische. Es handelt sich dabei auch um eine große Kulturleistung, denn Wulfila mußte eine gotische Schriftsprache erst schaffen – wie auch so mancher Missionar der Neuzeit. Wulfilas Grundtendenz wird deutlich an einer Einzelheit: Er hat die alttestamentlichen Königsbücher nicht übersetzt, weil er den kriegerischen Sinn der Goten nicht noch anstacheln wollte.[21] Offenbar fürchtete er eine Identifizierung der Goten auf der Völkerwanderung mit der Landnahme des alten Volkes Israel. Wulfila erstrebte das Gegenteil: Das griechische Wort Soter (Heiland) übersetzt er mit „Nasjands“ vom Verbum „ganasjan“ (genesen). Christus ist also nicht der Helfer in der Schlacht, wie ihn später mancher Germanenfürst erlebte. Für Wulfila ist Christus der Arzt, der Heilende. In der Lebensbeschreibung des Auxentius steht der Satz: Wulfila „hat den gotischen Stamm gemäß der evangelischen, apostolischen und prophetischen Regel gereinigt und zu leben gelehrt; er hat gezeigt, wie Christen wahre Christen seien“[22]. Natürlich mußte Wulfila bei seiner Bibelübersetzung an die gegebenen Möglichkeiten anknüpfen. So wird der zentrale Begriff Agape (Liebe) mit „friatwa“ (Freundschaft) wiedergegeben; dieses Wort konnte verstanden werden, obwohl der volle Klang der schenkenden Liebe Gottes darin nur unvollkommen wiedergegeben ist. Häufig kommt das Wort „sibja“ (Sippe) vor: So in Matth. 5,24 bei der Versöhnung mit dem Bruder, in Gal. 4,5 und Röm. 9,4 im Zusammenhang mit der Sohnschaft, in Mark. 15,28 und 1. Tim. 1,9 für den Gesetzlosen, der als „unsibjis“, d. h. gegen die Sippe handelnd bezeichnet wird. H. Steubing sprach von einer „kräftigen Übertragung

[21] Philostorgios II,5 (vgl. Anm. 2).
[22] PL Suppl. I, 706 (ed. *A. Hamman*).

biblischer Begriffe und biblischer Umwelt in das germanische Empfinden". Aber Steubing stellt dann mit aller Deutlichkeit fest: „Das Evangelium kommt den Germanen nahe in seinem Lebenskreis ... dabei blieb der Gehalt des Evangeliums der gleiche."[23] H. Kars kommt von speziellen Untersuchungen des Wortes Sünde in der gotischen Bibelübersetzung zu folgendem Ergebnis: „Im gotisch-arianischen Christentum gab es kein Sündengefühl als Schuldgefühl, gab es keine Sündenangst, sondern nur ein demütiges Anerkennen der göttlichen Wirklichkeit, Wahrheit und Ewigkeit, entsprossen aus der Frage nach dem Sinn der Welt und aus einer gewissen Weltangst ..."[24]

Ein Problem ist seit jeher die Theologie Wulfilas. Im römischen Reich stritt man sich damals um die Trinitätslehre; es ging um das rechte Wort für das Verhältnis zwischen Gott-Vater und Christus. Wulfila stimmte der in der Mitte des 4. Jh. anerkannten Formel zu, Christus sei dem Vater ähnlich[25] gemäß der Schrift. Wulfila sah die drei göttlichen Personen in einem Verhältnis der Unterordnung. Wulfilas Schüler Auxentius hat ein Glaubensbekenntnis seines Lehrers überliefert:

> „Ich, Wulfila, Bischof und Bekenner, habe immer so geglaubt, und in diesem allein wahren Glauben fahre ich hinüber zu meinem Herrn: Ich glaube, daß ein Gott ist, der Vater, allein ungezeugt und unsichtbar, und an seinen eingeborenen Sohn, unseren Herrn und Gott, Werkmeister und Bildner der gesamten Kreatur, der seinesgleichen nicht hat; also ist einer der Gottvater aller, welcher auch der Gott unseres Gottes ist; und an den Heiligen Geist, die erleuchtende und heiligende Kraft, wie Christus nach seiner Auferstehung zu seinen Aposteln sprach: Siehe, ich sende euch den von meinem Vater Verheißenen, ihr aber bleibt in der Stadt Jerusalem, bis daß ihr angetan werdet mit der Kraft aus der Höhe. Desgleichen auch: Ihr sollt eine Kraft empfangen, die über euch kommen wird durch den Heiligen Geist – der weder Gott noch Herr ist, sondern der getreue Diener Christi, ihm nicht gleich, sondern in allen Dingen dem Sohn untertan und gehorsam; und daß der Sohn in allen Dingen untertan und gehorsam ist seinem Gott, dem Vater ähnlich, so wie Gott alles gezeugt hat durch Christus und geordnet durch den Heiligen Geist."[26]

Diese „homöische"[25] Theologie wurde 381 durch das nicänische Bekenntnis überwunden. Die Homöer – von den zeitgenössischen Kritikern stets als „Arianer" bezeichnet – wendeten sich an Wulfila, von dessen Einfluß am Kaiserhof sie Hilfe erhofften. An früheren Reichssynoden hatte Wulfila teilgenommen,[27] doch jetzt im Alter von mehr als 70 Jahren konnte er nicht mehr helfen; Wulfila starb 383. Wulfilas Engagement für die homöische Theologie wurde schon von seinen Zeit-

---

[23] *H. Steubing,* ZKG 64 (1952/1953), 164 f.

[24] Studien zum Sündenverständnis der arianischen Goten, ThJb (H), hrsg. v. *E. Barnikol,* Halle 1956, 40–65, Zitat S. 65.

[25] Ähnlich heißt griechisch „homoios"; daher leitet sich die Bezeichnung „Homöer" bzw. „homöisch" ab.

[26] PL Suppl. I, 707 sowie bei *W. Lange,* a. a. O., 8–9. Das entscheidende Wort „similem" (ähnlich) ist freilich unsicher bezeugt.

[27] Sokrates, Hist.eccl. II, 41 sowie Sozomenos, Hist.eccl. VI,37.

genossen möglichst entschuldigt. So schrieb z. B. Sozomenos: Wulfila war bis 360 ein gut orthodoxer Christ, aber dann nahm er „unklugerweise an einer Synode der Arianer teil, und da diese Leute ihm versprachen, seine Wünsche beim Kaiser zu vertreten, soll er, sei es unter dem Zwange der Not, oder auch weil er ihre Meinung von der Gottheit für besser hielt, ihre Partei ergriffen haben"[28]. Tatsächlich lassen sich die konfessionellen Unterschiede bei den Goten zunächst nur schwer feststellen. „Praktisch wird Wulfila 341 kaum anders geglaubt haben als die Mehrheit der Orthodoxen."[29] Katholische und homöische Goten beriefen sich auf dieselbe Tradition, auf dieselben Märtyrer, auf dieselbe Bibel.[30] Für unsere Erkenntnis der Kirchengeschichte ist freilich der Umstand günstig, daß die Mehrheit der gotischen Christen dem homöischen Bekenntnis anhing, das im römischen Reich seit 381 verpönt war. Man kann dadurch die umfassende Ausstrahlung erkennen, die von dem Kreis um Wulfila ausgegangen ist. Es war eine Mission von Germanen an Germanen. Dabei war jene Gruppe der Kleingoten in militärischer, politischer und wirtschaftlicher Hinsicht völlig unbedeutend. Der gotisch-katholische Geschichtsschreiber Jordanes berichtet am Ende des 6. Jh. recht distanziert über diesen Kreis:

> „Es waren da aber auch noch andere Goten, die man Kleingoten nennt, ein sehr zahlreiches Volk. Mit ihnen war ihr Priester Wulfila, der selbst auch Primas war und der ihnen die Buchstaben erfunden haben soll. Heute sind sie Bewohner der Gegend um Nikopolis in Mösien zu Füßen des Emimontus, ein zahlenmäßig großes Volk, jedoch arm und unkriegerisch, an nichts reich außer Herden verschiedener Viehsorten, Weideflächen und Holz aus dem Wald. Das Land ist arm an Weizen, jedoch fruchtbar für andere landwirtschaftliche Erzeugnisse. Weinbau kennen sie nicht, wissen auch nicht, daß es ihn anderswo gibt. Aus benachbarten Orten kaufen sie sich Wein, doch trinken sie meistens Milch."[31]

Solche Armut könnte durchaus im Sinne Wulfilas gewesen sein, der seinen Anhängern dafür einen anderen Reichtum hinterlassen hatte: Die Bibel in gotischer Sprache und den Impuls, den christlichen Glauben auszubreiten.

c) Die homöische Kirche bei den Westgoten vom 4. bis 6. Jahrhundert

Die Christianisierung der Westgoten erfolgte in einem spannungsreichen Prozeß, den wir nur bruchstückhaft erkennen können. Wulfila und seine Anhänger waren 348 vertrieben worden, aber es gab offenbar immer noch Christen unter den Westgoten. Zwei Fürsten, Fritigern und Athanarich, hatten Streit miteinander. Zunächst ging Athanarich 369 gegen die christliche Minderheit unter den Goten vor; er warf ihr Verrat des väterlichen Glaubens vor. Nach dem Bericht des Epi-

---

[28] Sozomenos, Hist.eccl. VI,37.

[29] *K. D. Schmidt,* Die Bekehrung der Germanen I, Göttingen 1939, 325.

[30] Die Existenz katholischer Goten bezeugen u. a. Chrysostomos (Ep. 14,5) und Hieronymus (ep. 106) sowie die Kirchengeschichte des Theodoret 5,30 (ed. *L. Parmentier-Scheidweiler,* GCS 19, ²1954).

[31] MGH AA V,1 ed. *Th. Mommsen,* 127.

phanius war Athanarich erfüllt vom Haß gegen alles Römische. Das Christentum aber war für ihn die Religion im römischen Reich.[32] Im Gegensatz zu Athanarich suchte Fritigern Kontakte zum römischen Reich. Er flüchtete 376 unter dem Druck der Hunnen auf römisches Gebiet, wo man ihn gerne aufnahm. Die Römer erhofften von den Goten Hilfe im Kampf gegen die anstürmenden Hunnen. In diesem Rahmen kam es zur Christianisierung, über die Jordanes in seiner Gotengeschichte einen Bericht gibt:

> „Die Westgoten wurden durch die Furcht ihrer Stammesverwandten aufgeschreckt und waren unschlüssig, was sie wegen der Hunnen für eine Entscheidung treffen sollten. Nach langem Überlegen schickten sie endlich nach gemeinsamem Beschluß Gesandte in das römische Reich zu Kaiser Valens, dem Bruder Valentinians des Älteren, daß er ihnen einen Teil Thraziens oder Mösiens zum Anbau überlassen möchte; sie wollten nach seinen Gesetzen leben und seinen Anordnungen gehorchen. Und um reichlicher Vertrauen zu finden, versprachen sie, Christen zu werden, wenn er ihnen Lehrer ihrer Sprache geben würde. Als Valens dies erfuhr, stimmte er gleich freudig zu, da er dies seinerseits hatte erstreben wollen. Und er nahm die Goten auf in Teilen Mösiens und machte sie seßhaft wie eine Mauer seines Reiches gegen andere Volksstämme. Und weil damals Valens als Kaiser von der falschen Lehre der Arianer angesteckt war und alle Kirchen unserer Partei geschlossen hatte, so schickte er Anhänger seiner Partei als Prediger zu ihnen. Diese kamen und flößten den Ungebildeten und Ahnungslosen sogleich das Gift des falschen Glaubens ein. So wurden auch die Westgoten vom Kaiser Valens mehr zu Arianern als zu Christen gemacht."[33]

Dieser bittere Bericht des Jordanes läßt klar erkennen, daß die Mehrheit der Westgoten 376 mit dem Übertritt in das römische Reich auch den Übertritt zur Kirche anstrebten. Als „Lehrer ihrer Sprache" kann ihnen Valens wohl nur Anhänger aus dem Kreis um Wulfila geschickt haben, die auf diese Weise – fast drei Jahrzehnte nach ihrer Vertreibung 348 – nun wieder mit ihrem Volk in Verbindung kamen. Diese Verbindung der Westgoten unter Fritigern mit dem Kreis um Wulfila steht aber in einem viel größeren Zusammenhang, den Jordanes in aller Kürze mitteilt:

> „Übrigens haben sie sowohl den Ostgoten wie den Gepiden, ihren Verwandten, aus Liebe das Evangelium verkündet und sie die Pflege dieser falschen Lehre gelehrt. Jedes Volk ihrer Sprache haben sie, wo es auch immer sein mochte, zum Gottesdienst dieser Sekte eingeladen."[34]

Gerade diese abfällige Darstellung durch den Katholiken Jordanes, der jene „Sekte" und ihre Mission nur mit peinlichem Bedauern erwähnt, macht seinen Bericht so wertvoll: Selbst ein überzeugter Kritiker muß doch die Aktivität jener Kleingoten anerkennen.

---

[32] Panarion haereseoon 70,15,4, ed. *K. Holl,* GCS 37, 1933, 248.

[33] De origine actibusque Getarum XXV, MGH AA V,1,1882, abgedruckt auch bei *W. Lange,* a. a. O. 12, sowie bei *G. Haendler,* Quellenheft 16,I, Berlin 1961, 30–33.

[34] Ebd.

Das Bündnis zwischen Kaiser Valens und den Westgoten unter Fritigern blieb nicht ungetrübt. Zunächst wurden die Goten als Bundesgenosen (foederati) anerkannt und erhielten eine gewisse Selbständigkeit. Bald aber fühlten sie sich so stark, daß sie es auch auf einen Kampf mit einem römischen Heer ankommen ließen. In der Schlacht kam Kaiser Valens ums Leben. Die Zustände auf dem Balkan waren recht turbulent. Kaiser Theodosius bestätigte 382 die Westgoten unter Fritigern erneut als Bundesgenossen. Auf das Bekenntnis der Goten konnte er jedoch keinen Einfluß nehmen: Theodosius wollte in seinem römischen Reich nur noch die nicänische Trinitätslehre zulassen, nach der Christus und Gott-Vater „wesensgleich" (homousios) waren, die Westgoten dagegen blieben bei der homöischen Theologie Wulfilas, nach der Christus seinem Vater nur „ähnlich" (homoios) war.[35] Diese Hartnäckigkeit in der Bekenntnisfrage zeigt, daß die Westgoten auf eigenständige Weise Christen sein wollten. Gewiß war Fritigerns Übertritt zum Christentum 376 auch politisch motiviert. Der Druck der Hunnen und die Hoffnung auf Schutz durch das römische Reich haben entscheidend mitgewirkt. Aber fünf Jahre später hatte sich die Lage grundlegend geändert. Die Westgoten hätten den christlichen Glauben wieder aufgeben können; sie hielten ihn aber fest in jener Form, in der sie ihn angenommen hatten. Der einstige Christenverfolger Athanarich kam nun auch noch ins römische Reich. Der Weg Fritigerns hatte sich als zukunftsträchtig erwiesen.
Als die Westgoten unter Alarich 395 zu neuen Wanderungen aufbrachen, waren sie in ihrer großen Mehrheit Christen homöischen Bekenntnisses. Alarich hatte einen Bischof an seiner Seite.[36] Im Jahre 410 wurde Rom erobert. Für die Bewohner des römischen Reiches war es ein kaum faßbarer Vorgang, daß ihre alte Hauptstadt erobert werden konnte. Neben aller Erschütterung stand auch ein Staunen darüber, daß die Goten relativ human auftraten. Sie respektierten die Kirchen, sie schonten die dorthin geflüchteten Menschen. Sozomenos[37], Orosius[38], Hydatius[39] berichten davon, Augustin schreibt unter dem Eindruck der Eroberung Roms sein Werk „Vom Gottesstaat"[40] (Kap. 5 a). Im 1. Kapitel fragt Augustin: Wann hat es je in der Kriegsgeschichte so etwas gegeben, daß Sieger die Kultgebäude der Besiegten verschonten? Haben die Griechen etwa den Tempel von Troja respektiert? Augustin schildert die Verhältnisse bei der Eroberung Roms 410:

> „Das bezeugen die Gedenkstätten der Märtyrer und die Kirchen der Apostel, welche in jener Verwüstung der Stadt die Flüchtlinge aufnahmen, die Christen und die Nichtchristen. Bis dahin wütete der Blutdurst der Feinde, dort fand die Wut der Soldaten eine Grenze."

Augustin geht nicht näher auf das Christentum der Westgoten ein. Sicher konnte er bei seinen Lesern Kenntnis darüber voraussetzen. Sein Schweigen ist aber wohl

[35] Vgl. Teil I/4 der KGiE von *H. G. Thümmel.*
[36] Sozomenos, Hist.eccl. IX,9.
[37] Ebd.
[38] Historia adversus paganos II,19,13 und VII,39,1. Ed. *C. Zangemeister,* CSEL 5, Wien 1882, 132 und 544/545.
[39] Chronik 43, ed. *Th. Mommsen* in MGH AA 11, 17 sowie in SC 218.
[40] De civitate Dei, ed. *E. Hoffmann,* CSEL 40,1899 (2 Bde.).

doch auch Ausdruck einer gewissen Distanz: Die Westgoten waren zwar Christen, aber doch Häretiker. Augustin ist 428 mit dem homöischen Bischof Maximin zusammengetroffen, der eine gotische Militäreinheit nach Nordafrika begleitete. Es kam zu einem Streitgespräch, dessen Protokoll vorliegt.[41] Für Augustin muß die Lage unerfreulich gewesen sein: Jene gotischen Soldaten waren gekommen, um die römische Bevölkerung zu schützen; man mußte also dem Militärgeistlichen gegenüber Höflichkeit walten lassen. Andererseits vertrat Maximin als Schüler Wulfilas offen seine homöische Theologie.[42]
Nach der Eroberung Roms setzte Alarich einen Kaiser ein, der von ihm abhängig war; doch legte der gotische Heerführer Wert darauf, daß jener Schattenkaiser sich zur homöischen Lehre bekannte; die Bekenntnisfrage war ihm also nicht gleichgültig.[43] Die Westgoten verließen bald Italien und begründeten in Südfrankreich und Spanien ein großes Reich mit der Hauptstadt Tolosa (Toulouse). Den Durchzug der Westgoten durch Gallien erlebte der Priester Salvian von Marseille mit, einer der interessantesten Zeugen jener Epoche. Sein Hauptwerk „Von der Regierung Gottes" schrieb er um 440. Salvian will den Christen seiner Zeit die Völkerwanderung als gerechtes Gericht Gottes erklären. Er tadelt die verdorbenen Zustände im römischen Reich, die Germanen werden positiver beurteilt (Kap. 5 c). Salvian beurteilte daher auch die homöische Konfession der Germanen weniger hart als etwa Jordanes. Salvian spricht in voller Offenheit davon:

> „Häretiker sind sie also, aber ohne daß sie es wissen. Schließlich sind sie für uns Häretiker, sie selbst halten sich nicht dafür ... Die Wahrheit ist bei uns, aber jene nehmen dieselbe für sich in Anspruch. Die rechte Verehrung Gottes geschieht bei uns, aber jene sind der Ansicht, die rechte Verehrung der Gottheit sei das, was sie glauben. Ihre Pflicht versäumen sie, aber sie sehen darin den größten Dienst der Religion. Sie sind unfromm und meinen, das sei die wahre Frömmigkeit. Sie irren also, aber in gutem Glauben irren sie, nicht aus Haß, sondern aus Liebe zu Gott, weil sie glauben, Gott zu ehren und zu lieben. Obgleich sie den rechten Glauben nicht haben, sind sie doch überzeugt, die vollkommene Liebe zu Gott zu haben. Wie sie für diesen Irrtum der falschen Meinung am Tage des Gerichts zu bestrafen sind, kann niemand wissen außer dem Richter allein. Inzwischen läßt Gott ihnen, wie ich meine, Nachsicht zukommen, weil er sieht, daß sie zwar nicht den rechten Glauben haben, daß sie aber irren in der Hingabe an eine dennoch fromme Meinung."[44]

Wir kennen keinen bedeutenden Theologen unter den homöischen Westgoten. Der Weg dieser Landeskirche in Spanien führte 589 zu einem relativ bruchlosen Übergang zur katholischen Lehre (Kap. 7 d). Die von Wulfila herkommende Strömung mündete in diesem Strang in die Geschichte der Gesamtkirche ein. Hier sei aber festgehalten, daß die Westgoten in Italien, Gallien und Spanien, also in drei katholischen Ländern, fast zwei Jahrhunderte hindurch ihr homöisches Be-

[41] PL 42, 709 ff. und 743 ff.
[42] Vgl. den Zusammenhang in Kap. 8 a.
[43] Ebd., Anm. 36.
[44] De gubernatione Dei V,2. Ed. *F. Pauly* im CSEL 8,1883, 104.

kenntnis festgehalten haben. Ihre Hinwendung zu dieser Form des Christentums, die ihnen Wulfila vermittelt hatte, war ihnen offenbar wichtig und bewahrenswert.

d) Ausbreitung des homöischen Glaubens bei den Germanen im 5. Jahrhundert

Die weiteste Ausbreitung geschah durch die Wanderungen der Wandalen. Sie wohnten im 4. Jh. auf dem Balkan, zogen über Süddeutschland 409 nach Gallien, wo sie der Priester Salvian mehrfach erwähnt.[45] Das bewußt homöische Bekenntnis der Wandalen beschreibt Salvian:

> „Sie halten sich so sehr für katholisch, daß sie uns mit dem Namen Häretiker verfolgen. Wofür wir sie halten, dafür halten sie uns. Wir sind sicher, daß sie der göttlichen Zeugung eine Beleidigung zufügen, wenn sie sagen, der Sohn sei geringer als der Vater. Jene meinen, wir beleidigten den Vater, weil wir beide für gleich hielten" (V,2).

Dieses Bekenntnis, das durchaus im Sinne Wulfilas ist (I b), müssen die Wandalen noch auf dem Balkan vor oder um 400 übernommen haben. Sie zogen weiter nach Spanien und setzten im Jahre 429 nach Nordafrika über, wo sie der katholischen Kirche gegenüber sehr aggressiv auftraten (Kap. 8 a).

Spuren homöischer Mission sind auch bei anderen germanischen Stämmen nachweisbar. Oft sind es nur kurze Nachrichten, deren Datierung und Kombination in der Forschung schon vielfach versucht wurde. Da sind die Burgunder, die vom Maingebiet kommend den Rhein überschritten; um 412 bildeten sie ein Reich mit dem Mittelpunkt Worms.[46] Sie waren Christen, sollen aber nach manchen Quellen katholisch gewesen sein. Als ihr Königshaus 436 ausstarb, holten sie sich einen neuen König aus westgotischem Königsgeschlecht[47], also einen Christen homöischen Bekenntnisses; zu diesem Zeitpunkt muß mindestens ein beträchtlicher Teil der Burgunder dem homöischen Bekenntnis angehört haben. Um 500 bemühte sich der katholische Bischof Avitus von Vienne darum, die Burgunder zum katholischen Bekenntnis zu werben. K. D. Schmidt zog Schlußfolgerungen: „Am Ende des 4. Jh. müssen die Burgunder also unter den großen Strom westgotischer Mission gekommen sein, der donauaufwärts wanderte, muß das Christentum auch bei ihnen zuerst Eingang gefunden haben."[48]

Die Suewen sind vermutlich auf dem Seeweg 408 nach Galläcien gekommen, der Nordweststrecke der iberischen Halbinsel. Sie bekamen zunächst Kontakt mit der einheimischen katholischen Bevölkerung, gerieten dann aber im Laufe des 5. Jh. unter den Einfluß der homöischen Westgoten, die damals in Spanien ihre Nachbarn waren. Wir hören von einem Missionar homöischen Bekenntnisses mit Namen Ajax. War er ein Westgote? Der katholische Chronist Hydatius be-

---

[45] De gubernatione Dei V,4; VII,9; VII,11 u. a.

[46] *P. Wackwitz,* Gab es ein Burgunderreich in Worms? (Der Wormsgau, Beiheft 20/21), 1964/1965. Ferner dazu *F. K. Strohecker,* Germanentum und Spätantike, 1965, 246–274.

[47] Gregor von Tours, Historia Francorum II,28.

[48] Die Bekehrung der Germanen I, Göttingen 1939, 410.

zeichnet ihn als „Senior Arrianus"[49]. Von den Gepiden haben wir die Nachricht des Jordanes, daß sie von den stammverwandten Goten zur homöischen „Sekte" bekehrt worden seien. Die Gepiden wohnten im heutigen Rumänien; wir wissen sonst wenig von ihnen.

Eine aufschlußreiche Quelle für die Verbreitung des homöischen Christentums bei den Germanen ist die 511 abgefaßte Lebensbeschreibung des heiligen Severin, die die Zeit um 480 darstellt (vgl. Kap. 5e). Diese Quelle berichtet mehrfach von den Rugiern, die an der Donau im Gebiet des heutigen Niederösterreich wohnten. Der Rugierkönig Fewa wird als Christ bezeichnet, der aber kein Katholik war. Trotzdem verhielt er sich der katholischen Bevölkerung jenes Landstriches gegenüber tolerant.[50] Man darf annehmen, daß die Rugier homöische Christen waren und diesen Glauben auf dem Balkan angenommen haben; als Vermittler kommt der Kreis der Kleingoten am ehesten in Betracht, da die Westgoten unter Alarich 395 den Balkan verlassen hatten. Die Lebensbeschreibung Severins erwähnt auch den Skirenkönig Odoaker, der später als arianischer Christ erwähnt wird.[51] Auch die Skiren könnten von der homöischen Mission auf dem Balkan erfaßt worden sein; es gibt jedenfalls keine bessere Erklärung.

Um 500 hat die homöische Mission wohl auch die Heruler erreicht, die lange auf dem Balkan gewohnt haben; doch war die Zahl homöischer Christen unter den Herulern nur gering. Der wichtigste Germanenstamm homöischen Bekenntnisses waren die Ostgoten, die kurz vor 500 nach Italien kamen und vorher auf dem Balkan homöische Christen geworden sein müssen. Diesem Stamm und zumal seinem König Theoderich galt von jeher großes Interesse.

e) Der Höhepunkt des „germanischen Arianismus" unter dem Ostgotenkönig Theoderich um 500

Um das Jahr 500 war das westliche Mittelmeer von germanischen Reichen umschlossen, die dem Christentum homöischen Bekenntnisses angehörten. Die Bezeichnung „germanischer Arianismus" ist nicht genau, da Arius die Unterordnung Christi unter Gott-Vater viel radikaler vertrat als Wulfila. Dennoch hat sich dieser Begriff fest eingebürgert; er ist auch quellenmäßig begründet, da die katholischen Zeitgenossen immer von „Arianern" sprachen, wenn es um Germanen homöischen Bekenntnisses ging. Die Geschichtsschreibung lag aber in katholischen Händen. Der katholische Gote Jordanes schrieb seine Gotengeschichte[52] am Ende des 6. Jh.; der Katholik Cassiodorus Senator verfaßte die Briefe für den Ostgotenkönig Theoderich[53]; eine Lobrede auf Theoderich mit brauchbaren biographischen Angaben lieferte der katholische Bischof Ennodius von Pavia[54]; auch der sogenannte Anonymus Valesianus war ein katholischer

---

[49] Chronik 213, ed. *Th. Mommsen,* MGH AA 11 sowie in SC 218.
[50] Das Leben des heiligen Severin, ed. *Rudolf Noll* (Schriften und Quellen der alten Welt 11), Berlin 1963, Kap. 8,31 und 33.
[51] Ebd., Kap. 7 und 32.
[52] Vgl. Anm. 33.
[53] 12 Bücher „Variae" (epistolae), ed. *Th. Mommsen* in MGH AA 12,1894.
[54] Ennodii opera ed. *W. Hartel,* CSEL 6, 1882 bzw. ed. *F. Vogel,* MGH AA 7, 1885.

Zeitgenosse Theoderichs mit Sympathie für das Regime der Ostgoten, spätere Zusätze haben ein kritisches Moment hineingebracht.[55] Endlich finden sich Nachrichten bei dem byzantinischen Geschichtsschreiber Prokop, der in seinem „Gotenkrieg"[56] den Untergang des Ostgotenreiches darstellte. Von der Bedeutung der ostgotischen Kirche sagen diese katholischen Autoren leider kaum etwas, aber wir erfahren doch manches über ihre Mentalität. Es läßt sich ein Gesamtbild entwerfen.

Die Ostgoten haben um 400 auf dem Balkan gewohnt, zeitweise in Ungarn und südlich davon. Sie dürften hier in den Einflußbereich der kleingotischen Mission gekommen sein. Jedenfalls kennen sie die Bibelübersetzung Wulfilas und den liturgischen Kalender. Die entscheidende Persönlichkeit wurde Theoderich. Er wurde 452 in einer christianisierten Familie geboren. Um 470 übernahm er eine Offiziersstelle im byzantinischen Heer. 490 marschierte er im Auftrag des Kaisers in Konstantinopel mit gotischen Heeresverbänden nach Italien, wo der König Odoaker sich gar zu unabhängig von Byzanz gemacht hatte. Von 493 bis 526 war der Ostgotenkönig Theoderich Herrscher in Italien. Entscheidend für ihn waren die Jugendeindrücke am Kaiserhof in Konstantinopel. Bischof Ennodius von Pavia sagt rühmend: „Griechenland hat dich erzogen im Schoße der Zivilisation."[57] In den Erlassen Theoderichs spielte die civilitas eine wichtige Rolle. Blutrache, Fehde, Plünderung – germanische Bräuche gerade auch auf der Völkerwanderung – sollten überwunden werden. Das ist sicher nicht einfach nur ein Erfolg der Kirche, aber christliche Ideale sind hier gewiß mit wirksam geworden. Theoderichs Fürsorge für die Kirche wurde gerühmt. Sie galt zunächst der eigenen ostgotischen Kirche homöischen Bekenntnisses. Der Bau der Kirche San Appollinare in Theoderichs Hauptstadt Ravenna geht auf Anregung des Königs zurück. Aber auch in Rom gab es zwei Kirchen für die Goten, die noch um 600 erwähnt werden.[58] Die Mehrheitskirche in Italien war die katholische Kirche, die Theoderich respektiert hat. Der Anonymus Valesianus formulierte: „Während er selbst sich zur arianischen Sekte bekannte, ließ er doch den Römern ihre Gesetze ... er unternahm nichts gegen die katholische Religion." Bei einem Besuch in Rom begegnete Theoderich „dem heiligen Petrus mit größter Ehrfurcht, als ob er Katholik wäre"[59]. Dieselbe Quelle berichtet dann freilich, Theoderich habe unmittelbar vor seinem Tode die katholischen Kirchen überfallen wollen, doch habe er an jenem Tage sein Reich und sein Leben verloren.[60] Man vermutet hier eine spätere Überarbeitung der Quelle; doch hat es tatsächlich in der Spätzeit Theoderichs Gewaltakte gegeben, die das Verhältnis zur katholischen Kirche belasteten (Kap. 6 c).

Theoderich hatte Italien als Beauftragter des oströmischen Reiches erobert, aber seine Politik wurde dann doch mehr und mehr eigenständig. Dazu trug gewiß auch die Selbständigkeit der Konfession bei. Doch war Theoderich auch von

---

55 Ed. *Th. Mommsen,* MGH AA 9, 1887, übers. in GdV 7 bei Prokops Gotenkrieg.
56 De bello Gothico, ed. *J. Haury,* Leipzig 1905.
57 Ennodius von Pavia, Panegyricus, ed. *F. Vogel,* MGH AA 7, 1885, 204.
58 Gregor I. Register III,19 und IV,19, ed. L. M. Hartmann.
59 Anonymus Valesianus 62, ed. *Th. Mommsen,* MGH AA 9, 1887.
60 Ebd., Kap. 94.

dem politischen Ziel beherrscht, das alte weströmische Reich wieder zu erneuern. Als er in Südgallien Eroberungen macht, schreibt er dortigen Bewohnern: „Römischer Lebensgewohnheit seid Ihr nach langer Zeit wieder eingefügt."[61] Theoderich hat sich um ein Bündnis mit den in Nordgallien herrschenden Franken bemüht, doch deren König Chlodwig ging auf diese Bestrebungen nicht ein. Mit den Burgundern in Südgallien wurde zeitweise ein Bündnis geschlossen. Mit den Westgoten, die damals in Südgallien und Spanien ihr Reich gefestigt hatten, bestanden enge Verbindungen. Mit dem Wandalenkönig Trasamund wurde ein Bündnis geschlossen, das man in Konstantinopel mit einigem Mißtrauen sah.[62] Alle diese Reiche rings um das westliche Mittelmeer herum waren von Germanen beherrscht, die der homöischen Konfession angehörten. Das Bündnis mit den Burgundern zerbrach freilich noch zu Lebzeiten Theoderichs. Natürlich liegen Fragen nahe: War dieses politische Bündnis in erster Linie nur dazu da, um die Herrschaft der kleinen germanischen Oberschicht im Mittelmeerraum zu sichern? Wie stark haben diese Völker die sprachlich-kulturelle Gemeinsamkeit empfunden? Welcher Stellenwert kommt dem gemeinsamen homöischen Bekenntnis dabei zu? Ein Tatbestand dürfte klar sein: Die Bibel Wulfilas wurde um 500 rund um das westliche Mittelmeer herum benutzt: Von den Ostgoten in Italien, den Westgoten in Südfrankreich und Spanien und den Wandalen in Nordafrika. Der heute in Uppsala aufbewahrte „Codex argenteus" ist eine Prachthandschrift der Wulfilabibel, die um 500 wohl auf Anregung des Königs Theoderich hergestellt worden ist.[63]

Die Bündnispolitik Theoderichs erstreckte sich auch weit nach Norden. Eine Nichte Theoderichs heiratete den Thüringerkönig Herminafried. Theoderich hat ihm einen Brief geschrieben, das sein Überlegenheitsgefühl und sein Sendungsbewußtsein erkennen läßt:

> „Wir schicken Euch eine Zierde des Hofes, eine Erhöhung der ganzen Sippe, einen Trost des Rates, die holdeste Süße der Ehe. Sie soll die Herrschaft mit Euch teilen und Euer Volk auf bessere Art und Weise ordnen. Das glückliche Thüringen wird besitzen, was Italien herangezogen hat: Ein Mädchen, in den Wissenschaften gebildet, in den Sitten wohlerzogen, herrlich nicht nur durch die Abstammung, sondern auch durch frauliche Würde, damit Euer Land nicht weniger erglänze durch ihre Sitte wie durch seine Triumphe."[64]

Ganz sicher ist mit der Nichte Theoderichs damals eine Christin homöischen Bekenntnisses nach Thüringen gekommen. Ein archäologisches Zeugnis erhellt das: Der Goldhelm von Weißenfels wird als ein Erzeugnis ostgotischer Herkunft gedeutet, das aus der Zeit um 500 stammen soll. Auf ihm ist ein Kreuz abgebildet. Dieser Fund und der Brief Theoderichs nach Thüringen sind die ältesten Zeugnisse des Christentums auf dem Gebiet der heutigen DDR.[65]

---

[61] Variae III,17, ed. *Th. Mommsen,* MGH AA 12, 1894.

[62] Prokop, Bellum Vandalicum I,9, ed. *J. Haury,* Leipzig 1905, 351.

[63] *T. Kleberg,* Codex argenteus, the Silver Bible, Uppsala 1955.

[64] Variae IV,1, ed. *Th. Mommsen,* MGH AA 12, 1894.

[65] *B. Schmidt,* Thüringische Hochadelsgräber der späten Völkerwanderungszeit, Varia Archäologica. Berlin 1964, 195–199.

Das Reich Theoderichs zerbrach bald nach seinem Tod, byzantinische Heere eroberten Italien. Der byzantinische Geschichtsschreiber Prokop berichtet davon in seinem „Gotischen Krieg". Er zeigt darin mehrfach, daß den Goten ihr Bekenntnis nicht gleichgültig war. Wir hören von dem unbedingten Zutrauen der Ostgoten zur Gerechtigkeit Gottes. Der Ostgotenkönig Totila soll gesagt haben: „Welcher Feind ist leichter zu besiegen als der, dem Gott wegen Missetaten zürnen muß?" (III,4) Totila drängt auf Zucht und Ordnung in seinem Heer, um so die Hilfe Gottes zu erreichen (III,8). Nach dem Tode ihres letzten Königs, Teja, erklären die Goten, Gott sei offenbar gegen sie (IV,35). Bald nach der letzten Niederlage der Ostgoten 555 kamen die Langobarden 568 nach Italien. Auch unter ihnen gab es homöische Christen. Sie könnten auf dem Balkan missioniert worden sein, sie könnten aber auch in Italien durch die Ostgoten mit diesem Glauben bekannt geworden sein. Es gibt Debatten über sprachwissenschaftliche Einflüsse gotischen Christentums auf Bayern; eine Vermittlung durch die Langobarden könnte möglich sein.[66] Man hat vermutet, daß die fränkische Missionssprache in Gallien auf das Gotische zurückgegriffen habe.[67] Und sogar Einflüsse bis nach England wurden behauptet.[68] Auch wenn solche Theorien nicht stimmen sollten, so bleibt die Auswirkung des kleinen Kreises um Wulfila staunenswert genug.

[66] *H. Eggers,* Gotisches in der altbairischen Beichte, Zeitschrift für Mundartforschung 22 (1954), 129–144; *E. Kranzmayer,* Die bairischen Kennwörter und ihre Geschichte (Studien zur österreichisch-bairischen Dialektkunde 2), Wien/Köln 1960, 30–41.

[67] *E. Wessén,* Om den äldesta kristna terminologien i de germanska fornspraken, Arkiv för nordisk Filologi, Lund 1928, 75–108; *J. Knobloch,* Recherches sur le vocabulaire de la mission mérovingienne. Orbis, Louvain 1960, 427–437.

[68] *K. D. Schmidt,* Die Bekehrung der Germanen I, Göttingen 1939, 241–426 unter Berufung auf den Germanisten *F. Kluge,* Beiträge zur Geschichte der deutschen Sprache 35 (1909), 124–160. Für solche Möglichkeit trat zuletzt *H. Kuhn* ein: Die gotische Mission, Gedanken zur germanischen Bekehrungsgeschichte, Saeculum 27 (1976), 50 bis 65. Zur Problematik sei noch auf den Registerband von *Th. Frings / G. Müller,* Germania Romana II, Halle 1968, verwiesen.

Kapitel 2
Leben und Werk des Kirchenvaters Augustin (354-430)

a) Voraussetzungen der Augustinforschung

Von keinem anderen Kirchenvater der alten Kirche haben wir ein so genaues Bild wie von Augustin. In seinen Bekenntnissen (Confessiones) beschrieb er seinen Weg zum Glauben, das sind die ersten 35 Jahre seines Lebens. Drei Jahre vor seinem Tode hielt er in einem Rechenschaftsbericht kritisch Rückschau auf seine literarischen Arbeiten. Es sind 93 Werke in 232 Büchern[1], die er noch einmal durchgeht und mit Korrekturen versieht. Es ist umstritten, ob Augustin in diesem Rückblick immer genau die Chronologie seiner Arbeiten wiedergibt.[2] Weitere Hinweise bekommen wir aus der Lebensbeschreibung Augustins, die sein Schüler Possidius verfaßt hat.[3] Augustin starb 430 in seiner Bischofsstadt Hippo, die von Wandalen belagert wurde. Die Stadt wurde kurz darauf erobert, doch konnten Augustins Werke gerettet werden. Abschriften waren schon verbreitet, so daß die Überlieferung reich fließt. Die Wiener Akademie der Wissenschaften überprüft den Bestand der heute noch erhaltenen Handschriften.[4] Die Werke Augustins liegen in vielen Ausgaben vor. Grundlegend war die Ausgabe der Mauriner in 11 Bänden in den Jahren 1697–1700. Bei Migne sind es 16 Bände (PL 32–47); im Supplementband II trug A. Hamman neuentdeckte Predigten Augustins nach. Die Wiener Kirchenväterausgabe (CSEL) brachte seit 1887 zahlreiche Augustinschriften, zuletzt in den Bänden 74, 77, 80, 84 und 85. Die in Turnhout (Belgien) erscheinende neue Kirchenväterausgabe „Corpus Christianorum" (CChL) hat für Augustin in der lateinischen Serie die Bände 29–50 a eingeplant; die Mehrzahl dieser Bände ist bereits erschienen.

Übersetzungen gibt es zahlreich, besonders im romanischen Sprachraum. So hat F. Cagré 1947 die Bibliothèque Augustinienne gegründet, die in einer lateinisch-französischen Ausgabe die Werke Augustins in 85 Bänden herausbringen will. Aber auch die Reihe „Sources chrétiennes" (SC), die ebenfalls 1947 begann, hat zahlreiche Augustinschriften herausgebracht.[5] Deutsche Übersetzungen findet man in der Bibliothek der Kirchenväter in 12 Bänden (1911–1935). Auf 7 Bände ist die Reihe „Sankt Augustinus. Der Lehrer der Gnade" angelegt, die seine Schriften gegen Pelagius bringt.[6] Parallel dazu erschien die Reihe „Augustin der Seelsor-

---

[1] Retractationes I,76, ed. *P. Knöll,* CSEL 36, 1902.

[2] *A. M. La Bonnardière,* Recherches de chronologie augustinienne (Études Augustiniennes), Paris 1961.

[3] Vita Augustini, PL 46, 5–22.

[4] Die handschriftliche Überlieferung der Werke des heiligen Augustinus Bd. I/1 und I/2: Italien *(M. Oberleitner)*; Bd. II/1 und II/2: Großbritannien und Irland *(F. Römer).*

[5] Zuletzt Band 116, 1966 und 194/195, 1972.

[6] Hrsg. v. *A. Kunzelmann* und *A. Zumkeller,* Würzburg, 1955 ff.

ger“ mit den moraltheologischen Schriften.[7] In der „Bibliothek der alten Welt“ erscheinen Augustintexte.[8] Umfassend angelegt und schon weit vorangeschritten ist die Reihe „Aurelius Augustinus“, die u. a. seine Schrift „Über den Wortlaut der Genesis“ erstmals in deutscher Übersetzung brachte.[9] In der DDR erschien eine Übersetzung der Bekenntnisse Augustins[10] sowie ein sehr instruktiver Band mit ausgewählten Briefen Augustins.[11]

Die internationale Weite der Augustinforschung läßt sich an einigen Spezialzeitschriften aufzeigen. Ein Schwerpunkt der Augustinforschung liegt in Paris, wo drei Periodica erscheinen: Die Buchreihe Études Augustiniennes, die in loser Folge erscheinenden Aufsatzsammlungen Recherches Augustiniennes sowie die Zeitschrift „Revue des Études Augustiniennes“, die jedes Jahr etwa 400 neue Titel registriert, die freilich auch den weiteren Umkreis um Augustin mit aufnehmen. In Belgien erscheinen die „Augustiniana“, die Augustin und den Augustinerorden im Auge haben. Eine ähnliche Zielsetzung verfolgt die Schriftenfolge „Cassiciacum“. Im Jahre 1960 begann in Rom das „Augustinianum“ und in Spanien die Rivista Augustiniana. Das 1966 begründete Archivo Augustiniano wurde 1968 in Estudio Augustiniano umbenannt. In den USA begannen 1970 die „Augustinian Studies“. Die Sammelbände „Studia Patristica“ der Berliner Reihe „Texte und Untersuchungen“ (TU) enthalten häufig Arbeiten über Augustin.[12] G. Nygren berichtete 1960 über die schwedische Augustinforschung.[13] Der Sammelband von C. Andresen „Zum Augustingespräch der Gegenwart“[14] enthielt eine Bibliographie, die 1974 in neuer Auflage als Bibliographia Augustiniana zu einem Standardwerk wurde. In der DDR erschienen zwei biographische Darstellungen: Einem knappen Band von J. Dachsel „Aurelius Augustinus“ (Berlin 1963) folgte das umfassende Werk von P. Brown „Augustin von Hippo“ (Leipzig 1972), das eine Fülle von Quellen und Literatur verarbeitet und damit für weitere Arbeiten über Augustin die besten Voraussetzungen bietet. Eine Aufarbeitung des Forschungsstandes legte R. Lorenz vor: „Zwölf Jahre Augustinforschung (1959–1970)“[15], in der auch Literatur bis 1974 aufgenommen wurde. Lorenz spricht von einem „maßlosen Anschwellen der Literatur“[16]. Trotz seiner ausführlichen Darstellung erklärt Lorenz, er habe „bibliographische Vollständigkeit weder erreicht noch angestrebt“[16]. Bei so umfangreichem Quellenmaterial und so überquellender Literatur kann in den folgenden Kapiteln (2, 3 und 5a) nur eine knappe Skizze des großen Kirchenvaters gegeben werden.

---

[7] Hrsg. v. *A. Kunzelmann* und *A. Zumkeller*, Würzburg, 1958–1975.

[8] 1962: Theologische Frühschriften; 1972: Philosophische Frühdialoge.

[9] Übers. v. *C. J. Perl*, München/Paderborn/Wien, I/1961; II/1964.

[10] Übers. v. *H. Hefele*, Berlin 1959.

[11] Aurelius Augustinus, ausgewählte Briefe, zusammengestellt von *H. J. Diesner*, Leipzig 1966.

[12] Zuletzt Studia Patristica 14 (TU 117), Berlin 1976, 377–495 mit sechs speziellen Arbeiten über Augustin.

[13] NZSTh 2 (1960), 335–354.

[14] Wissenschaftliche Buchgesellschaft, Darmstadt 1962.

[15] ThR 38 (1974), 292–333; 39 (1975), 95–138, 253–286 und 331–364; 40 (1975), 1–41, 95–149 und 227–261.

[16] ThR 38 (1974), 299.

b) Augustins Lebensweg nach seinen Bekenntnissen

Augustins Bekenntnisse (Confessiones) sind sein berühmtestes Werk; er breitet sein Leben vor Gott aus. Besonders bekannt sind die ersten Sätze dieser Schrift:

> „Groß bist Du, Herr, und hoch zu loben: Groß ist Deine Kraft, und Deine Weisheit ist unermeßlich. Und loben will Dich der Mensch, ein kleiner Teil Deiner Schöpfung, der Mensch, der sein Sterben mit sich trägt, das Zeugnis seiner Sünde und das Zeugnis dafür, daß Du den Hoffärtigen widerstehst. Und loben will Dich dennoch der Mensch, ein kleiner Teil Deiner Schöpfung. Du weckst uns auf, daß Dich zu loben Freude macht; denn Du hast uns zu Dir hin geschaffen, und unser Herz bleibt unruhig, bis es Ruhe findet in Dir."

Diese Worte bedeuten eine neue Konzeption: „Mit den Konfessionen beginnt ein neuer Abschnitt in der Geschichte des menschlichen Selbstbewußtseins, des psychologischen Verstehens und der Anthropologie. Der Mensch wird hier seinem eigentlichen Wesen nach auf Gott bezogen; damit ist die alte ‚klassische' Geschlossenheit des Menchenbildes verlassen."[17] Augustin schildert seine Kindheit und Jugend. Sein Vater war Heide und religiös gleichgültig. So wurde der Einfluß seiner Mutter, Monica, einer überzeugten Christin, für Augustin entscheidend. Freilich ging Augustin zunächst ganz andere Wege, um sein Leben zu genießen. Die Lektüre von Ciceros „Hortensius" brachte eine erste Erschütterung: „Meine Erwartungen erschienen mir mit einem Male verächtlich; und mit unvorstellbarer Glut des Herzens verlangte ich nach der unsterblichen Weisheit, und ich machte mich auf, zu Dir zurückzukehren" (III,4). Augustin versuchte, die Bibel zu lesen, scheiterte jedoch. In Karthago schloß er sich den Manichäern an. Diese aus Persien stammende, streng weltfeindliche Sekte hatte für Augustins weiteres Leben und Lehren Einfluß, obwohl er nur kurz und in untergeordneter Stellung zu ihr gehörte. Seine Sündenlehre (2 e und 3 b) sowie seine Konzeption vom Gottesstaat (5 a) konnten mit aus manichäischen Einflüssen gedeutet werden. Seine Mutter war entsetzt, als ihr Sohn Manichäer geworden war. Sie bat den Ortspfarrer um Hilfe, der aber ein Gespräch damals für aussichtslos hielt. Der drängenden Mutter sagte er schließlich: „Geh nach Hause. So wahr du lebst, ein Sohn solcher Tränen kann unmöglich verlorengehen" (III, 12). Monica empfand diese Worte als himmlischen Zuspruch.

Augustin machte Karriere: Er kam nach Rom, wo er sich den „Akademikern" anschloß, einer philosophischen Richtung skeptischer Prägung. Er begegnete dem Neuplatonismus. Seine Laufbahn führte weiter nach oben: Als 30jähriger wurde er als Lehrer der Rhetorik nach Mailand berufen, in die Residenzstadt. Hier begegnete er dem Bischof Ambrosius und sagt darüber im Rückblick:

> „Unwissend wurde ich zu ihm von Dir geführt, um wissend von ihm zu Dir geführt zu werden. Es nahm mich jener Gottesmann väterlich auf und hatte an meiner Übersiedelung ein seelsorgerliches Wohlgefallen. Ich begann ihn zu lieben, zuerst freilich nicht als einen Lehrer des Wahren, das in der Kirche zu finden ich ganz aufgegeben hatte, sondern als einen mir liebreich gesinnten Menschen. Aber ob es mir auch nicht darum zu tun war, zu lernen, was

[17] *H. v. Campenhausen,* Lateinische Kirchenväter, Stuttgart 1960, 171

er sprach, sondern nur zu hören, wie er sprach . . ., so kamen doch zugleich mit den Worten, die ich liebte, auch die Sachen, an denen mir nichts gelegen war, in meine Seele . . . Und indem ich mein Herz öffnete, um in mich aufzunehmen, wie beredt er spräche, prägte sich auch zugleich, wenn auch nur stufenweise, mir ein, wie wahr er spräche . . ." (V,14).

Die beruflichen Erfolge brachten Augustin nicht die erhoffte Befriedigung. Bei der Vorbereitung einer Festrede sah er einen betrunkenen Bettler; Augustin vergleicht: „Besaß jener Bettler auch nicht die wahre Freude, so suchte ich in meinem Ehrgeiz eine noch weit falschere. Jener war gewiß sorglos, ich aber war voller Sorgen." Derartige psychologische Selbstbeobachtungen sind häufig bei ihm. Gerade die Zeit vor seiner Bekehrung konnte er genau analysieren (VIII,5). Im Herbst 386 kam ein nordafrikanischer Besucher, der vom heiligen Antonius und von Mönchen in der Nähe von Trier erzählte. Augustin fühlte sich angesprochen: „Ungebildete Leute stehen auf und reißen das Himmelreich an sich, und wir mit unserem Wissen treiben uns ohne Empfindung in Fleisch und Blut herum" (VIII, 8). Daran schließt sich seine Bekehrung im Garten von Mailand an. Er hörte eine Kinderstimme, die sagte „Nimm und lies". Augustin eilt ins Haus und schlägt die Bibel auf; die erste ihm begegnende Stelle will er als Weisung für sein weiteres Leben aufnehmen. Er stößt auf Röm. 13,13: „Nicht in Fressen und Saufen, nicht in Wollust und Unzucht, nicht in Hader und Neid; sondern ziehet an den Herrn Jesus Christus und wartet des Leibes nicht so, daß ihr seinen Begierden verfallet" (VIII,12). Augustin gibt daraufhin seinen Beruf auf und löst seine Verlobung. Mit seiner Mutter und einigen Freunden zieht er sich auf ein Landgut zurück. In der Osternacht 387 wird er vom Bischof Ambrosius von Mailand getauft. Im 9. Buch beschreibt er den Tod seiner Mutter. Auf der Heimreise nach Afrika werden sie in Rom festgehalten. Monica ist zum Sterben bereit:

„Sohn, was mich betrifft, so hat nichts mehr in diesem Leben einen Reiz für mich. Was ich hier noch tun soll, und weshalb ich noch hier bin, weiß ich nicht, denn jede Zeitlichkeit ist verzehrt. Eins war es sonst, wozu ich zu leben wünschte, daß ich dich noch als gläubigen Christen sehen möchte, bevor ich stürbe. Über die Maßen reich hat mir Gott nun dieses gewährt, da ich dich jetzt das irdische Gut verachten und als seinen Diener sehe. Was also habe ich hier noch zu schaffen?" (IX,10).

Viele Überlegungen haben die Bücher 11–13 bewirkt: Es geht nicht mehr um Augustins Leben, es geht um die Schöpfung und die Zeit. Die Klammer für das ganze Werk liegt in den Anfangsworten „Du hast uns zu Dir hin geschaffen, und unser Herz ist unruhig, bis es Ruhe findet in dir". Schon am Anfang der Bekenntnisse ist das Thema „Schöpfung" angesprochen. Augustin wollte nicht einfach seine Lebensgeschichte erzählen. Er formulierte sein Thema: „Und loben will Dich der Mensch, ein so geringer Teil Deiner Schöpfung." Zutreffend sagte A. Nygren: „Im Hintergrund hat die ganze Zeit der Gedanke an den Schöpfer und das Geschöpf gelegen."[18]

---

[18] Augustin und Luther (Aufsätze und Vorträge zur Theologie und Religionswissenschaft, hrsg. v. *H. Urner* und *E. Schott,* Heft 3), Berlin 1958, 18.

c) *Augustin im praktischen Dienst der Kirche*

Nach der Heimkehr in seine nordafrikanische Heimatstadt Thagaste gestaltete Augustin sein Elternhaus um zu einer klosterähnlichen Einrichtung. Er lebte mit Freunden zusammen, man verzichtete auf Privateigentum, es gab feste Gebetszeiten und Gespräche miteinander. „Wenn meine Brüder sahen, daß ich Zeit hatte, legten sie mir verschiedene Fragen vor" sagt Augustin im Rückblick.[19] Als Asket und Schriftsteller gewann er bald eine gewisse Berühmtheit, man holte von vielen Seiten seinen Rat ein, man lud ihn ein. Im Frühjahr 391 reiste er in die Hafenstadt Hippo. Dort gab es mehrere Kirchen und Kapellen, aber die Mehrheit der Christen gehörte zur donatistischen Gemeinde. Der katholische Bischof Valerius war alt, Augustin sollte sich als Mitarbeiter zur Verfügung stellen. Nach einigem Zögern hat sich Augustin dieser Aufgabe gestellt und wurde bald Bischof von Hippo.

Zahlreiche Probleme kamen auf ihn zu. Er stand voll im Predigtdienst, in Briefen nahm er oft sehr ausführlich Stellung. Augustin hat zeitweilig gelitten unter dem Übermaß an Anforderungen; aber er hat in der Arbeit auch Trost gefunden: „Ich breche unter der Last zusammen; aber eben an der Stelle, wo sie mich niederdrückt, werde ich auch wieder aufgerichtet, weil ich mich geliebt fühle" (Brief 101,1). Das Ideal eines nur auf das eigene Seelenheil ausgerichteten Klosterlebens wird überwunden; Augustin will ganz bewußt für andere dasein. In seinen Bekenntnissen sagt er:

> „Deine Wahrheit gehört weder mir noch diesem oder jenem, sondern uns allen, die Du zu ihrer Gemeinschaft berufst; und Du warnst uns vor dem Wunsch, sie für uns allein zu nehmen, damit sie uns nicht genommen werde. Denn wer das, was Du allen zum Segen bietest, für sich allein beansprucht, und als sein Eigentum behalten will, was aller Eigentum ist, der wird vom Gemeinsamen aufs Eigene abgedrängt, d. h. fort von der Wahrheit zur Lüge" (XII,25).

Augustins Predigten haben ein ähnliches Gefälle. 501 Predigten werden jetzt auf ihn zurückgeführt. Immer wieder hat er seine Gemeinde zur sozialen Aktivität ermahnt. Zumal als 410 die Flüchtlinge aus dem von den Goten eroberten Rom nach Nordafrika kommen, nimmt Augustin in seinen Predigten darauf Bezug.[20] Christen sollen sich durch Almosen einen Schatz im Himmel erwerben. Augustin setzt sich ausführlich dafür ein:

> „Wo legen die Menschen das, was sie auf Erden lieben, ganz sicher nieder? Sie bringen es für sich an ganz sichere Orte. Und wie sehr bemühen sie sich um Sicherheit, damit keine Diebe heran können. Und wie kann denen, die sich so sichern möchten, dies auf Erden gelingen? Durch Zufall könnte der Wächter selbst ein Dieb sein. Dies bemerkt der Herr Jesus Christus, wie die Menschen es wünschen, wie sie versuchen, ihre Sachen auf Erden zu bergen. Er hat den Rat gegeben: Bewahrt sie im Himmel, vertraut sie mir an … Die Reichtümer werden durch Verausgaben zum Himmel erhoben. Das Al-

[19] Retractationes I,25,1 ed. *P. Knöll,* CSEL 36, 1902.
[20] *F. G. Maier,* Augustin und das antike Rom, Stutgart 1955, 43–68.

mosen ist ein ausgeliehenes Kapitel bei Gott. Du fragst vielleicht, wie du deinen Besitz dorthin bringen kannst? Schwanke nicht und suche durch Bedenken Stufen oder irgendwelche Machenschaften. Sondern wie es unter Bürgern, die von fernher kommen, zu geschehen pflegt, mache einen Überfahrtsvertrag ... Es gibt kein Heilmittel, das vom Tode befreit, außer Almosen. Es ist für jeden Menschen schwierig, dieses Leben ohne Sünde zu führen. Verausgabt also, meine Brüder, und verteilt euren Besitz: Schafft euch einen Schatz, der im Himmel bleibt ...“[21]

Neben Predigten stehen zahlreiche Schriften zur Bibelauslegung, die teilweise auch der Predigt gedient haben. Besonders geschätzt werden 124 Traktate zum Johannesevangelium, die in den Jahren 414–416 als Predigten gehalten worden sind. Sie stellen „in ihrer Art einen nicht überbotenen Höhepunkt altchristlicher Predigt dar“[22]. Mehrfach hat sich Augustin um die Schöpfungsgeschichte bemüht, er hat aber auch zu anderen Fragen der Mosebücher Stellung genommen.[23] Um 416 dürfte seine Psalmenauslegung[24] abgeschlossen worden sein, die ihn viele Jahre hindurch beschäftigt hat und von späteren Auslegern immer wieder benutzt worden ist. Mehrfach hat Augustin Briefe des Paulus ausgelegt,[25] auch Unstimmigkeiten zwischen den vier Evangelien ist er nachgegangen.[26] Eine besondere Schrift gilt der Bergpredigt.[27] Auch grundsätzlich hat sich Augustin zur Praxis geäußert. Er schrieb eine Katechetik „Über die Unterrichtung der Anfänger“[28]. Augustin weiß, daß man seine besten Erkenntnisse oft nur schwer anderen Menschen mitteilen kann. Er weiß aber auch, daß sich Hörer oft noch dann erbaut fühlen, wenn man selbst das Gefühl des Mißlingens hat (2). Inhaltlich soll die Heilsgeschichte im Zentrum stehen: Gottes Handeln mit den Menschen von der Schöpfung an über die Bundschlüsse mit Noah und Abraham, die Geschichte des alten Volkes Israel bis hin zu Christus. Glaube, Liebe und Hoffnung sollen dadurch erweckt werden (8). Augustin geht auch auf mögliche Störungen des Unterrichts ein (11–12). Am Ende bietet er eine längere und eine kürzere Katechese (16–27).

Die praktischen Aufgaben fordern ihn zu systematischen Überlegungen heraus. Mehrfach hat er das Glaubensbekenntnis ausgelegt.[29] Ein Höhepunkt seiner Arbeit sind die 15 Bücher „Über die Dreifaltigkeit“, die ihn zwanzig Jahre lang beschäftigt haben. Augustin übernimmt zunächst die bisherige Arbeit am Trinitätsdogma (1–7). Er beleuchtet die Probleme dann aber in neuer Weise (8–15): Spuren der Trinität findet er im Menschen, da Gott den Menschen nach seinem Bilde geschaffen hat (1. Mose 1,26). In der Dreiheit Gedächtnis-Erkenntnis-Wille sieht Augustin eine solche Spur, die auf die göttliche Trinität hinweise. Augustin weiß

[21] Sermo 340, PL 39, 1705/1706.
[22] *K. Baus* im HKG (J) II/1, 1973, 329.
[23] Ed. *J. Tycha,* CSEL 28,1/2, 1894/1895 sowie ed. *J. Fraipont,* CChL 33, 1958.
[24] Enarrationes in Psalmos, ed. *E. Dekkers* und *J. Fraipont,* CChL 38–40, 1956.
[25] Ed. *J. Divjak,* CSEL 84, 1971.
[26] De consensu evangelistarum, ed. *F. Weihrich,* CSEL 43, 1904.
[27] Ed. *E. Weihrich,* CSEL 43, 1904; ed. *A. Mutzenbecher,* CChL 35, 1967.
[28] De catechizandis rudibus, ed. *G. Krüger,* Tübingen 1934.
[29] Ed. *J. Zycha,* CSEL 41, 1900.

aber, daß kein Mensch diese Geheimnisse ergründen kann und daß auch seine Gedanken nur von wenigen verstanden werden können. Aber er hat mit diesen Spekulationen Anregungen gegeben, die über Jahrhunderte hinweg immer wieder aufgegriffen worden sind.[30]
Grundlegend für das Mittelalter war Augustins Arbeit „Von der christlichen Wissenschaft“[31]. Es ist ein Handbuch für Christen, die sich um die Bibel bemühen. Die antiken Wissenschaften werden in Auswahl übernommen: Kenntnisse in Grammatik und Rhetorik bleiben wichtig, ebenso die Musik. Aber sie sollen letztlich nur zum Verständnis der Bibel beitragen. Augustins Werk läuft auf eine Hermeneutik (Buch 3) und eine Homiletik (Buch 4) hinaus. Augustin hatte in jungen Jahren die Wissenschaften ohne Gott kennengelernt; nach seiner Bekehrung hat für ihn geistige Arbeit nur den Sinn, daß sie zu Gott hinführen soll. Dazu formulierte B. Altaner: „Augustinus hat hier eine Synthese zwischen Christentum und antikem Geistesgut versucht und ein christliches Kulturprogramm entworfen, das die Entwicklung der folgenden Jahrhunderte tiefgreifend beeinflußt hat.“[32]
Es gab sich von selbst, daß sich viele Menschen von Augustin angezogen fühlten. In Hippo wurde ein Kloster eingerichtet, Freunde siedelten von Thagaste mit Augustin nach Hippo über. Die Zahl der Menschen, die mit ihm zusammen leben wollten, nahm rasch zu. Analphabeten erhielten Unterricht in Lesen und Schreiben. Als Bischof wohnte Augustin mit seinen Klerikern zusammen. Grundsätze für solches Zusammenleben wurden aufgeschrieben. In einem Brief schlichtete Augustin Streit in einem Frauenkloster; in diesem Zusammenhang machte er einige Ausführungen, die später als Augustinerregel große Nachwirkungen haben sollten.[33]

d) Die Überwindung des Donatismus

Zu den Schwierigkeiten, die Augustins Amtsführung belastet haben, gehörte die Gemeinde der Donatisten.[34] Die größte Kirche in Hippo gehörte ihnen, es gab Übertritte hin und her, Mischehen, Vorwürfe und Gegenvorwürfe. Die Unterschiede sind am deutlichsten bei der Taufe zu erfassen: Die Donatisten tauften jeden, der zu ihnen kam – auch wenn er vorher schon als katholischer Christ getauft war. Solche „Wiedertaufe“ war durch Synoden 313 in Rom und 314 in Arles verboten; aber dieses Verbot ließ sich nicht durchsetzen. Für die Donatisten hing die Wirksamkeit der Sakramente ab von der Würdigkeit des Spenders. Das galt auch für die Bischofsweihe: Das war einst der äußere Anlaß gewesen, daß die Donatisten die Weihe des Bischofs Caecilian von Karthago nicht anerkannten, weil ein Verräter unter den ordinierenden Bischöfen gewesen sein sollte. Augustin hat viele Briefe und Abhandlungen gegen die Donatisten abgefaßt. Er erinnert

---

[30] Lehrbuch der Dogmengeschichte von *A. Adam,* I, Berlin 1968, 278–282.
[31] De doctrina christiana, ed. *G. M. Green,* CSEL 80, 1963; ed. J. Martin, CChL 32, 1962.
[32] *B. Altaner,* Patrologie, Freiburg ²1958, 393.
[33] Brief 211, übers. im Auswahlband Aurelius Augustinus, ausgewählte Briefe zusammengestellt v. *H. J. Diesner,* Leipzig 1966, 396–410.
[34] Vgl. Band I/3, 80–87 und 123–126, Literatur ebd. 15.

an die Spaltung in der alten korinthischen Gemeinde, der einst Paulus entgegengetreten war: „Wir sollen nicht sagen ‚Ich bin des Paulus, ich aber des Apollo, ich hingegen des Kephas, ich aber Christi', sondern wir sollen alle zusammen nur Christus angehören, da weder Christus geteilt noch Paulus für uns gekreuzigt wurde – wieviel weniger Donatus. Auch sind wir nicht im Namen des Paulus getauft, wieviel weniger also im Namen des Donatus."[35]
Neben der theologischen Argumentation steht in der Praxis ein wohl noch wichtigerer Tatbestand: Donatisten hatten häufig Gewalt angewendet, so daß Katholiken um Schutz durch den Staat gebeten hatten. Augustin selbst war bedroht worden.[36] Staatlicherseits konnte man die Übergriffe der Donatisten nicht einfach hinnehmen. Umgekehrt war für die Donatisten gerade der Umstand von Bedeutung, daß sie durch Behörden des römischen Reiches verfolgt wurden, daß sie sich als „Söhne der Märtyrer" fühlen konnten. Ein Zusammengehen zwischen römischem Staat und katholischer Kirche gegen die Donatisten hat es in Nordafrika immer wieder gegeben. Augustin kann sich auf ein kaiserliches Schriftstück berufen, in dem die donatistische Tauflehre kritisiert wird. Nach ihr „wird unser Glaube nicht von unserem Willen, auch nicht von der göttlichen Gnade, sondern von den Verdiensten der Priester und der Beschaffenheit der Geistlichen abhängen".[37] Durch staatliche Gesetze waren 405 erneut Donatisten zur katholischen Kirche übergetreten. Augustin will das staatliche Eingreifen rechtfertigen und schreibt dazu:

> „Du meinst, man dürfe niemanden zur Gerechtigkeit zwingen, obwohl du liest, daß der Hausvater zu seinen Knechten gesagt hat: Alle, die ihr findet, zwinget einzutreten[38], und obwohl du liest, daß auch Saulus, der spätere Paulus, unter dem Zwang einer gewaltsamen Einwirkung Christi zur Erkenntnis und Annahme der Wahrheit gebracht worden ist; denn du kannst nicht glauben, daß den Menschen das Geld oder irgendein Besitz lieber ist als das Augenlicht (Apg. 9,3–18). Von einer Himmelsstimme zu Boden geschleudert erlangte er das plötzlich verlorene Augenlicht nicht eher wieder, als bis er der heiligen Kirche einverleibt wurde. Du meinst, man dürfe dem Menschen keine Gewalt antun, um ihn von einem verderblichen Irrtum zu befreien, während du doch an den unzweideutigen Beispielen siehst, daß Gott, der uns durch seine Liebe den allergrößten Nutzen verschafft, dieses tut, und das Wort Christi vernimmst: niemand kommt zu mir, es sei denn, der Vater zieht ihn (Joh. 6,44)."[39]

Für unser Empfinden ist es ein großer Unterschied, ob Gott Menschen „gewaltsam" beruft, wie etwa Paulus vor Damaskus, oder ob Menschen dies tun. Vor einer zu raschen Verurteilung Augustins muß man sich vor Augen halten, daß er sich viele Jahre hindurch mit großer Geduld immer wieder den Argumenten der

[35] Brief 105,11, Auswahlband von *H. J. Diesner,* 215.
[36] Possidius, Vita Augustini 12. Zweifel an diesem Bericht wies *H. J. Diesner* zurück in Studia Patristica 6, Berlin 1962, 350–355.
[37] Brief 105,11, Auswahlband von *H. J. Diesner,* 216.
[38] Luk. 14,23, Luther übersetzte: Nötiget sie hereinzukommen.
[39] Brief 93, Auswahlband von *H. J. Diesner,* 155/156.

Donatisten gestellt hat. Im katholischen Handbuch der Kirchengeschichte wird gesagt, „daß hier die Stimme eines Mannes spricht, der von der religiösen Verantwortung, die in die Irre gegangenen Brüder wieder in die eine ecclesia zurückzuführen, so getrieben und gehetzt war, daß ihr gegenüber alle anderen Erwägungen in den Hintergrund traten“[40]. Erheblich kritischer urteilt H. v. Campenhausen: „Mit dem unbewußten Hochmut des theoretischen Bildungsmenschen vertraut er zunächst der Macht seiner Gründe und seiner Überredungskunst, um sich nach dem Scheitern aller persönlichen und literarischen Bemühungen etwas verärgert auf den genau entgegengesetzten Weg drängen zu lassen und den Beistand staatlicher Gewalt zu akzeptieren.“[41] In seinem Psalmenkommentar spricht Augustin an einer Stelle mit einer gewissen Hochachtung von Ketzern. Zu Ps. 125,2: „Wie um Jerusalem Berge sind, so ist der Herr um sein Volk her“ meint Augustin, daß Berge gut und böse sein können. Von da aus nennt er die Häretiker:

> „Glaubt doch nicht, Brüder, daß Häresien durch irgendwelche kleine Geister entstehen konnten. Nur große Menschen haben Häresien verursacht, große, aber schlechte Berge, die nicht Frieden, nicht Gerechtigkeit, sondern Streitsucht vom Teufel, ihrem Vater, mitbekamen. Daher eben die Gefahr, daß einer zu solchen Bergen seine Zuflucht nimmt und sagt: Das ist ein großer Mann, ein großer Mensch. Wie war doch Donatus! Was für ein Mann ist Maximian!“[42]

Gerade wenn man sich so intensiv um ein Verständnis für Augustin bemüht, bleibt zuletzt doch der klare Tatbestand, daß sein Verhalten gegen die Donatisten unseren Vorstellungen von Toleranz und Gewissensfreiheit nicht entspricht.
Ein letzter Akt im Kampf gegen die Donatisten war das offizielle Religionsgespräch in Karthago 411. Augustin legte Wert darauf, daß die Donatisten volle Freiheit der Diskussion hatten. Noch einmal konnten sie alle die Anklagen und Vorwürfe vorbringen, die zum Teil Vorgänge vor rund hundert Jahren betrafen. Die Akten jenes Religionsgespräches werden jetzt herausgebracht und sollen vier Bände füllen.[43] Das Ergebnis jenes Gespräches konnte nach Lage der Dinge nur der erneute Sieg für die katholische Kirche und ihren Wortführer Augustin sein. Danach werden die Zwangsmaßregeln gegen die Donatisten verschärft angewendet. Viele Donatisten treten unter diesem Druck zur katholischen Kirche über; Augustin freut sich darüber. Andere leisteten weiter Widerstand, aber sie verschwanden im Untergrund. Für die Kirchengeschichte verloren sie ihre Bedeutung. Durch Augustin wurde für die Lehre von der Taufe und von der Kirche eine Festlegung erreicht, die bis heute gilt: Die Taufe ist eine Gnadengabe Gottes, die ein Mensch nur vermittelnd weitergibt. Die Kirche umfaßt gute und böse Menschen, nicht einmal die Kleriker sind sündlos.[44]

---

[40] *K. Baus* im HKG (J) II/1, 1973, 162.
[41] *H. v. Campenhausen,* Lateinische Kirchenväter, Stuttgart 1960, 194.
[42] Enarrationes in Psalmos 124,5, CChL 30, 1839, Zitat nach *H. Grundmann,* Oportet et haereses esse, in: Ausgewählte Aufsätze I, Stuttgart 1976, 349/350, ursprünglich im Archiv für Kulturgechichte 45 (1963), 151/152.
[43] SC 194/195, Paris 1972.
[44] Aufgenommen im Augsburger Bekenntnis 1530, Artikel VIII.

4 4865

e) Die Auseinandersetzung mit Pelagius (Sünde und Gnade)

Die größte Bedeutung für die Geschichte der Theologie bekam Augustin durch die Entwicklung seiner Sünden- und Gnadenlehre. Das Stichwort „Augustinismus“ meint meist diese theologischen Lehren.[45] Man kann diese Lehren voll nur von ihrem geistesgeschichtlichen Hintergrund (Manichäismus, Neuplatonismus) her erklären. Das hat zuletzt A. Adam in seinem Lehrbuch der Dogmengeschichte getan.[46] Hier kann nur ein vereinfachender Durchblick geboten werden. Das Stichwort „Erbsünde“, das 1530 als Artikel II in das Augsburger Bekenntnis aufgenommen wurde, geht auf Augustin zurück. Er hatte sich und andere Menschen beobachtet und festgestellt, daß in jedem Menschen immer wieder die Neigung zur Überheblichkeit (superbia) vorhanden ist. Jeder Mensch will sich in seinem Leben durchsetzen, er wird geleitet von der Eigenliebe (amor sui). Auch die Sexualität des Menschen gehört hierher; Augustin hatte sie erlebt und in seinen Bekenntnissen auch davon gesprochen (III,1). Diese Erfahrungen sah Augustin im Zusammenhang mit der Geschichte vom Sündenfall. Adam war so geschaffen, daß er ohne Sünde hätte leben können. Seit dem Sündenfall im Paradies ist es so, daß kein Mensch von der Sünde frei bleiben kann. Das liegt auch an der Fortpflanzung des Menschen, die mit der Begehrlichkeit (concupiscentia) verbunden ist. Jeder neugeborene Mensch ist dadurch von vornherein mit der Erbsünde behaftet. Jeder Mensch – und auch jeder getaufte Christ – steht ständig in der Gefahr, wieder von neuem in Sünde zu fallen. Die Redeweise des Paulus vom ersten und zweiten Adam wurde mit dazugezogen: Im ersten Adam haben wir alle gesündigt! So übersetzte Augustin Röm. 5,12 mit der gängigen Vulgata-Übersetzung. In seinen Gedanken wurde er aber vor allem dadurch weitergetrieben, daß er so verbreitet Widerspruch fand.
Augustins Hauptgegner war Pelagius[47]. Er stammte aus Britannien, kam etwa um 380 nach Rom, wo er sich nach seinem Jurastudium taufen ließ. Ganz ähnlich wie für Augustin bedeutete die Taufe auch für Pelagius die sofortige Aufgabe der weltlichen Karriere und ein Leben in asketischer Einfachheit. Christsein war ihm Nachfolge Christi. Ähnlich wie Augustin fand Pelagius einen Kreis gleichgesinnter Freunde, auch war er sehr angesehen in weiteren kirchlichen Kreisen. In seinen Predigten erhob Pelagius ähnliche Forderungen wie Augustin: Christen sollten ein keusches Leben führen, sie sollten zum Verzicht auf ihr Eigentum bereit sein. Um solche hohen ethischen Ziele zu erreichen, empfahl Pelagius vor allem das Gebet. Man fragt sich unwillkürlich, weshalb Augustin und Pelagius zu theologischen Gegnern wurden. Im Gegensatz zu Augustin lehnte Pelagius die Meinung ab, daß die Ursünde Adams auf dem Wege über die menschliche Fortpflanzung naturnotwendig weitergegeben werde. Gewiß hat der Sündenfall im Paradies große Bedeutung; es wurde ein schlechtes Beispiel gegeben, das immer wieder nachwirkt. Aber grundsätzlich kann die Sünde überwunden werden. Gerade für einen Christen soll die Taufe die Wiederherstellung des Urzustandes

[45] Gesammelt im CSEL 42 und 60.
[46] I, Berlin 1968, 264–278.
[47] Selbstdarstellung im Brief an Demetrias, PL 30, 15–45. Ausführliche Darstellung durch *O. Wermelinger,* Rom und Pelagius (Päpste und Papsttum, hrsg. v. *G. Denzler,* Bd. 7), Stuttgart 1975.

sein. Für einen Christen soll doch wieder die Gottesebenbildlichkeit (1. Mose 1,26) gelten, die durch die Sünde beeinträchtigt wurde. Ein getaufter Christ soll ein sündloses Leben anstreben in dem Bewußtsein, daß dieses Ziel erreichbar ist.
Pelagius kam 410 mit anderen Flüchtlingen wegen der Eroberung Roms durch die Goten nach Nordafrika, ohne daß es zu einer Auseinandersetzung mit Augustin gekommen wäre. Pelagius zog weiter nach dem Osten, der Bischof von Jerusalem nahm ihn auf. Auf einer dortigen Synode 415 fand Pelagius Anerkennung.[48]
Gerade diese Anerkennung hat Augustin zu seinem Widerspruch getrieben. Nun wollte auch Augustin gewiß nicht die Erbsünde so verstehen, daß der Mensch überhaupt keinen freien Willen mehr habe. Seine Predigten zeigen, daß er oft an den Willen seiner Hörer zu appellieren wußte. Aber Augustin ist der Meinung, daß der Mensch von dem Verhängnis der Sünde niemals ganz loskommen könne. Ein Beweis ist ihm die Aufforderung Jesu zum Gebet. Insbesondere die Bitte im Vaterunser „Und führe uns nicht in Versuchung" ist für Augustin ein Argument dafür, daß der Mensch immer wieder in Versuchung fallen kann.[49] Auch ein Christ kann sich aus dieser Lage nicht selbst befreien, er muß immer wieder die Hilfe Gottes erbitten. Augustin hat das auf ganz harte Formeln gebracht, die seine Gegner so bestimmt nicht anerkannt hätten. Augustin wirft ihnen vor:

> „Sie nennen die menschliche Natur frei, um keinen Befreier suchen zu müssen. Sie erklären sie für heil, um den Heiland als überflüssig zu bezeichnen. Sie behaupten, die menschliche Natur sei so stark, daß sie vermöge der von Anfang an bei ihrer Schöpfung empfangenen Kräfte ohne Hilfe des Schöpfers durch den freien Willen alle Begierden bändigen und austilgen und deren Versuchungen überwinden könne. ‚Viele von ihnen erheben sich gegen uns und sprechen zu unserer Seele: Es gibt für sie kein Heil in ihrem Gott' (Ps. 3,2). Die Familie Christi aber spricht also: ‚Wenn ich schwach bin, dann bin ich stark' (2. Kor. 12,10); und zu ihr spricht der Herr: ‚Dein Heil bin ich' (Ps. 35,3)."[50]

Augustin meint also, daß durch die Lehre des Pelagius die Bedeutung Christi verringert werden könnte, weil dem Menschen zuviel zugetraut werde.
Augustins Sündenlehre wird nur voll verstanden im Zusammhang mit seiner Gnadenlehre. Als „doctor gratiae" (Lehrer der Gnade) ist er im Mittelalter bezeichnet worden. Luthers Frage nach dem gnädigen Gott konnte auch bei Augustin anknüpfen. Die Gnade Gottes ist für Augustin gerade deshalb so wichtig, weil der Mensch mit eigenen Kräften, auch dem eigenen Willen, so wenig erreichen kann. Nun wußte freilich auch Pelagius viel von der Gnade Gottes zu sagen. Er hat die Briefe des Paulus kommentiert.[51] An drei Punkten sah Pelagius die Gnade Gottes: Durch die Schöpfung haben wir Vernunft und freien Willen erhalten; durch Jesus Christus kam die Vergebung der Sünden; es gibt in der Welt göttliche Gesetze – zumal in der Bergpredigt –, die uns einen Halt geben. Augustin sah in dieser Konzentration auf drei Punkte eine Einschränkung der Gnade.

48 Protokoll bei *O. Wermelinger*, a. a. O., 295–299.
49 Brief 177,4, Auswahlband von *H. J. Diesner*, 321.
50 Brief 177,1, Auswahlband von *H. J. Diesner*, 319.
51 Expositiones XIII epistularum Pauli ed. *A. Hamman*, PL Suppl. I, 1110–1374.

Ihm ging es vor allem darum, daß der Mensch die Gnade Gottes täglich neu erbitten und erfahren soll – unabhängig von den Leistungen seines Willens. Augustin sah die Gefahr einer „Verfälschung des Evangeliums zu einem ethischen Reformprogramm auf der Grundlage des freien Willens“[52]. Für Augustin stehen zwei Erfahrungen im Vordergrund: Gottes Gnade steht immer am Anfang, also vor unserem Wollen und Vollbringen; Gottes Gnade ist unwiderstehlich (irresistibilis), notfalls sogar gegen unseren Willen. Freilich muß man dann auch die Konsequenz sehen, daß solche Gnadenerfahrung nur einem kleinen Teil der Menschen geschenkt wird. Augustin ist vor der Konsequenz nicht zurückgescheut, daß es eine Vorherbestimmung des Menschen gebe (Praedestination). Ihm wurde vorgehalten, Gott habe dann nur einen Teil der Menschen zur Gnade, den anderen Teil aber zur Verdammnis vorherbestimmt. Augustin hat derartige Folgerungen zurückgewiesen; aber die sich hier zeigenden Probleme hat auch er nicht lösen können.
Die Verurteilung des Pelagius wurde 418 durch fragwürdige Intrigen erreicht. Päpste wurden mit hineingezogen und haben sich unterschiedlich geäußert (Kap. 3 b und c). Pelagius ist bald nach 418 gestorben. Zwei seiner Schüler seien noch genannt: Der römische Anwalt Caelestius lehnte die Taufe von Säuglingen ab, weil neugeborene Kinder ohne Sünde seien.[53] Das war frontal gegen die Erbsündenlehre Augustins gerichtet. Der Bischof Julian von Eclanum setzte sich nach 418 gegen die Lehre Augustins ein.[54] Er verlor sein Bischofsamt und fand Zuflucht beim Bischof von Konstantinopel, Nestorius, der 431 selbst als Ketzer verurteilt wurde.[55] In Gallien setzte man sich im 5. Jh. dafür ein, dem freien Willen des Menschen mehr zuzutrauen und den Gedanken an eine Vorherbestimmung einzuschränken. Neben dem Mönch Cassian ist besonders Bischof Faustus von Reji zu nennen. Beide legten Wert darauf, daß ein Mensch sich aus eigenem Willen Gott zuwenden könne und dabei nicht unbedingt eine zuvorkommende Gnade Gottes wirksam sei. Doch vermieden sie es, den Namen des berühmten und unangreifbar scheinenden Kirchenvaters Augustin zu nennen (Kap. 7 a). Auf der Synode von Orange 529 wurde Pelagius erneut verurteilt, wesentliche Anliegen Augustins wurden präzisiert. Der führende Bischof Caesarius von Arles setzte sich dafür ein (Kap. 7 c). Papst Bonifaz II. hat diese Beschlüsse bestätigt, die so in die Kirche des Mittelalters eingingen.
Ein Jahrtausend später haben die Reformatoren sich auf Anliegen Augustins berufen. Der junge Luther hat sich häufig auf Augustin gestützt.[56] Noch 1545 nannte Luther in seinem Bericht über die reformatorische Entdeckung ausdrück-

---

[52] *B. Lohse,* Epochen der Dogmengeschichte, Stuttgart 1963, 115.

[53] Texte in PL 48, 499–505 und 617–622.

[54] Texte bei *A. Bruckner,* Julian von Eclanum, sein Leben und seine Lehre (TU 15,3), Leipzig 1897, sowie: Die vier Bücher des Julian von Eclanum an Turbantius (Neue Studien zur Geschichte der Theologie und Kirche 8), Berlin 1910.

[55] Vgl. Teil I/6 von *F. Winkelmann.*

[56] Aus der Literatur seien genannt: *B. Lohse,* Die Bedeutung Augustins für den jungen Luther, Kerygma und Dogma 11 (1965), 116–135; *L. Grane,* Modus loquendi theologicus, Leiden 1975, mit Literatur-Überblick, 27–29.

lich Augustin.[57] Melanchthon berief sich im XVIII. Artikel des Augsburger Bekenntnisses auf den Namen Augustins und formulierte zur Sache:

> „Vom freien Willen wird also gelehrt, daß der Mensch etlichermaßen einen freien Willen hat, äußerlich ehrbar zu leben und zu wählen unter den Dingen, so die Vernunft begreift. Aber ohne Gnade, Hilfe und Wirkung des Heiligen Geistes vermag der Mensch nicht Gott wohlgefällig zu werden, Gott herzlich zu fürchten oder zu glauben oder die angeborenen Lüste aus dem Herzen zu werfen ..."

[57] WA 54, 186.

Kapitel 3
Augustin und die Päpste

a) Die Bedeutung Roms für den Kampf gegen die Donatisten

Die katholische Kirche stand zur Zeit Augustins in einem schweren Kampf gegen die Konkurrenzkirche der Donatisten. In vielen Orten Nordafrikas hatten die Donatisten die Mehrheit. In mancher Hinsicht konnten sie sich auf das Erbe des Bischofs Cyprian von Karthago berufen, so bei der Ablehnung einer „Ketzertaufe". Vor allem aber gaben die Verfolgungen durch römische Behörden den Donatisten das Gefühl, die Tradition der alten Märtyrerkirche fortzusetzen. Für die katholischen Bischöfe war es in dieser Lage von Bedeutung, auf die Gemeinschaft mit der römischen Kirche verweisen zu können. Auch Augustin hat dieses Argument benutzt. In einem Brief schrieb er, die Betriebsamkeit seiner Gegner kümmere ihn nicht, da er „mit der römischen Kirche, in der immer der Erstrang der apostolischen Kathedra lebendig war, sowie mit den übrigen Ländern, woher das Evangelium nach Afrika gekommen war, durch Gemeinschaftsbriefe verbunden" sei.[1] Es geht also um die weltweite Anerkennung der katholischen Kirche, die sie den Donatisten voraus hat; über ein päpstliches Amt ist damit nur wenig gesagt. Deutlicher äußert sich Augustin in einem Psalm gegen die Partei der Donatisten: „Zählt die Bischöfe zum Beispiel vom Stuhl Petri selbst und betrachtet, wer in der Ordnung dieser Väter auf wen folgt: Dieser Sitz ist der Fels, den die Pforten der Hölle nicht überwinden sollen."[2] Ist an dieser Stelle mit der Cathedra Petri das Bischofsamt allgemein gemeint, so wie es einst Cyprian gelehrt hatte? Oder denkt Augustin beim Schreiben dieses Satzes primär an den Nachfolger Petri in Rom?

Am deutlichsten ist ein Brief, den Augustin an den Christen Generosus geschrieben hat, der von den Donatisten umworben wurde. Offensichtlich haben die Donatisten diesem Generosus Eindruck gemacht mit ihrer Behauptung, daß die donatistischen Kleriker sündlos seien. Augustin muß sich mit dieser Denkweise grundsätzlich auseinandersetzen. Zu diesem Zweck verweist er zunächst einmal auf die glänzende Liste der Bischöfe von Rom, um dann jedoch seinen Gedankengang in eine ganz andere Richtung zu führen!

> „Wenn nämlich die Reihenfolge der Bischöfe in Betracht zu ziehen ist, wieviel sicherer und wahrhaft heilbringend ist es da, wenn wir von Petrus zu zählen anfangen, dem Träger der Idee der ganzen Kirche, zu dem der Herr sprach: Auf diesen Felsen will ich meine Kirche bauen und die Pforten der Hölle werden sie nicht überwältigen. Dem Petrus folgte nämlich Linus, dem Linus Klemens, dem Klemens Anacletus ... dem Damasus Siricius, dem

[1] Ep. 43,7, ed. *A. Goldbacher,* CSEL 34, 2, 1895, 90.
[2] Psalmus contra partem Donati 229–231, ed. *M. Petschenig,* CSEL 51,1905.

Siricius Anastasius. In dieser Reihe findet sich kein donatistischer Bischof. Hätte sich aber in diese Bischofsliste auch ein Verräter eingeschlichen im Laufe der Zeiten, so würde dies der Kirche und den schuldlosen Christen keineswegs zum Nachteil gereicht haben. Unsere Hoffnung sollte nämlich sicher und untrüglich sein und sich deshalb nicht auf Menschen stützen, sondern auf den Herrn, damit sie niemals durch den Sturm eines gottlosen Schismas vernichtet werde."[3]

Augustin sagt damit deutlich, daß Bischofsreihen kein Argument sein können. Will man sich auf eine derartige Argumentation einlassen, so müßte man zuerst an die ruhmvolle Reihe der Bischöfe von Rom denken. Aber letztlich lehnt Augustin diese Denkweise überhaupt ab. Gerade der Hinweis auf Petrus, den Träger der Idee der ganzen Kirche, führt Augustin in andere Richtung: Petrus war keine Heldengestalt, Petrus war mitunter schwach, er verriet sogar seinen Herrn, er mußte sich später von Paulus belehren lassen (Gal. 2). Deshalb gehören in die Kirche sowohl Starke wie auch Schwache hinein, sonst ist es keine Kirche.[4] Ganz ähnlich hat Augustin auch gegenüber den Luciferianern argumentiert, die ähnlich wie die Donatisten eine Kirche der unbeugsamen Kämpfer sein wollten.[5] Augustin wies sie hin auf die Schwächen im Leben des Petrus: Er sank auf dem See, als er seinem Herrn entgegeneilen wollte, er verleugnete seinen Herrn, obwohl er ihm kurz vorher noch Treue geschworen hatte, er mußte sich von Paulus zurechtweisen lassen. Dieser Petrus mit seinen menschlichen Schwächen erhielt vom Herrn die Schlüssel des Himmelreiches. Ein sündloser Petrus würde die Tür zum Himmelreich nicht öffnen, deshalb sind gerade die Schwächen des Petrus von so grundsätzlicher Bedeutung.[6]

Nach diesen Hinweisen Augustins auf Petrus als Kronzeugen gegen das Kirchenideal der Donatisten ist auch das Verhalten der nordafrikanischen Bischöfe gegenüber Rom im Donatistenstreit von Interesse. Im Jahre 386 hatte der römische Bischof Siricius angeordnet, daß ehemalige Sektierer durch Handauflegung in die katholische Kirche aufzunehmen seien, doch dürfe man ihnen kein kirchliches Amt übertragen. In Augustins Bischofsstadt Hippo fand 393 eine Synode statt, auf der die nordafrikanischen Bischöfe eine andere Regelung anstrebten: Wenn donatistische Bischöfe zusammen mit ihren Gemeinden zur katholischen Kirche übertreten wollen, so sollen sie ihr Bischofsamt behalten. Solche Maßnahme war sicher taktisch klug. Auf einer Synode 397 in Karthago wurde dieser Standpunkt noch einmal bekräftigt. Doch wollte man keinen Alleingang; man befragte die Bischöfe Siricius von Rom und Simplician von Mailand.[7] Auf einer Synode 401

---

[3] Ep. 53, 1–2, ed. *A. Goldbacher,* CSEL 34,2, 1895, 153/154. Eine andere Auslegung jener Stelle bietet der katholische Theologe *K. Baus* im THJb (L) hrsg. v. *A. Dähnhardt,* Leipzig 1972, 194 (Wesen und Funktion der apostolischen Sukzession in der Sicht des hl. Augustin, a. a. O. 191–200).

[4] Sermo 76,3: Firmi et infirmi, quia sine utroque non est ecclesia.

[5] Vgl. Teil I/3, Kap. 7 e.

[6] De agone christiano, PL 40, 308.

[7] *W. Marschall,* Karthago und Rom, Stuttgart 1971 (Päpste und Papsttum, hrsg. v. *G. Denzler,* Bd. 1), 117, der auf *H. T. Bruns* verweist: Canones apostolorum et conciliorum I,133, Berlin 1839, Neudruck Turin 1959.

in Karthago muß man zur Kenntnis nehmen, daß die Bischöfe von Rom und Mailand die Meinung der nordafrikanischen Synode nicht teilen. Die Nordafrikaner bedauern diesen Umstand, da der Priestermangel groß war, so daß man gern ehemalige donatistische Kleriker übernommen hätte. Nach wenigen Monaten kommen die Bischöfe Nordafrikas erneut in Karthago zusammen. Ein Brief des römischen Bischofs Anastasius wird verlesen und dankbar begrüßt. In der Sache freilich haben die Bischöfe den Brief aus Rom ganz erheblich umgedeutet. Man las jetzt aus ihm heraus, daß man den donatistischen Klerikern doch entgegenkommen könnte. Der römische Bischof Anastasius hatte hingewiesen „auf die Gefährdung der kirchlichen Einheit" – um vor jedem Entgegenkommen gegenüber donatistischen Bischöfen zu warnen. Die afrikanischen Bischöfe greifen diese Formel auf und erklären, daß gerade wegen dieser „Gefährdung der kirchlichen Einheit" in Ausnahmefällen donatistische Kleriker nach ihrem Übertritt Ämter in der katholischen Kirche übernehmen könnten, sofern dies für die kirchliche Einheit förderlich sei.[8]
Erich Caspar hatte in seiner Papstgeschichte zu diesen Vorgängen 401 erklärt, die afrikanischen Bischöfe hätten es an Devotion nicht fehlen lassen, um dann doch „über die römische Auffassung schließlich zur Tagesordnung überzugehen"[9]. Der katholische Kirchenhistoriker W. Marschall formulierte: „Zwar entschieden die afrikanischen Bischöfe anders als Rom, bemühten sich jedoch, die römischen Beschlüsse nur dort umzustoßen, wo es gar nicht anders ging."[10] Tatsächlich muß man in Erinnerung behalten, daß den katholischen Bischöfen Nordafrikas sehr viel am Zusammenhang mit der Gesamtkirche gelegen war im Kampf gegen die Donatisten; daher hatte man sich sowohl nach Rom wie auch nach Mailand gewendet. Um so aufschlußreiecher ist es, daß sie dann doch den Weg gingen, den sie für richtig hielten. Augustin hat an diesen Synoden teilgenommen, er hat dieses selbständige Verhalten gegenüber Rom offenbar mitbeschlossen.

b) Papst Innozenz I. (401–417) im pelagianischen Streit

Für Papst Innozenz I. hatte Augustin zunächst wohl kaum etwas übrig. In seinem Werk „Vom Gottesstaat" geht er auf die Zerstörung Roms 410 ein, aber er sagt kein Wort davon, daß dort in Rom der Sitz des Papsttums sei; Innozenz wird in den 22 Büchern „Vom Gottesstaat" nicht erwähnt. Zu Kontakten kam es im pelagianischen Streit. Die nordafrikanischen Bischöfe hatten 411 den römischen Rechtsanwalt Caelestius, einen Schüler des Pelagius, verurteilt. Pelagius und Caelestius waren dann in den Osten gegangen und die Sache hätte im Sande verlaufen können. Es war Pelagius aber gelungen, auf einer östlichen Synode 415 Anerkennung zu finden. Daraufhin tagten 416 in Nordafrika zwei Synoden, die die Angelegenheit dem römischen Bischof Innozenz I. vorlegten. Augustin war daran besonders beteiligt. Er hat mit vier anderen Bischöfen noch einen zusätzlichen Brief nach Rom geschickt, aus dem schon zitiert wurde (Kap. 2f). Hier geht es um den Schluß jenes langen Briefes, dessen Wendungen oft wiedergegeben

---

[8] *Marschall*, a. a. O. 122, unter Berufung auf Bruns, a. a. O. 173.
[9] Geschichte des Papsttums I, Tübingen 1930, 292.
[10] *W. Marschall*, a. a. O. 123.

worden sind; es sieht darin so aus, daß Augustin doch schon recht päpstlich gedacht hat. Auch der Anfang des Briefes kann so verstanden werden:

> „Von zwei Konzilien der Provinzen Karthago und Numidien haben wir an deine Heiligkeit Schreiben, die von einer nicht geringen Anzahl von Bischöfen unterzeichnet waren, gesandt gegen die Feinde der Gnade Christi, die auf ihre Kraft vertrauen ... Wir haben nämlich gehört, daß sich in der Stadt Rom, wo jener Mann lange gelebt hat, einige befinden, die ihm aus verschiedenen Gründen zugetan sind: einige, weil er sie zu seinen Ansichten überredet haben soll, noch mehrere aber, weil sie von ihm nicht glauben, daß er derartige Ansichten habe, besonders da das Gerücht geht, es seien im Morgenland, wo er sich aufhält, kirchliche Aktenstücke abgefaßt worden, denen gemäß man ihn für gerechtfertigt betrachtet ... (2) ... Die so mildreiche Güte deines Herzens wird uns gewiß verzeihen, wenn wir einen längeren Brief, als es dir vielleicht genehm war, deiner Heiligkeit übersandt haben. Denn wir haben nicht unser Bächlein in deine reiche Quelle gegossen, damit sie größer werde, sondern wir wollen, daß bei der gegenwärtigen keineswegs geringen Versuchung – aus der uns der befreie, zu dem wir sprechen: Führe uns nicht in Versuchung – auch von dir gezeigt werde, ob unser wenn auch noch so kleines Bächlein aus demselben Hauptstrom fließe, wie deine überfließende Quelle, und daß wir durch deine Antwort mit der gemeinschaftlichen Teilnahme an der einen Gnade getröstet werden."[11]

Der Brief zeigt deutlich, wieviel den Briefschreibern an einem Eingreifen Roms im pelagianischen Streit gelegen war. W. Marschall hat den Stand der Forschung zusammengefaßt: „Einhellig wird richtig erkannt, daß von einem Jurisdiktionsprimat in den Briefen nicht die Rede ist. Wiederholt wird aber auch auf die hohe Autorität hingewiesen, die hier dem römischen Bischof zugeschrieben wird."[12] Aber wenig später sagt Marschall ebenso klar auch dies: „Nicht weil das Wort eines römischen Bischofs in sich eine zwingende Autorität besitzt, soll er Pelagius verurteilen, sondern weil sein Entscheid – voraussichtlich – bei den (im Orient weilenden) Irrlehrern einen größeren Eindruck machen wird, da diese mehr und wichtigere Beziehungen zu Rom als zu Afrika haben."[13]
Der angesprochene Papst Innozenz I. griff die Anfragen auf und antwortete so, wie es die nordafrikanischen Bischöfe gewünscht hatten.[14] Innozenz bestätigte die Synodalbeschlüsse der nordafrikanischen Bischöfe; zugleich betonte er in beiden Briefen die Überordnung des Nachfolgers Petri in Rom, dem man derartige Fälle vorlegen müsse. Was auch immer in den entferntesten und entlegensten Provinzen verhandelt werde, es dürfe nichts ohne Kenntnis des Apostolischen Stuhles in Rom entschieden werden. Der Papst übernimmt das von Augustin verwendete Bild und verdeutlicht es noch stärker in seinem Sinne: Die Kirche in Rom ist die Ursprungsquelle, von der alle Wasser ausgehen und in den verschiedenen Gegen-

[11] Ep. 177, 1,2 und 19. Deutsch im Sammelband Aurelius Augustinus, Ausgewählte Briefe, zusammengestellt v. *H. J. Diesner,* Leipzig 1966, 318, 319 und 334.
[12] *Marschall,* a. a. O. 141.
[13] *Marschall,* a. a. O. 144.
[14] Ep. 181–183, ed. *A. Goldbacher,* CSEL 44, 1904, 701–730.

den der Welt als reine Bäche des unverfälschten Hauptstromes fließen.[15] Der Papst schließt die Pelagianer aus der Gemeinschaft der Kirche aus.[16] Es ist deutlich, welche Rechte im Sinne eines Lehrprimats der Papst damals in Anspruch genommen hat. Freilich begründete er diese päpstlichen Rechte ziemlich ausführlich. Er wußte wohl nur zu gut, daß man in Nordafrika nicht so dachte wie er. In der damaligen Situation aber waren Augustin und die anderen Bischöfe Nordafrikas sicher froh, daß der Papst so klar gegen die Pelagianer entschieden hatte. Man unterstrich die Bedeutung dieser päpstlischen Stellungnahme ausdrücklich. Man hatte zweifellos den Wunsch, daß diese Stellungnahme Roms den Schlußpunkt unter all die unerquicklichen Auseinandersetzungen bringen werde. Gerade Augustin hat diese Hoffnung gehabt und ihr in einer Predigt Ausdruck gegeben: „Schon haben wegen dieser Angelegenheit zwei Konzilien (Briefe) an den Apostolischen Stuhl gesandt. Von dort kamen auch Reskripte zurück. Die Angelegenheit ist erledigt; wenn doch nun auch die Irrlehre aufhören würde!“[17] In der verkürzten Form „Rom hat gesprochen, die Sache ist erledigt“ (Roma locuta, causa finita) ist diese Formulierung Augustins in die Geschichte eingegangen. In einem Brief hat Augustin ganz ähnlich formuliert: „Zu allem schrieb jener (Innozenz) uns in der Weise zurück, wie es recht war und sich für einen Bischof des Apostolischen Stuhles gehörte.“[18] Auch in einer Streitschrift gegen die Pelagianer hat sich Augustin auf das Urteil des Papstes berufen.[19] Man kann das gut verstehen; aber es bleibt doch die Frage, ob Augustin die Angelegenheit auch für erledigt gehalten hätte, wenn Rom anders gesprochen hätte.

c) Papst Zosimus im pelagianischen Streit

Papst Innozenz starb 417, sein Nachfolger wurde der Grieche Zosimus. Er wurde durch Vorgänge in Gallien stark in Anspruch genommen. Trotzdem hat er sich auch um die Angelegenheiten des Pelagius und des Caelestius gekümmert. Otto Wermelinger hat diese Vorgänge der Jahre 417/418 genau dargestellt.[20] In Rom waren die Anhänger des Pelagius erfolgreich am Werk. Eine neue Synode fand statt, die Akten wurden gründlich studiert, schließlich kam Caelestius zu Wort. Man hat den Eindruck, daß in Rom eine sehr verantwortungsbewußte Kirchenleitung am Werk war, die sich die Beantwortung der anstehenden Fragen nicht leicht machte. Caelestius wies alle Vorwürfe zurück und konnte seinen Glauben so erklären, daß ihm nichts vorzuwerfen war. Papst Zosimus erklärte daher, daß Caelestius rechtgläubig sei. Den Afrikanern wurde diese neue Entscheidung, die der vorherigen des Papstes Innozenz entgegen war, mitgeteilt.[21] Zosimus betont,

---

15 Ep. 181,1.

16 Ep. 182,6.

17 Sermo 131,1, PL 38, 734.

18 Ep. 186,2, ed. *A. Goldbacher,* CSEL 57, 1911, 47.

19 Contra duas epistolas Pelagianorum, ed. *F. K. Urba* und *J. Zycha,* CSEL 60, 1913 (Neudruck 1962), 464.

20 *O. Wermelinger,* Rom und Pelagius (Päpste und Papsttum, hrsg. v. *G. Denzler,* Bd. 7), Stuttgart 1975, 134–218, besonders 151–152.

21 Ep. 2 des Zosimus, ed. *O. Günther,* CSEL 35, 1895, 99–103.

daß die nordafrikanischen Synoden eine so grundsätzliche Angelegenheit nicht von sich aus entscheiden könnten. Er bedauerte es, daß die nordafrikanischen Bischöfe sich nicht genügend informiert hätten. Zosimus geht so weit, daß er den Prozeß der Nordafrikaner 411 mit den falschen Anklagen gegen Susanna vergleicht. Zosimus selbst vergleicht sich mit König Salomo, der auch erst gründlich geprüft und dann sein Urteil gefällt habe. Den Nordafrikanern wird es freigestellt, innerhalb von zwei Monaten nach Rom zu kommen, um dort neues Material gegen Caelestius vorzulegen.

Kurz danach schreibt Zosimus den Afrikanern einen weiteren Brief: Er teilt mit, daß er inzwischen auch Pelagius freigesprochen habe.[22] Die afrikanischen Bischöfe werden diesen Brief mit steigendem Unbehagen gelesen haben. Zosimus erinnert an den Prozeß gegen Jesus, in dem falsche Zeugen aufgetreten seien; so sei es auch auf der Synode 411 in Karthago gewesen! Ein Angeklagter muß Gelegenheit zu seiner Verteidigung haben; Pelagius war aber in Abwesenheit verurteilt worden. Wermelinger faßt zusammen: „Das Urteil über Pelagius und Caelestius könnte nicht deutlicher ausgefallen sein. Zosimus verlangt von den Afrikanern das Fallenlassen jeglicher Anklage und die völlige Rehabilitierung der beiden."[23]

Die Afrikaner antworten zunächst in einem kurzen Brief, in dem sie an die Entscheidung des Papstes Innozenz gegen Pelagius erinnern; an diesem Urteil dürfe nichts geändert werden.[24] Es folgt ein längeres Schreiben, das auf die sachliche Problematik eingeht: Die Erbsünde (peccatum originale) ist von Adam her auf alle Menschen übergegangen und hält bis ans Ende der Welt alle Nachkommen Adams gefangen. Die Erbsünde ist auch in neugeborenen Kindern, die daher das ewige Leben nicht besitzen können, wenn sie nicht durch die Taufe Vergebung erhalten.[25] An diese Lehre soll sich Caelestius halten und die Notwendigkeit der Kindertaufe anerkennen. Auch für Pelagius haben die Nordafrikaner bestimmte Forderungen gestellt, die vor einer Wiederaufnahme in die Kirchengemeinschaft erfüllt sein müßten. Augustin schrieb an seinen Freund Paulin von Nola:

> „Der wahre und katholische Glaube hält nun fest, daß die Gnade Gottes durch unseren Herrn Jesus Christus die Kleinen wie die Großen des ersten Menschen in das Leben des zweiten Menschen versetzt, indem sie nicht nur die Sünden tilgt, sondern auch jenen, die schon von der Freiheit des Willens Gebrauch machen können, in solcher Weise hilft, nicht zu sündigen und recht zu leben, daß wir ohne Hilfe nichts von der Frömmigkeit oder Gerechtigkeit weder im Werke, noch sogar im Willen selbst besitzen können. Gott wirkt ja in uns das Wollen und das Vollbringen nach seinem Wohlgefallen."[26]

Die Appelle der Nordafrikaner waren zunächst vergeblich. Im März 418 hat Papst Zosimus seinen Standpunkt noch bekräftigt.[27] Er erinnert die afrikanischen

---

22 Ep. 3, ed. *O. Günther*, CSEL 35, 1895, 103–108.
23 *O. Wermelinger*, a. a. O. 145.
24 Obtestatio, ed. *O. Günther*, CSEL 35, 1895, 116/117.
25 Libellus Paulini diaconi adversum Caelestium Zosimo episcopo datus ed. *O. Günther*, CSEL 35, 1895, 109–110.
26 Ep. 186,3, ed. *A. Goldbacher*, CSEL 57, 1911, 47–48.
27 Ep. 12, ed. *O. Günther*, CSEL 35, 1895, 115.

Bischöfe daran, daß dem römischen Bischof die Autorität (auctoritas) und Macht (potestas) zustehe. Daher dürfe man sich seinen Entscheidungen nicht widersetzen. „Zosimus beansprucht also für die römische Kirche nichts weniger als eine Unfehlbarkeit in Rechtsbeschlüssen."[28] Die Bischöfe Nordafrikas aber haben unter diesen Bedingungen von einem derartigen Anspruch des Papstes nichts wissen wollen. Sie versammelten sich im Mai 418 in Karthago zu einer neuen Synode, 205 Bischöfe waren gekommen. Augustin war der führende Kopf, der die Formulierung von neun Festlegungen (Canones) für die Synode erarbeitete. In Kanon 1 wurde ausgesagt, daß Adam um seiner Sünde willen gestorben sei; der Tod sei nicht einfach als eine Naturnotwendigkeit zu verstehen. Kanon 2 betraf die umstrittene Frage nach der Erbsünde:

> „Wer immer leugnet, daß die vom Mutterleib neugeborenen Kinder getauft werden müssen, oder wer sagt, daß sie zwar zur Vergebung der Sünden getauft werden, aber nichts aus der Erbsünde Adams gezogen hätten, was durch das Bad der Wiedergeburt gesühnt wird, so daß die Taufformel ‚zur Vergebung der Sünden' bei ihnen nicht als wahr, sondern als falsch befunden wird, der sei im Bann! Denn nicht anders ist zu verstehen, was der Apostel sagt: Durch einen Menschen kam die Sünde in die Welt und durch die Sünde der Tod, und so ist (der Tod) auf alle Menschen übergegangen, da in ihm alle gesündigt haben (Röm. 5,12), als wie es die katholische, überall verbreitete Kirche immer verstanden hat. Wegen dieser Glaubensregel nämlich werden auch die Kleinkinder, die von sich aus noch keinerlei Sünde begehen konnten, auf diese Art wahrhaft zur Vergebung der Sünden getauft, damit in ihnen durch die Wiedergeburt gereinigt werde, was sie durch die Geburt sich zugezogen haben."[29]

Ebenso deutlich äußern sich die Bischöfe über die Gnade. Gottes Gnade besteht nicht nur in der Vergebung begangener Sünden (4), auch nicht nur in der Mitteilung von Geboten (5). Der Mensch benötigt die Gnade ständig zu seinem Leben, denn „ohne mich könnt ihr nichts tun" (Joh. 15,5). In den Canones 8 und 9 geht es um die Bitte „Vergib uns unsere Schuld". Diese Bitte gilt für alle Menschen, auch für die Heiligen. Es sei unerträglich, daß ein Beter „mit den Lippen sagt, es möge ihm vergeben werden, im Herzen aber spricht, er habe keine Schuld, die ihm vergeben werden müsse (9)".[30]

Diese Überlegungen Augustins und der anderen Bischöfe in Nordafrika haben gewiß ihre große Bedeutung bis heute. Die Entscheidung damals fiel aber auf anderem Wege. Unbeirrt durch Papst Zosimus haben nordafrikanische Vertreter am Kaiserhof in Ravenna interveniert und dort die Verurteilung des Pelagius und Caelestius erreicht. Augustin gab die theoretische Rechtfertigung, ähnlich wie schon im Donatistenstreit: Solches Eingreifen des Staates sei dem Eingreifen eines Arztes zu vergleichen, der einem Kranken Hilfe bringen muß. Ein Kranker lehnt mitunter seine Medizin ab, weil er die Schwere seiner Krankheit nicht ein-

[28] *O. Wermelinger*, a. a. O. 164.

[29] Nach *O. Wermelinger*, 170/171. Text bei *J.-P. Migne*, PL 56,487 sowie ed. *C. Munier* im CChL 149, 69–70.

[30] *O. Wermelinger*, 193, PL 56,490 bzw. CChL 149,73.

sieht. Diese Maßnahmen dienen aber einem guten Zweck, nämlich der Einheit der Kirche.[31] Kein Wort davon, daß gerade Papst Zosimus sich auf dem Wege eines Ausgleichs um die Einheit der Kirche bemüht hatte! Jetzt bleibt dem Papst nichts weiter übrig, als im Sommer 418 nachzuziehen: Er mußte nun doch wieder Pelagius und Caelestius verurteilen. Leider ist dieser Brief nicht erhalten, doch wurde ein Rekonstruktionsversuch gemacht.[32] Dabei bleibt manches unklar, zumal der eigentliche dogmatische Standpunkt des Zosimus zur Frage der Erbsünde, der Kindertaufe und der Gnade. Ein erhaltenes Fragment zeigt, daß Zosimus viele Gedanken Augustins übernommen hat. Gerade die ständige Bedürftigkeit des Menschen, der Gottes Gnade nie entbehren kann, wurde auch von ihm ausgesagt:

> „Wann also könnten wir seine Hilfe entbehren? Bei allen Handlungen demnach, in allen Angelegenheiten, Gedanken, Bewegungen ist er als unser Helfer und Beschützer zu bitten. Denn es zeugt von Hochmut, wenn die menschliche Natur sich etwas anmaßt nach dem Ausspruch des Apostels: Wir haben nicht nur gegen Fleisch und Blut zu kämpfen, sondern gegen die Fürsten und Mächte dieser Luft, gegen die Geister der Bosheit in den Himmeln (Eph. 6,12). Und wie er abermals sagt: Ich Unseliger, wer wird mich befreien von dem Leibe dieses Todes? Die Gnade Gottes durch Jesus Christus unseren Herrn (Röm. 7,24 f.). Und wiederum: Durch die Gnade Gottes bin ich was ich bin, und Gottes Gnade in mir ist nicht unwirksam geblieben, sondern ich habe mehr als alle gearbeitet, doch nicht ich, sondern Gottes Gnade in mir (1. Kor. 15,10)."[33]

Trotzdem haben sich die Afrikaner nicht auf Papst Zosimus berufen. Vielleicht kam er ihnen bezüglich der Erbsündelehre doch nicht weit genug entgegen? Vielleicht konnten sie ihm auch seinen zeitweiligen Freispruch für Pelagius und Caelestius nicht verzeihen? Offenbar hatte Zosimus gemeint, daß der Unterschied zwischen den theologischen Gegnern nicht so tiefgreifend sei. Leider bleibt für den Historiker manches unklar. Es gibt Beispiele dafür, daß in nordafrikanischen Erklärungen „ursprünglich pelagianisches Gedankengut bis zur Unkenntlichkeit" entstellt wurde![34] Die Pelagianer waren jedenfalls „nicht eine fanatisierte Gruppe, die in sektenhaftem Enthusiasmus auf eine neue Kirchengründung ausgeht"[35]. Insofern erregen die Bemühungen des Papstes Zosimus um einen Ausgleich und Gerechtigkeit für Pelagius Sympathie. Die Nordafrikaner haben den Gegensatz so tief empfunden, daß sie eine Verständigung für ausgeschlossen hielten. Auch das ist zu respektieren. Für die Geschichte des Papsttums bleibt festzuhalten, daß die Nordafrikaner den Papst mit Hilfe staatlichen Drucks zur Preisgabe seines Standpunktes veranlaßt haben.

---

[31] Ep. 185,7, ed. *A. Goldbacher,* CSEL 57, 1911, 6.
[32] *O. Wermelinger,* 209–218 und 307–308: Epistola tractoria des Zosimus.
[33] Fragment 2, zitiert nach *O. Wermelinger,* 217 (PL 50,534 A).
[34] So *O. Wermelinger,* a. a. O. 284.
[35] *O. Wermelinger,* a. a. O. 2.

d) Rom und Karthago im Streit um den Priester Apiarius 417–424[36]

Es geht um eine Frage des Kirchenrechts. In Nordafrika war ein Priester Apiarius von seinem Bischof abgesetzt worden; darüber beschwerte er sich in Rom. Bischof Zosimus von Rom nahm die Beschwerde an. Die Dinge laufen parallel zu den Auseinandersetzungen um Pelagius. Eine Synode in Karthago stellt 418 fest, daß jeder Priester das Recht zur Beschwerde habe, doch müsse er sich an Instanzen in Nordafrika halten. Beschwerden nach Rom über das Meer hinweg (ad transmarina) seien unzulässig. Inzwischen hatte Papst Zosimus jenen Priester Apiarius zurückgeschickt mit drei römischen Klerikern, die ihm im Auftrag des Papstes zu seinem Recht verhelfen sollten. Man berief sich dazu auf Beschlüsse des Konzils von Nicäa 325, meinte aber wohl solche des Konzils von Sardica 343.[37] Nach dem Tode des Zosimus 419 mußte sich Papst Bonifatius I. mit dem Problem beschäftigen. Eine Synode in Karthago stellt 419 erneut fest, daß Beschwerden niederer Kleriker nur innerhalb der eigenen Landeskirche zulässig seien; wer an einen Bischof jenseits des Meeres appelliere, solle in Nordafrika nicht mehr zur Gemeinschaft der Kirche gehören.[38] Im Fall des Apiarius kam es jedoch zu einem Kompromiß: Er wurde wieder als Priester eingesetzt, jedoch in einer anderen Gemeinde. Leider ließ sich Apiarius auch in seiner neuen Gemeinde etwas zuschulden kommen. Er wurde erneut abgesetzt und floh daraufhin wiederum nach Rom. Dort amtierte inzwischen Papst Caelestin – der dritte Papst, der sich mit Apiarius befassen mußte! Aber auch Caelestin handelt ebenso wie seine Vorgänger: Er setzte sich für Apiarius ein und forderte von der nordafrikanischen Kirche Respekt für diese Entscheidung. Doch dort reagierte man jetzt härter noch als vorher. Ein Konzil nordafrikanischer Bischöfe 424 schrieb dem Papst u. a. folgendes:

> „Wir bitten, Ihr wolltet künftighin nicht leicht Leute, die von hier kommen, vor Eure Ohren lassen, noch solche, die von uns exkommuniziert sind, ohne weiteres in Eure Gemeinschaft aufnehmen, entsprechend den Eurer Ehrwürden wohlbekannten Festsetzungen von Nicaea[39] ... Die Beschlüsse von Nicaea überantworten ganz offenbar die Kleriker niederen Grades sowohl wie die Bischöfe selbst (dem Gericht) ihrer Metropoliten, in der klugen und richtigen Einsicht, daß alle Streitfragen an Ort und Stelle, wo sie entstanden sind, zu entscheiden seien ... zumal es jedem freisteht, wenn er sich durch Spruch der Urteiler beschwert fühlt, an ein Provinzialkonzil oder auch an die Universalsynode zu provozieren. Es wird doch niemand des Glaubens sein, daß unser Gott irgendeinem einzelnen den Geist rechten Urteils einflößen und ihn den zahlreichen im Konzil versammelten Bischöfen versagen wird."[40]

[36] Darstellung bei *W. Marschall,* a. a. O. 167–197. Quellen bei *C. H. Turner,* Ecclesiae occidentalis monumenta juris antiquissima I, Oxford 1930.

[37] Vgl. Teil I/3, Kap. 7 b. Kirchenrechtliche Sammlungen bieten oft die Beschlüsse von Nicäa und Sardica hintereinander und zählen dabei durchgehend! (*E. Caspar,* Geschichte des Papsttums I, Tübingen 1930, 358.)

[38] Texte der Beschlüsse von 418 und 419 bei *Marschall,* a. a. O. 178/179.

[39] Hier dürfte an Kanon 5 von Nicäa gedacht sein.

[40] Brief „optaremus", bei *Marschall,* a. a. O. 4–6 und 184–193; ed. *C. H. Turner,* a. a. O. 614–622.

Deutlicher kann man kaum einem päpstlichen Amt widersprechen und Grundsätze konziliaristischer Denkweise ausdrücken[41]. Auch der katholische Kirchenhistoriker W. Marschall gibt zu, jenes Dokument von 424 klinge „sehr ablehnend, unfreundlich und äußerst selbstbewußt". Er sei „fast versucht, darin die Äußerung einer schismatischen Kirche zu sehen".[42] Doch meint er dann, „daß die zornigen Südländer in ihrer durch römisches Verschulden so außerordentlich gereizten Stimmung zu weit gingen, weiter vielleicht, als sie selbst im Grunde wollten"[43]. Den Fortgang der Ereignisse kennen wir nicht, da der Einbruch der Wandalen 429 nach Nordafrika andere Probleme in den Vordergrund stellte.

e) Der Streit um das Bistum Fussala

Den zuletzt genannten Brief der nordafrikanischen Bischöfe an den Papst Caelestin I. hatte Bischof Augustin nicht mit unterzeichnet. Vielleicht hatte er ein stärker entwickeltes Bewußtsein für die Bedeutung Roms innerhalb der Kirche? Es könnte aber auch ein anderer Vorgang dabei mitgewirkt haben, in dem Augustin eine recht unglückliche Rolle gespielt hat. Wir kennen den Vorgang nur aus einer einzigen Quelle, einem Brief Augustins an den römischen Bischof Caelestin I.[44] Augustin gratuliert Caelestin zu seiner Wahl 422, geht danach aber gleich auf Vorgänge ein, die schon länger zurückreichen: In der Ortschaft Fussala hatte es früher nur Donatisten gegeben. Der Ort lag nahe bei Hippo, Augustin war also für seine Betreuung zuständig. Mit viel Mühe hatte er dort eine katholische Gemeinde aufbauen können, für die schließlich ein eigener Bischof bestellt werden konnte, zu dessen Weihe der Primas von Numidien angereist war. Der für die Bischofsweihe vorgesehene Kandidat zog jedoch im letzten Moment zurück. Augustin wollte den alten Primas von Numidien aber nicht unverrichteterdinge wieder heimreisen lassen; daher schlug er in dieser Notlage einen jungen Mann für das Bischofsamt in Fussala vor, der dann auch die Weihe erhielt. Bald stellte sich heraus, daß diese überstürzte Einsetzung ein Mißgriff war. Die Gemeinde beschwerte sich, wir hören keine Einzelheiten. Eine Bischofsversammlung suchte einen Ausweg: Jener Bischof wurde nicht abgesetzt, aber man beschränkte seine Vollmacht und verurteilte ihn zu Schadenersatz. Daraufhin beschwerte sich der junge Bischof in Rom. Wir sehen, daß die Beschwerde des Apiarius kein Einzelfall war. Es bestand damals verbreitet die Meinung, daß Rom eine oberste Instanz für die Kirche sei und daß man sich dort dann auch sein Recht holen könne. Papst Bonifaz I. nahm die Beschwerde an und setzte den Bischof von Fussala wieder voll in seine Rechte ein. Augustin ist über den Vorgang bedrückt, er kennt die Probleme aus der Nähe. Aber er bestreitet nicht die Rechtmäßigkeit der Beschwerde in Rom. Augustin sucht die Schuld bei sich selbst, daher stellt er die Dinge so offen dar. Inzwischen ist Papst Bonifaz gestorben, der neue Papst

[41] *E. Caspar* erinnert an die Ähnlichkeit zur Denkweise Cyprians, Geschichte des Papsttums I, Tübingen 1930, 371.
[42] *Marschall,* a. a. O. 185.
[43] *Marschall,* a. a. O. 187.
[44] Ep. 209, ed. *A. Goldbacher,* CSEL 57, 1911. Deutsch in: Aurelius Augustinus, Ausgewählte Briefe, zusammengestellt v. *H. J. Diesner,* Leipzig 1966, 387–395.

Caelestin muß sich mit dem Fall beschäftigen, Augustin schickt ihm dazu Akten mit. Er hält also grundsätzlich das Verfahren in Rom für rechtmäßig. Er entschuldigt sich wegen des Kompromisses, den man eingegangen war. Freilich weiß Augustin auch, daß der Papst nicht direkt in Fussala eingreifen kann. Er fürchtet, daß der Papst sich an staatliche Behörden wenden könnte. Obwohl Augustin selbst solches Eingreifen gegen Donatisten und Pelagianer durchaus gutgeheißen hat, möchte er im jetzigen Falle vor solcher Entwicklung warnen:

> „Laß dies nicht geschehen, ich bitte dich durch Christi Blut und bei dem Andenken des Apostels Petrus, der die Vorsteher der christlichen Völker mahnte, nicht mit Gewalt über die Brüder zu herrschen. Ich empfehle die Bewohner von Fussala als meine katholischen Kinder in Christus und den Bischof Antoninus als meinen Sohn in Christus der Güte deiner Heiligkeit; da ich beide liebe, so empfehle ich auch beide. Auch zürne ich den Bewohnern von Fussala nicht, daß sie eine gerechte Klage gegen mich zu deinen Ohren gebracht haben: daß ich ihnen nämlich einen von mir noch nicht erprobten, sogar noch nicht durch Alter erprobten Mann aufgebürdet habe, der ihnen so viel Bitteres zugefügt hat ... Bei dieser Gefahr auf beiden Seiten, um es deiner Heiligkeit zu gestehen, quält mich solche Furcht und Traurigkeit, daß ich mit dem Gedanken umgehe, mein bischöfliches Amt niederzulegen und mich der Bußklage hinzugeben, die meinem Mißgriff entspricht. Das werde ich auch tun, wenn ich weiter sehen sollte, wie durch den, dem ich in meiner Unklugheit zur Bischofswürde verholfen habe, die Kirche verwüstet wird und – was Gott verhüte – zum Verderben ihres Verwüsters zugrunde geht ..."

Es wäre durchaus verständlich, wenn Augustin nach einem solchen Brief voller Selbstanklage 422 nicht in der Lage ist, kurz darauf einen energischen Protestbrief im Falle des Apiarius mit zu unterschreiben.

f) Der Fels der Kirche bei Augustin

Im Rückblick auf seine Werke ist Augustin auch auf die Frage eingegangen: Wer ist der Fels der Kirche, von dem in Matth. 16,18 gesprochen wird? Augustin sagt, daß er in früheren Jahren den Felsen auf Petrus gedeutet habe, doch habe er seine Meinung geändert:

> „Ich weiß jedoch, daß ich später die Verheißung des Herrn: Du bist Petrus und auf diesen Felsen will ich meine Kirche bauen, oft anders deutete. Und zwar so, als müsse man unter den Worten ‚auf diesen' denjenigen verstehen, von dem Petrus mit den Worten ‚Du bist Christus, der Sohn des lebendigen Gottes' Zeugnis ablegte. Petrus dagegen, im Hinblick auf den ‚Felsen' mit dem Namen ‚Petrus' benannt, repräsentiere nur die Kirche, die auf dem Felsen ruhe und die Schlüssel des Reiches besitze. Denn es heißt nicht: Du bist der Fels, sondern: Du bist Petrus. Der Fels war vielmehr Christus, den Simon bekannte – so wie ihn auch die ganze Kirche bekennt – und von dem er Petrus genannt wurde. Jedoch soll der Leser selbst entscheiden, welche von den beiden Ansichten die richtigere ist."[45]

[45] Retractationes I,20, ed. *P. Knöll,* CSEL 36, 1902, 97–98.

Beide Deutungen gibt es in der alten Kirche.[46] Auf Anregung von B. Altaner war J. Ludwig der Auslegungsgeschichte nachgegangen. Er mußte feststellen, daß eine „päpstliche" Deutung des Felsens in der alten Kirche kaum zu finden war. Die Ostkirche deutete jene Bibelstelle nie im römischen Sinne, aber auch im Abendland war solche Auslegung selten, am klarsten bei Optatus und Hieronymus.[47] So begann Ludwig sein Kapitel über Augustin mit den Sätzen: „Die bisherige Darstellung zeigt, daß selbst im Abendland am Ende des 4. Jh. von einer einheitlichen Primatialdoktrin nicht die Rede sein kann. Um so drängender werden wir deshalb nunmehr nach der Matth.-Exegese des Augustinus († 430) fragen."[48] Von vierzehn Auslegungen Augustins zu jener Stelle führte nur eine zur Liste der römischen Bischöfe. Das war jener Brief an Generosus, der doch grundsätzlich davor warnte, auf glänzende Bischofsreihen zu vertrauen.[49]
Die einzelnen Phasen des Verhältnisses zwischen Rom und Nordafrika sind vieldeutig. Es konnte mal zu der Äußerung kommen „Rom hat gesprochen, die Sache ist erledigt" (Roma locuta – causa finita).[50] Wenn aber Augustin drei Jahre vor seinem Tode sagt, er habe im Laufe seines Lebens die Deutung des Felsens der Kirche auf Petrus aufgegeben, so ist das eindeutig. Die Konsequenzen für Augustins Verhältnis zum Papsttum liegen auf der Hand.

---

[46] In der Ostkirche mehr auf Christus, im Abendland eher auf Petrus.

[47] Die Primatworte Matth. 16,18/19 in der altkirchlichen Exegese (NT-Abhandlungen 19,4), Münster 1952.

[48] *J. Ludwig*, a. a. O., 73.

[49] Vgl. Abschnitt a dieses Kapitels sowie meine Arbeiten in ThLZ 81 (1956), 361–364 und in den Studia theologica, 30 (1976), 89–122.

[50] Vgl. Abschnitt b dieses Kapitels.

Kapitel 4
Papst Leo der Große (†461)

a) Die letzten Päpste vor Leo d. Gr.

Wir hatten die Entwicklung des Papsttums aus nordafrikanischer Sicht betrachtet, besonders von Augustin her. Es gab aber weitere Schauplätze für päpstliches Handeln nach 400. Von Papst Innozenz I. (402–417) haben wir 36 Briefe erhalten, mehr als je von einem Papst vorher. Bei der Eroberung Roms 410 war er in der Residenzstadt Ravenna, wo man Verhandlungen mit den Goten anstrebte. Innozenz schrieb Briefe nach Gallien, Illyrien und nach dem Osten. Es lag ihm an Ordnung und Einheitlichkeit der Kirche unter römischer Führung. Dazu beauftragte er andere Bischöfe, die im Namen des Papstes für bestimmte Provinzen zuständig sein sollten. Die Katastrophe der Stadt Rom 410 hat offenbar die kirchenleitende Bedeutung Roms nicht erschüttert. Innozenz hat sich für den 404 abgesetzten Hofbischof von Konstantinopel, den berühmten Prediger Johannes Chrysostomos, eingesetzt. Dieser dankte 407 seinem römischen Amtsbruder.[1] Bei Sozomenos wird ein Brief des Papstes an Chrysostomos überliefert.[2] Innozenz unterhielt Kontakte zum Bischof von Antiochien, den er gern als päpstlichen Vikar im Osten gesehen hätte.[3] Hinter den großen Kirchenvätern seiner Zeit – Augustin, Hieronymus, Chrysostomos – steht Innozenz I. sicher zurück. Aber für den weiteren Ausbau der päpstlichen Leitung der Kirche hat er sich geschickt eingesetzt. Sein Nachfolger Zosimus spielte eine unglückliche Rolle im pelagianischen Streit, in dem er ausgleichen wollte (Kap. 3c). Auch gegenüber anderen Kirchenprovinzen hatte er keine Erfolge. Schließlich gab es eine Oppositionsgruppe in Rom, die ihm zu schaffen machte. Bei der Regierung in Ravenna wurde gegen den Papst intrigiert. Die Gegensätze in Rom entluden sich nach seinem Tode 419: Es wurden zwei Päpste gewählt: Eulalius und Bonifatius. Die Entscheidung, wer nun rechtmäßiger Papst sei, lag bei den staatlichen Behörden. Für die Stadt Rom war ein Heide Präfekt, der sich Anweisung aus Ravenna holte. Der dort regierende Kaiser Honorius lehnte zunächst beide Kandidaten ab. Die aktive Prinzessin Galla Placidia unterstützte jedoch Bonifatius, der sich so durchsetzen konnte.

Bonifatius I. amtierte 419. Die damals gewechselten Briefe sind in der Collectio Avellana enthalten, die für die damalige Lage des Papsttums aufschlußreichste Quelle.[4] Der Kaiser erließ eine Verordnung über die Papstwahl, um ähnliche Vorkommnisse wie die Doppelwahl von 419 zu verhindern.[5] Bonifatius schrieb

---

1 PG 52, 535.
2 Hist.eccl. VIII, 26, 1–6, ed. *J. Bidez–G. Hansen,* GCS 50, Berlin 1960.
3 Einzelheiten bei *E. Caspar,* Geschichte des Papsttums I, Tübingen 1930, 322.
4 Berühmte Briefsammlung, ed. *O. Günther,* CSEL 35, Wien 1895.
5 Collectio Avellana Nr. 37, ed. *O. Günther,* CSEL 35, 1895.

Briefe nach Gallien, Nordafrika und Illyrien. Er belehrte, ordnete an, entschied. Zur Begründung solcher kirchenleitender Funktionen griff auch Bonifatius vor allem auf Petrus zurück; doch konnte er auch an Paulus, an alttestamentliche Gestalten oder auch an Vorgänge der Kirchengeschichte (Flucht des Athanasius nach Rom) erinnern. Papst Caelestin I. (422–432) setzte die Linie einer weit gespannten Kirchenpolitik konsequent fort. Neben Briefen nach Gallien, Nordafrika und Illyrien haben wir eine Nachricht, daß sich Caelestin um Vorgänge in Irland gekümmert habe.[6] Seinen größten Erfolg errang er in den Streitigkeiten, die in der östlichen Kirche um den Patriarchen von Konstantinopel, Nestorius, ausgebrochen waren. Nestorius hatte Bedenken gegen die Bezeichnung „Gottesmutter" für Maria. Nestorius fürchtete, daß auf diese Weise alte heidnische Vorstellungen weiterleben. Er wollte Maria nur als Mutter Christi bezeichnen. Papst Caelestin hielt sich aus den Einzelheiten heraus.[7] Ihm war die Redeweise von der Gottesmutter Maria vertraut, so daß er das Anliegen des Nestorius nicht teilte. Für den Papst spielte auch die Tatsache eine Rolle, daß Pelagianer nach Konstantinopel geflohen waren und von dort aus zu agitieren versuchten. Caelestin schickte einen Kleriker nach Konstantinopel, der mehrere Schriften sowohl gegen die Pelagianer wie auch gegen die Theologie des Nestorius verfaßt hat.[8] Durch die Synode von Ephesus 431 wurde gegen Nestorius entschieden. Es war in Ephesus sehr turbulent zugegangen, die römischen Delegierten hatten kaum etwas zu melden. Aber zum Schluß liefen die Dinge in ihrem Sinne. Papst Caelestin konnte sich als Sieger betrachten und gab dem in mehreren Briefen Ausdruck.[9]
Der folgende Papst Xystus III. setzte diese Linie fort. Er kümmerte sich nicht nur um seine Kirche in Rom, sondern die Gesamtkirche war im Blick. Vor allem die Ostkirche hat ihn beschäftigt. Nach dem Konzil von Ephesus gingen dort die Auseinandersetzungen weiter. Es kam 433 zu einer Union in der Ostkirche, durch die die Beschlüsse von Ephesus 431 neu interpretiert wurden. Der Papst paßte sich sofort dieser neuen Linie an. Er schrieb einen zustimmenden Brief, der freilich auf die Einzelheiten der theologischen Problematik überhaupt nicht einging. Dazu sagte E. Caspar verallgemeinernd: „Das war ... Roms alte Absage an die gelehrte Theologie, ein Standpunkt, der in seiner unproblematischen Simplizität ehrlich grübelnden Forschergeist zu empörtem Aufbäumen oder verzweifelter Abwehr treiben konnte, der aber den breiten Massen der einfältig Gläubigen jenen festen Halt autoritär gesicherter Lehrgewißheit gab, ohne den der Bau einer allumfassenden Kirche niemals hätte errichtet werden können."[10]

b) Person und Werk Leos I.

Leo stammte aus der Toskana, kam aber schon in jungen Jahren nach Rom, wo er als Kleriker hervortrat. Augustin nennt ihn 418 in einem Brief.[11] Der Priester

---

[6] Prosper, Chronik zum Jahr 429, ed. *Th. Mommsen,* MGH AA IX, 472.
[7] Einzelheiten bei *E. Caspar,* a. a. O. 393 ff. sowie in Teil I/6 von *F. Winkelmann.*
[8] Marius Mercator, PL 48.
[9] Auszüge bei *E. Caspar,* a. a. O. 414/415.
[10] *E. Caspar,* a. a. O. 418.
[11] Ep. 191,1, ed. *A. Goldbacher,* CSEL 57, 1911.

Gennadius von Marseille lobt Leo, weil er aktiv gegen Nestorius gewesen sei.[12] Auf seine Anregung hin habe der Mönch Cassian in Südgallien sein Werk gegen Nestorius geschrieben.[13] Tiro Prosper von Aquitanien erwähnt in seiner Chronik mehrfach Leo, der sich schon vor 440 im Kampf gegen die Pelagianer eingesetzt habe.[14] Prosper kam später nach Rom und war in der päpstlichen Kanzlei Leos tätig. Über die Lage in Rom 440 berichtet Prosper: Am 18. August starb Papst Xystus III. Der Archidiakon Leo als aussichtsreichster Anwärter auf die Nachfolge war außerhalb Roms, um zwischen zwei hochgestellten Persönlichkeiten in Gallien zu vermitteln – möglicherweise im Auftrag des Kaisers. Gerade in dieser Situation zeigte sich „das Verdienst des Gewählten und die Urteilskraft der Wähler": Man stellte in Rom eine Gesandtschaft zusammen, die Leo in Gallien aufsuchen und ihm seine Wahl zum Papst ankündigen sollte. Am 29. September wurde er geweiht. Man hat also über einen Monat in Rom geduldig gewartet. Umtriebe wie etwa 419 gab es nicht. Zu überlegen war die Persönlichkeit Leos. Am Tag seiner Weihe hat Leo gepredigt über den Psalmvers 145,21: „Mein Mund soll des Herrn Lob verkündigen". Er ist offensichtlich dankbar für die Wahl: „Es wäre nicht ein Zeichen von Ehrfurcht, sondern von Undankbarkeit, die göttlichen Wohltaten zu verschweigen." Leo läßt weitere Psalmverse anklingen: „Der Herr hat meiner gedacht in meiner Niedrigkeit" (Ps. 115,12); „Er hat mich gesegnet, da er an mir große Wunder tat" (Ps. 136,4). Leo wendet sich der Gemeinde zu: „Eure heilige Liebe hielt mich für gegenwärtig, den doch die Notwendigkeit einer großen Reise entfernt hatte. Also sage ich Dank unserem Gott. Ich will mich immer einsetzen für alle, die er mir anvertraut hat." Leo bittet die Gemeinde um Fürbitte. Er selbst will wie Christus bitten: Heiliger Vater, erhalte sie in deinem Namen, die du mir gegeben hast (Joh. 17,11). Bei aller Kürze läßt diese Predigt gut die Frömmigkeit des neuen Papstes erkennen.[15]

Insgesamt sind 98 Predigten von Leo I. erhalten. Es sind die ältesten Predigten römischer Bischöfe, die überhaupt erhalten sind. Die eben skizzierte Dankpredigt vom 29. September 440 ist also die älteste erhaltene Predigt eines Papstes. Die Passionszeit und Fastentage waren die häufigsten Anlässe, aber auch an Jahrestagen seiner Weihe hat er wiederholt gepredigt.[16] Dagegen ist das sogenannte Sacramentarium Leonianum sicher nicht von Leo abgefaßt worden. Es handelt sich um eine Sammlung von liturgischen Formularen, deren älteste Teile bis in die Zeit Leos d. Gr. zurückreichen; der Abschluß jener Sammlung wird in die Zeit um 600 angesetzt.[17] Auch unter den 173 Briefen der leoninischen Briefsammlung[18] werden etwa zwanzig für unecht gehalten. Dreißig Briefe sind an Leo gerichtet. Es bleiben dann aber immer noch mehr als 120 echte Briefe von Leo I. Das ist viel mehr als von irgendeinem römischen Bischof vorher. Man sieht an

---

12 De viris illustribus 61, PL 58, 1096.

13 De incarnatione contra Nestorium, ed. *M. Petschenig,* CSEL 17, 1888.

14 Ed. *Th. Mommsen,* MGH AA IX, 477.

15 Leon le grand, Sermons IV, ed. *R. Dolle,* SC 200, Paris 1973, 244/248.

16 Vgl. Anm. 15: I, ²1964; II, ²1969; III, ²1976; IV, 1973 (SC 22, 49, 74,200).

17 PL 55; *A. Baumstark,* Missale Romanum, Nijmegen 1930.

18 PL 54, 582–1218. Meist zitiert nach ed. *Jaffé/Kaltenbrunner,* Regesta pontificum Romanorum 1885, Nr. 398–550 (oft abgekürzt: JK).

dieser Zunahme des überlieferten Quellenmaterials auch die steigende Bedeutung, die den römischen Päpsten und besonders diesem Papst Leo I. zugemessen wurde. Auch die Lebensbeschreibung im „päpstlichen Buch" (Liber pontificalis) ist umfangreicher als bei den früheren römischen Bischöfen.[19]

c) Petrus und das päpstliche Amt

Schon die Vorgänger Leos haben sich häufig auf Petrus berufen, als dessen spezielle Nachfolger sie sich als römische Bischöfe fühlten. Aber kein römischer Bischof vor Leo I. hat uns diese Gedanken in so konzentrierter Form hinterlassen. Vier Jahre nach seinem Amtsantritt hat er eine Predigt gehalten, die seine Petrusfrömmigkeit in Verbindung mit seinem Amtsverständnis besonders deutlich ausspricht.[20] Einleitend wird die Gemeinde angesprochen. Schon hier kommt Petrus zu Worte durch ein Zitat von 1. Petr. 2,5: Baut euch als lebendige Bausteine auf zum geistlichen Hause, zum heiligen Priestertum, darbringend geistliche Opfer, die Gott angenehm sind durch Jesus Christus. Dann rückt Petrus immer stärker in den Mittelpunkt:

> „Aus der ganzen Welt wird der eine Petrus erwählt, auf daß er der Berufung aller Heiden und allen Aposteln, allen Vätern der Kirche vorangestellt werde, damit, obwohl im Volke Gottes viele Priester sind und viele Hirten, alle doch eigens Petrus regiere, die an erster Stelle auch Christus regiert. Ihr Lieben! Eine große und wunderbare Teilhaberschaft der Macht hat die göttliche Gnade diesem Manne gewährt, und was sie wollte, das die übrigen Führer mit ihm gemeinsam haben sollten, das alles, was sie ihnen nicht verweigert hat, hat sie ihnen doch immer nur durch ihn gegeben. Alle Apostel nämlich fragt der Herr, was die Menschen von ihm hielten; und solange antworteten sie in gemeinsamer Rede, wie die Zweideutigkeit menschlicher Ungewißheit vorliegt."

Der Papst will also Petrus möglichst weit über die anderen Jünger Jesu hinausheben. So etwas hatte schon zwei Jahrhunderte vorher Bischof Cyprian von Karthago versucht (Teil I/3, Kap. 4 f.). Auch Leo I. beruft sich dazu auf den Abschnitt Matth. 16, dessen Verse 18 und 19 von besonderer Bedeutung sind. Leo geht aber auch auf die vorangehenden Verse ein, um die Unwissenheit der Jünger Jesu zu beweisen. Danach kommt er auf die besondere Rolle des Petrus zu sprechen:

> „Als aber gefragt wird, was die Jünger selber denken, da ist der der erste im Bekenntnis des Herrn, der der erste war in der apostolischen Würde. Als er nämlich gesagt hatte: ‚Du bist Christus, der Sohn des lebendigen Gottes', – antwortet ihm Jesus: ‚Selig bist du, Simon, Jonas Sohn, weil dir das nicht Fleisch und Blut geoffenbart haben, sondern mein Vater, der im Himmel ist.' Das heißt: Darum bist du selig, weil mein Vater dich gelehrt und nicht irdi-

[19] Liber pontificalis, ed. *L. Duchesne,* I, 1882, 238–242.

[20] Ed. *R. Dolle,* s. Anm. 15, Nr. 95, 264–275. Auszüge bei C. Mirbt, Quellen zur Geschichte des Papsttums, sämtliche Auflagen; lateinisch-deutscher Text auch bei *G. Haendler,* Kaisertum und Papsttum bis zu Nikolaus I. (Quellen, Heft 18), Berlin 1964, 42–49.

sche Meinung dich getäuscht, sondern himmlische Eingebung dich unterrichtet hat. Nicht Fleisch und Blut, sondern jener hat mich dir angezeigt, dessen eingeborener Sohn ich bin. Er sprach: ‚Und ich sage dir', das heißt: Wie mein Vater dir meine Gottheit angezeigt hat, so verkünde ich dir deine Bevorzugung. ‚Du bist Petrus', das heißt: Wenngleich ich der unverletzliche Fels bin, ich der Eckstein, der aus zweien eins macht (Eph. 2,20), ich das Fundament, außer dem niemand ein anderes legen kann (1. Kor. 3,11), so bist du doch auch ein Fels, weil du gefestigt bist durch meine Kraft, so daß die Macht, die mein eigen ist, uns gemeinsam ist durch deine Teilnahme daran. ‚Und über diesen Felsen will ich meine Kirche bauen und die Pforten der Hölle werden nichts vermögen gegen sie.' Über diese Kraft, so sagt er, werde ich einen ewigen Tempel aufrichten und die Höhe meiner Kirche soll aufragen bis zum Himmel in dem festen Fundament dieses Glaubens."

Offenbar setzt Leo bei seinen Hörern die Kenntnis des Bibelabschnitts voraus; er zitiert immer wieder kurze Verse, um sie dann auszulegen. Er bezieht den Felsen der Kirche nicht direkt auf das päpstliche Amt; vielmehr läßt er Raum für den in der altkirchlichen Auslegung verbreiteten Gedanken, daß der Fels der Kirche eigentlich Christus selbst ist. Dann aber kann auch das Bekenntnis zu Christus zu einem Felsen werden:

„‚Dieses Bekenntnis werden die Pforten der Hölle nicht festhalten und die Fesseln des Todes nicht binden.' Diese Stimme ist die Stimme des Lebens. Und so wie es seine Bekenner zum Himmel emporhebt, so senkt es die Verleugner zur Hölle hinab. Deshalb wird dem heiligen Petrus gesagt: ‚Dir will ich die Schlüssel des Himmelreiches geben. Und was auch immer du auf Erden gebunden haben wirst, das soll auch im Himmel gebunden sein. Und was auch immer du auf Erden gelöst haben wirst, soll auch im Himmel gelöst sein.' Es ging zwar auch auf die anderen Apostel das Recht dieser Gewalt über, und an alle Führer der Kirche wanderte die Verordnung dieses Dekrets weiter. Aber nicht ohne Grund wird das einem einzigen übergeben, was allen weitergegeben werden soll."

Das ist die Stelle, wo die Linie von Petrus zum Papst einsetzt. Neutestamentlicher Hintergrund ist die Stelle Matth. 18,18, an der die Binde- und Lösegewalt nicht allein an Petrus, sondern an alle Jünger Jesu übertragen wird. Leo nennt diese Stelle nicht, aber er setzt doch offenbar voraus, daß seine Hörer diese Stelle ebenfalls im Kopf haben. Seine Zielstellung ist deutlich: Leo will begründen, warum vor Matth. 18,18 die Stelle Matth. 16,19 steht, an der Petrus allein die Vollmacht zum Binden und Lösen erhält:

„Dem Petrus wird es nämlich deshalb allein anvertraut, weil allen Leitern der Kirche Petrus als Muster (forma) vorgestellt wird. Es bleibt also das Vorrecht des Petrus, wo immer ein Urteil in seinem maßvollen Geist ausgesprochen wird. Da ist nicht zu große Strenge und nicht zu große Milde, wo nichts gebunden und nichts gelöst wird, was nicht der heilige Petrus gelöst oder gebunden hat. Als nämlich die Passion nahte, welche die Standhaftigkeit der Jünger erschüttern sollte, da sagte (Jesus): ‚Simon, Simon, siehe, der Satan hat euer begehrt, daß er euch möchte sieben wie den Weizen. Ich aber habe für dich gebeten, daß dein Glaube nicht aufhöre; und wenn du dich einst bekehrst, so stärke deine Brüder' (Luk. 22,31.32). Gemeinsam war allen Aposteln die Gefahr der Versuchung aus Furcht, und gleichmäßig bedurften sie der Hilfe göttlichen Schutzes, weil der Teufel sie alle schrecken, alle zermalmen wollte; und dennoch wird von dem Herrn die besondere Sorge für Petrus übernommen, eigens für den Glauben Petri gebeten, gleichsam so, als ob der Stand der anderen sicherer sein würde, wenn der Sinn des Apostelfürsten unbesiegt wäre. In Petrus wird also die Stärke aller befestigt und die Hilfe der göttlichen Gnade in der Weise geordnet, daß die Festigkeit, die durch Christus dem Petrus verliehen wird, durch Petrus den Aposteln übertragen werde."

Man fragt sich unwillkürlich, ob denn im Zusammenhang mit der Passionsgeschichte nichts von der Verleugnung des Petrus gesagt wird; aber das menschliche Versagen des Petrus wird wohl ganz bewußt nicht erwähnt. Es paßt nicht zu jenem Petrusbild, das von Verfechtern des Papsttums seit Leo d. Gr. immer wieder beschworen wurde. Es geht um den Vorrang des Petrus. Von da aus wird dann die Linie gezogen zu dem jeweiligen Nachfolger Petri in Rom. Leo I. formulierte:

„Wenn etwas auch in unseren Tagen von uns gut ausgeführt und gut angeordnet wird, so ist dies seinen Werken, seiner Leitung zuzumessen, dem gesagt wurde: ‚Und du sollst als ein Bekehrter deine Brüder stärken'. Diesem hat der Herr nach seiner Auferstehung auf die dreimalige Versicherung ewiger Liebe dreimal in geheimnisvoller Weise gesagt: ‚Weide meine Schafe' (Joh. 21,15–18). Das tut er zweifellos jetzt noch; der treue Hirte erfüllt den Auftrag seines Herrn, er stärkt uns durch seine Ermahnungen, er hört nicht auf, für uns zu beten, damit wir von keiner Versuchung überwunden werden."

Im Zusammenhang mit Joh. 21,15–18 haben die Ausleger aller Zeiten auf die dreimalige Verleugnung des Petrus besonders hingewiesen, die im Hintergrund der dreimaligen Frage Jesu „Hast du mich lieb?" stehe. Leo hat diese Beziehung sicher auch gekannt. Aber er sagt nichts davon. Ihm ist nicht an einer Erinnerung an die Schwäche des Petrus gelegen, die bei Augustin eine so große Rolle gespielt hatte. Leo ist interessiert an einem Petrus, zu dem man aufschauen kann, an dem man sich aufrichten kann, der helfen kann und insbesondere seine speziellen Nachfolger in Rom stärkt.

In einer anderen Predigt ging Leo I. darauf ein, daß Petrus nach Rom gekommen war. In dieser Predigt redet der Papst direkt Petrus an und sagt:

„So kommst denn du, seligster Apostel Petrus, furchtlos, während dein Gefährte deines Ruhms Paulus noch mit der Ordnung anderer Kirchen beschäftigt war, und beschreitest diesen Wald der wilden Tiere, diesen Ozean der wirbelnden Tiefe, standhafter noch, als du auf den Wellen des Meeres wandeltest. Du fürchtest nicht die Herrin der Welt, Rom, Du, der vor der Magd des Hohenpriesters im Hause des Kaiphas in Angst gewesen warst. Und war etwa geringer als des Pilatus Urteil und der Juden Wut die Macht des

Claudius oder die Grausamkeit des Nero? Es siegte also über die Materie des Grauens die (Geistes-)Macht der Liebe."[21]

Hier wird also auch auf die Schwächen des Petrus hingewiesen – aber sie sind längst überwunden. Der Petrus, von dem Leo predigt, wird verehrt als der starke Fürsprecher und Helfer. „Es ist die abschließende Apotheose des römischen Petrus, die aus diesen Tönen klingt. Sie hat sich den Nachlebenden römischen Bluts und römischer Kultur unvergeßlich und in einer innigen Verbindung mit der Person Leos d. Gr. eingeprägt."[22] Auf die Bedeutung Leos für das Papsttum und die Stadt Rom wird nochmals einzugehen sein (Kap. 5d).

d) Der Kampf gegen Häretiker

In seiner eigenen Stadt Rom fand Leo I. Manichäer vor, obwohl ihre Lehre seit langem verboten war. Das staatliche Verbot reichte nicht aus, daher griff Leo ein. In der Chronik des Prosper wird berichtet: „Er zog sie aus ihren geheimen Schlupfwinkeln und stellte sie öffentlich der ganzen Kirche vor Augen, ließ allen Schmutz ihrer Lehren verdammen und ans Licht bringen und ihre Schriften verbrennen."[23] Leo selbst drückte es so aus, er habe zahlreiche Manichäer zur Kirchenbuße zugelassen, da Aussicht auf Besserung bestanden habe.[24] Das Unbehagen bei der Mitteilung derartiger Maßregeln wächst noch bei Leos Stellungnahmen gegen die Priszillianisten.[25] Es hatte großes Aufsehen gegeben, als 384 der spanische Theologe Priszillian in Trier hingerichtet wurde. Martin von Tours hatte sich für Priszillian eingesetzt, die führenden Bischöfe Ambrosius von Mailand und Siricius von Rom hatten sich von diesem Prozeß distanziert. Bischof Felix von Trier, den man für mitschuldig hielt, war jahrelang isoliert. Rund sechs Jahrzehnte danach ist von dieser Empörung nichts mehr zu spüren. Papst Leo schreibt 447 dem spanischen Bischof Turibius folgende Sicht:

> „Mit Recht haben unsere Väter, zu deren Zeit diese verruchte Häresie ausbrach, durch die ganze Welt hin eifrig betrieben, daß diese gottlose Raserei aus der allgemeinen Kirche ausgetrieben werde. Damals haben auch die Herrscher der Welt diesen gotteslästerlichen Wahnwitz derart verabscheut, daß sie seinen Urheber samt mehreren Jüngern durch das Schwert der öffentlichen Gesetze fällten."[26]

Der katholische Theologe B. Vollmann konnte nachweisen, daß der Papst von Priszillian eine vorgefaßte Meinung hatte. Der spanische Bischof Turibius hatte eine erheblich objektivere Information gegeben. Leo aber preßte die sachlichen Mitteilungen in sein Schema und machte daraus ein Zerrbild des Priszillianismus:

---

[21] Predigt am 29. 6. 441. Ed. *R. Dolle,* s. Anm. 15, Nr. 69, 46–59. Übersetzung nach *E. Caspar,* a. a. O. 562/563.
[22] *E. Caspar,* a. a. O. 563.
[23] Chronik zum Jahr 443, ed. *Th. Mommsen,* a. a. O. 479.
[24] Ep. 8, ed. *Jaffé/Kaltenbrunner,* Nr. 405, zitiert nach *E. Caspar,* a. a. O. 433.
[25] Vgl. Teil I/3, Kap. 10 c.
[26] Ep. 15, ed. *B. Vollmann,* Studien zum Priszillianismus, St. Ottilien 1965, 122–138. Zitat 123/124.

Die Priszillianisten werden den Manichäern an die Seite gestellt.[27] Von der Entwicklung des Papsttums her ist freilich bemerkenswert, mit welcher Selbstverständlichkeit der Papst einem spanischen Bischof gegenüber als Vorgesetzter auftritt, obwohl doch in der Sachfrage der Spanier viel besser informiert war.
Die dritte Häresie, mit der sich Leo beschäftigt hat, waren die Pelagianer, die in Norditalien noch aktiv waren. Leo fordert dazu auf, die verdächtigen Theologen vor eine Provinzialsynode zu stellen. Er gibt zugleich in prägnanter Kürze an, wo er den Graben zu den Pelagianern sieht: „Gnade, wenn sie nicht umsonst gegeben wird, ist nicht Gnade."[28] Bei allen Vorbehalten gegenüber den Maßnahmen zur Ketzerbekämpfung durch Leo I. wird man diesem letztgenannten Zitat die Zustimmung kaum versagen können. Freilich wäre zu fragen, ob nicht auch Pelagius dieser Formel zugestimmt hätte. Aber Ketzerbekämpfung und Objektivität sind selten im Einklang gewesen.

e) Die Beziehung Roms zur Kirche in Gallien

Die führende Gestalt in der Kirche Galliens war zu jener Zeit Bischof Hilarius von Arles. Er fühlte sich als Primas der Kirche in jenem Gebiet, das durch die Völkerwanderung bedroht war. Hilarius war in dem Inselkloster Lerinum ausgebildet worden, mönchischen Kreisen blieb er verbunden. Die Lebensbeschreibung (Vita Hilarii) stellt ihn dar in seiner asketischen Rauheit und kirchlichen Aktivität.[29] Ganz anders ist das Bild des Hilarius in einem langen Brief von Papst Leo d. Gr.[30] Hilarius hatte eigenmächtig auch in Südgallien Kirchen visitiert, die ihm nach Leos Meinung nicht unterstanden. Es waren Beschwerden nach Rom gekommen, denen Leo nachgegangen war. In dieser angefochtenen Lage reiste Bischof Hilarius von Arles nach Rom, um dort selbst seine Sache zu vertreten. „Furchtlos betrat er Rom, ohne Pferd, ohne Sattel, ohne Mantel" schreibt sein Biograph.[31] Aber die Verhandlungen in Rom verliefen dann wohl doch etwas anders als gedacht. Leo I. hat die Vorgänge in einem Brief beschrieben und macht darin folgende Feststellungen:

> „Als Hilarius nichts Vernünftiges in der Versammlung der heiligen Bischöfe zu antworten hatte, da ließ sich das Verborgene seines Herzens (1. Kor. 14,25) zu Worten hinreißen, die kein Laie in den Mund nehmen sollte und kein Priester hören. Wahrlich, Brüder, es hat uns geschmerzt, und wir haben versucht, die Wallung seines Gemüts durch unsere Geduld zu heilen. Denn wir wollten die Wunden nicht noch verschärfen, die er seiner eigenen Seele mit verwegenen Reden schlug, und den wir als Bruder empfangen hatten, den bestrebten wir uns, wiewohl er sich mit seinen Antworten immer mehr verstrickte, eher zu besänftigen, als ihn durch unsere Zwischenreden trübe zu stimmen."[32]

[27] Ep. 15, ed. *B. Vollmann,* a. a. O. 134/135.
[28] Ep. I,3: Quae utique (gratia) nisi gratis detur, gratia non est. Zitat nach *Caspar,* a. a. O. 433.
[29] Vita Hilarii, Verfasser unbekannt, PL 50.
[30] Leos Brief Nr. 10, ed. *Jaffé/Kaltenbrunner* Nr. 407.
[31] Vita Hilarii, Kap. 16.
[32] Leo, Ep. 10,3.

Die Lebensbeschreibung des Hilarius dagegen sagt, Hilarius habe in schuldiger Ehrfurcht und Demut vom Papst gefordert, daß in Gallien Verurteilte nicht in Rom aufgenommen würden. Man denkt an die ganz ähnlichen Forderungen des nordafrikanischen Klerus im Falle des Apiarius (Kap. 3 d). Der Papst entzog Hilarius das Ordinationsrecht.[33] Ein Freund des Hilarius schreibt, man dürfe in Rom nicht so offen reden: „Die Ohren der Römer werden durch eine gewisse zartere Ausdrucksweise leichter gewonnen."[34] Von der Papstgeschichte her sind die Vorgänge lehrreich: Man sieht einmal mehr, welche Einflußmöglichkeiten der Papst auch in einer anderen Landeskirche haben konnte. Auch ein so eigenwilliger Bischof wie Hilarius von Arles mußte sich beugen. Freilich sind auch dem Papst Grenzen gesetzt. Die Verhältnisse in Gallien machen es notwendig, daß dort einer der Bischöfe an der Spitze steht. Der Bischof von Arles sollte es nicht sein, Leo macht einen anderen Vorschlag: Der amtsälteste Bischof soll die Synoden für die gallischen Provinzen einberufen. Doch nun beanspruchte der Bischof von Vienne die Führungsrolle. Der Streit zwischen den Bischöfen von Arles und Vienne wurde nach Rom getragen. Das geschah mitten in der Völkerwanderung, als das weströmische Reich am Zerbrechen war. Das geschah rund vier Jahrzehnte nach der Eroberung Roms durch die Goten Alarichs. Papst Leo I. muß einen längeren Brief schreiben, um die streitenden Bischöfe zu beruhigen.[35] Die Autorität des Papstes in Gallien wird dadurch einmal mehr unterstrichen. Die beiden Parteien fügten sich dem römischen Schiedsspruch.
Auch mit der schwer heimgesuchten Kirche in Nordafrika hatte Papst Leo I. Kontakte, auf die noch einzugehen sein wird (Kap. 9 a).

f) Beziehungen Roms zu östlichen Kirchen

Seit langem bemühten sich römische Bischöfe um Einflußnahme auf die Kirchen des Balkangebietes. Der Bischof von Thessalonich übte die Funktion eines päpstlichen Vikars aus. Leo I. konnte an Verhältnisse anknüpfen, die im päpstlichen Sinne ausgezeichnet geordnet waren. Freilich konnten sich daraus auch Schwierigkeiten ergeben. Zur Zeit Leos I. handelte der Bischof von Thessalonich unklug und brachte andere Amtsträger gegen sich auf. Der Papst hatte einige Mühe, die Dinge wieder in Ordnung zu bringen. In einem längeren Brief hat er dargelegt, wie er sich die rechte Ordnung der Kirche vorstellt:

> „Die Verbundenheit des ganzen Leibes (der Kirche) macht ihre einige Gesundheit, ihre einige Schönheit aus, und diese Verbundenheit fordert Einmütigkeit des ganzen Leibes, vor allem aber erheischt sie Eintracht der Bischöfe. Deren Würde ist zwar gemeinsam, aber nicht allgemein gleich ist ihre (Rang-) Ordnung. Denn auch unter den seligen Aposteln bestand bei Gleichheit der Ehre doch eine gewisse Verschiedenheit der Gewalt, und während bei allen gleich die Erwählung war, so ist doch einem gegeben worden, alle übrigen zu überragen. Von diesem Muster (forma) rührt auch die Unterscheidung

---

33 Ebd., Kap. 7.
34 Vita Hilarii, Kap. 16.
35 Ep. 66, ed. *Jaffé/Kaltenbrunner* Nr. 450.

> der Bischöfe her, und durch eine großartige Ordnung ist dafür gesorgt, daß nicht alle für sich alles beanspruchen, sondern in den Provinzen einzelne (Bischöfe) seien, deren Spruch als der erste unter Brüdern gelte, und wiederum, daß die in den größeren Städten bestellten Bischöfe eine umfassendere Fürsorge empfinden, durch diese Bischöfe aber die Sorge für die universale Kirche zu dem einen Stuhle Petri zusammenfließe und nichts irgendwo von (diesem) seinem Haupt getrennt sei ..."[36]

Ganz andere Probleme standen zwischen den Kirchen in Rom und Alexandrien. Es ging um die Berechnung des Ostertermins. Im Jahr 444 war nach römischer Berechnung Ostern am 25. März, nach ägyptischer Berechnung erst am 23. April. Papst Leo I. hat frühzeitig Verbindung mit Alexandrien aufgenommen, aber dort fand er keine Bereitschaft zu einer Diskussion. So blieb dem römischen Bischof schließlich nur das Nachgeben übrig.[37]

In einem anderen Zusammenhang konnte Leo freilich nicht nachgeben. Es ging um die Frage, wie in Christus sich die göttliche und menschliche Natur zueinander verhalte. Die Einzelheiten gehören in die Geschichte der östlichen Kirche hinein (Teil I/6). Der Streit wurde vor allem von den Schulen in Alexandrien und Antiochien durchgefochten. Beide Seiten haben sich bemüht, den römischen Bischof auf ihre Seite zu ziehen. Leo I. hat an ostkirchliche Theologen 114 Briefe geschrieben! Im Gegensatz zu seinen Vorgängern hat er sich nicht gescheut, dogmatische Aussagen zur Sache zu machen. Aus den vielen Anfragen und Antworten ragt ein Brief hervor, der Lehrbrief an den Patriarchen Flavian von Konstantinopel vom Juni 449. Darin vertritt Leo die Zweinaturenlehre: In Christus ist sowohl eine göttliche wie auch eine menschliche Natur anzunehmen. Christus ist „wahr Mensch und wahrer Gott".[38] Das zeigt der Papst an zahlreichen Bibelstellen auf. Der Weg Jesu von Weihnachten an zeigt das:

> „So tritt denn der Sohn Gottes in diese niedere Welt, vom himmlischen Sitz herniedersteigend, und (doch) von der Herrlichkeit des Vaters nicht lassend, nach neuer Ordnung und in neuer Art der Geburt erzeugt ... Die Geburt nach dem Fleisch ist die Bekundung der menschlichen Natur, das Gebären der Jungfrau aber Zeichen der göttlichen Kraft. Die Kindheit zeigt sich in der Niedrigkeit der Wiege, die Größe des Allerhöchsten kündet die Stimme der Engel. Menschlichen Anfängen gleich ist der, den Herodes ruchlos töten wollte, aber der Herr aller ist der, den die Magier freudig anbeten. Als er dann zur Taufe seines Vorläufers Johannes kam, da ertönte, um zu enthüllen, daß unter dem Schleier des Fleisches die Gottheit verborgen sei, die Stimme des Vaters vom Himmel: Dies ist mein lieber Sohn, an dem ich Wohlgefallen habe. Den des Teufels List als Menschen versucht, demselben dienen als Gott die Engel. Hungern, dürsten, müde werden, schlafen ist augenscheinlich menschlicher Art; aber mit wenigen Broten Fünftausend speisen, der Samaritanerin lebendiges Wasser spenden, daß, wer davon trinket, niemals wieder dürstet, auf dem Rücken des Meeres mit nichtsinkendem Fuß wandeln, die

36 Ep. 14, ed. *Jaffé/Kaltenbrunner* Nr. 411 (vom Jahre 446).
37 Chronik des Prosper, ed. *Th. Mommsen,* MGH AA IX, 479.
38 Aus dem Weihnachtslied „Es ist ein Ros entsprungen", EKG 23,3.

schwellenden Fluten durch Bedräuen des Sturmes glätten, ist unzweideutig göttlicher Art. Wie es also, um vieles zu übergehen, nicht ein und derselben Natur zugehört, mit jammernder Liebe den toten Freund zu beweinen, und denselben, der vier Tage unter der Grabesdecke lag, durch seiner Stimme Befehl wieder zum Leben zu erwecken; oder am Kreuze zu hangen, und Tag in Nacht zu wandeln, die Elemente zittern zu machen; oder mit Nägeln durchbort zu sein, und die Pforten des Paradieses dem gläubigen Schächer zu öffnen, so ist es auch nicht ein und derselben Natur zugehörig, zu sagen: ‚Ich und der Vater sind eins' und ‚Der Vater ist größer als ich'."[39]

Diese einfache, an der Bibel orientierte Linie schien zeitweise nicht durchsetzbar zu sein. In der östlichen Reichskirche siegte zunächst die alexandrinische Partei, die eine Vermischung des Göttlichen und Menschlichen in Christus zu einer Natur lehrte: Mono-physitismus. Knapp zwei Monate nach dem Lehrbrief an Flavian trat in Ephesus eine Reichssynode zusammen, auf der sich der Bischof von Alexandria durchsetzen konnte. Flavian und andere mehr antiochenisch denkende Theologen wurden abgesetzt. Die römischen Teilnehmer waren auf jener Synode kaum zu Wort gekommen. In einem Brief hat Papst Leo von der „Räuberei" (latrocinium) gesprochen, was später zu dem Begriff „Räubersynode" von 449 führte.[40] Aber Leo hielt an seiner theologischen Position fest. An ihn hielten sich die Unterlegenen, die in Ephesus verurteilt worden waren. Ein Kaiserwechsel in Konstantinopel brachte den Umschwung. 451 tagte in Chalkedon eine neue Synode, die später als die vierte ökumenische gezählt wurde. Hier bekannte man sich zur Zweinaturenlehre. Das Lehrschreiben Leos an den inzwischen verstorbenen Patriarchen Flavian wurde verlesen. Es gab Hochrufe auf den Papst: „Das ist der Glaube der Väter, der Apostel! Wir alle glauben so, die Orthodoxen glauben so. Anathem dem, der nicht so glaubt. Petrus hat durch Leo so gesprochen. Die Apostel haben so gelehrt. Fromm und wahr hat Leo gelehrt ..."[41] Niemals hat ein römischer Papst in der Ostkirche eine so begeisterte Zustimmung gefunden wie damals Papst Leo I. auf dem Konzil von Chalkedon. „Dieser Augenblick war der höchste Triumph Leos d. Gr. in seiner päpstlichen Lehrautorität. Die mutige Tat, mit der er sich in die erste Frontlinie der theologischen Diskussion gestellt hatte, trug reiche Zinsen."[42]
Tatsächlich brachte jene Synode auch eine Enttäuschung für den Papst: Im Kanon 28 wurde beschlossen, daß der Patriarch von Konstantinopel ebenfalls einen Ehrenvorrang haben solle, da diese Stadt das neue Rom sei; die neue Kaiserstadt müsse auch einen Primat haben wie die alte Kaiserstadt Rom. Leo hat dagegen protestiert. Konstantinopel ist wohl eine Kaiserstadt, „aber eine andere ist die Ordnung der weltlichen Dinge, eine andere die der göttlichen; und außer jenem Felsen, den der Herr im Fundament setzte, wird kein anderer Bau von Bestand

[39] Conciliorum Oecumenicorum Decreta, Bologna [3]1973, 77–82, Zitat 79/80. Übersetzung bei *E. Caspar,* a. a. O. 480.
[40] Ep. 95, ed. *Jaffé/Kaltenbrunner* Nr. 475. Der Begriff Räubersynode taucht auf in der Chronik des Theophanes (8. Jh.).
[41] Mansi, Acta conciliorum VI, 972, deutsch bei *E. Caspar,* a. a. O. 513.
[42] *E. Caspar,* a. a. O. 513.

sein".[43] Der Protest blieb ohne Erfolg. Leo I. hatte noch manche Schwierigkeiten mit den östlichen Kirchen. Aber der Erfolg auf dem Konzil von Chalkedon 451 ist aus der Geschichte des Papsttums nicht auszustreichen.

[43] Ep. 104 an den Kaiser Marcian vom Jahre 452, ed *Jaffé/Kaltenbrunner,* Nr. 482, deutsch bei *E. Caspar,* a. a. O. 528.

Kapitel 5
Die Bewältigung der Völkerwanderung

a) Augustins Bücher „Vom Gottesstaat"

Der Einbruch der Germanen nach Italien und die Eroberung Roms 410 durch die Westgoten unter Alarich hat die Zeitgenossen stark beschäftigt. Man machte es vielfach den Christen zum Vorwurf, daß es so weit gekommen war: Der Gott der Christen hatte Rom nicht beschützt, man hätte die alten heidnischen Götter nie verlassen dürfen, unter deren Schutz und Hilfe Rom einst groß geworden war. Augustin läßt uns die Stimmung jener Tage noch in seinem abschließenden Lebensrückblick 427 erkennen:

> „Unterdessen wurde Rom durch den Einbruch der Goten unter König Alarich und durch eine entsetzliche Verheerung zerstört. Die Verehrer der falschen und vielen Götter, die wir die Heiden zu nennen pflegen, erdreisteten sich, diese Zerstörung mit der christlichen Religion in Verbindung zu bringen, und begannen, heftiger und bitterer als sonst den wahren Gott zu schmähen. Ich entbrannte vor Eifer für das Haus des Herrn und nahm mir vor, gegen ihre Schmähungen und Irrtümer die Bücher über den Gottesstaat zu schreiben. Diese Arbeit hielt mich einige Jahre hin ... endlich aber wurde das Werk in 22 Büchern doch abgeschlossen."[1]

Es geht in diesem umfangreichen Werk „Vom Gottesstaat" (de civitate Dei)[2] zunächst darum, die Klagen über die Zerstörungen in Rom zurechtzurücken. Augustin ist den Äußerungen entgegengetreten, die aus der Zerstörung einer großen Stadt einen Vorwurf gegen Gott ableiteten. Die großen Reiche kommen und gehen in der Geschichte, das war schon immer so. Es ist daher gar nicht verwunderlich, wenn nun eines Tages auch Rom zerstört wurde. Dabei scheint Augustin noch nicht an einen völligen Zusammenbruch des weströmischen Reiches zu denken. Er hatte Kontakte zu hohen Staatsbeamten in Nordafrika, er nahm auch an deren politischen Zielsetzungen mit Anteil. Aber viel wichtiger als alle irdischen Reiche ist ihm der Gottesstaat, der freilich völlig anders aussieht als alle anderen Staaten. Augustin hebt die Demut (humilitas) hervor und formuliert im Vorwort:

> „Ich weiß wohl, wie schwierig es ist, stolze Gemüter davon zu überzeugen, welche Kraft in der Demut steckt. Aber der Herr des Gottesstaates hat in der Schrift seinen Völkern den Sinn des göttlichen Gesetzes offen dargelegt: Gott widerstehet den Hoffärtigen, aber den Demütigen gibt er Gnade (Jak. 4,6)."

---

[1] Retractationes II,43, ed. *P. Knöll,* CSEL 36, 1902.
[2] Ed. *E. Hoffmann,* CSEL 40,1/2, 1899, sowie zahlreiche weitere Ausgaben.

Von dieser Voraussetzung her beurteilt Augustin die Eroberung Roms 410 und die Geschichte überhaupt. Dieser Maßstab muß zu einer weitgehenden Entmythologisierung des römischen Reiches führen. Augustin stellt die Frage: „Was sind eigentlich Reiche, wenn die Gerechtigkeit fehlt, anderes als große Räuberbanden?“ (IV,4) Augustin malt den Gedanken aus. Er erinnert an einen Seeräuber, der von Alexander d. Gr. gefangen wurde. Auf den Vorwurf, wieso er das Meer unsicher mache, antwortete der Seeräuber: „Und was fällt dir ein, daß du den ganzen Erdkreis unsicher machst? Aber weil ich es mit einem armseligen Fahrzeug mache, nennt man mich einen Räuber; dich aber nennt man Herrscher, weil du es mit einer ganzen Flotte tust.“ Neben solcher abwertenden Linie stehen aber auch Überlegungen, wieso das römische Reich so groß werden konnte und so lange Bestand hatte. Augustin will auch diese geschichtliche Tatsache theologisch verstehen:

> „Man muß annehmen, daß Gott ganz gewiß nicht die menschlichen Reiche und die Herrschaftsverhältnisse ... außerhalb der Gesetze seiner Vorsehung stellen wollte. Wollen wir daher zusehen, um welcher Eigenschaft willen und weshalb der wahre Gott, in dessen Gewalt auch die irdischen Reiche stehen, den Römern zur Ausbreitung ihrer Herrschaft verhelfen wollte“ (V,11–12).

Augustin stellt die Tugenden der Römer heraus: Die Opferwilligkeit Catos, die Hingabe einer Hand durch Mucius Scaevola, auch den Sturz der Könige. Alle diese Ereignisse geschahen freilich aus Ruhmsucht. Dennoch wurden diese Tugenden von Gott belohnt. Augustin hat dafür ein Bibelwort bereit: „Von solchen, die offenbar deshalb Gutes tun, um von den Menschen gepriesen zu werden, sagt der Herr: Wahrlich, sie haben ihren Lohn dahin“ (Matth. 6,2). Zugleich aber stellt Augustin die Tugenden der Römer den Christen als Vorbild hin:

> „So ist das römische Reich nicht nur dazu mit Ruhm vor den Menschen erweitert worden, damit den also gesinnten ein entsprechender Lohn zuteil werde, sondern auch dazu, daß die Bürger des ewigen Staates, solange sie hier pilgern, fleißig mit klarem Blick auf jene Beispiele hinschauen und erkennen, welche Liebe dem himmlischen Vaterland um des ewigen Lebens willen gebührt, wenn dem irdischen Staat von seinen Bürgern um des Ruhmes willen von den Menschen so viel Liebe zugewendet worden ist“ (V,16).

Der Gottesstaat hat seinen Ursprung im Himmel. Gottesstaat und Weltstaat werden schon in der Schöpfungsgeschichte unterschieden: Gott schied zwischen Licht und Finsternis. Augustin spricht von Engeln, die Gott dienten, und solchen, die von Gott abgefallen waren. Auf der Erde treten Gottesstaat und Weltstaat hervor bei der Geschichte von Kain und Abel. Kain gründete eine Stadt, Abel blieb ein Fremdling, denn der Staat der Heiligen ist jenseitig (XV,1). Augustin zieht aus der Geschichte von Kain und Abel seine Konsequenzen: „Der erste Gründer des Weltstaates war also ein Brudermörder; er hat, von Neid übermannt, seinen Bruder getötet, den auf Erden pilgernden Bürger des ewigen Staates“ (XV,5). Augustin zieht eine Verbindungslinie zur römischen Geschichte: Auch dort steht ein Brudermord am Anfang, der Mord des Romulus an Remus. Romulus und Remus waren auf so großen Ruhm aus, daß dieser Mord aus dem gleichen Streben nach Herrschaft abzuleiten ist. Der Mord des Kain an Abel aber war der Mord eines Bösen an einem schwächeren Guten. Augustin gibt diesen Ereignissen grundsätzliche Bedeutung: „Was zwischen Romulus und Remus vorging, hat gezeigt, wie der Weltstaat gegen sich selbst uneins ist. Was sich zwischen Kain und Abel abspielte, hat die Feindschaft zwischen den beiden Staaten, dem Gottesstaat und dem Menschenstaat, gezeigt" (XV,15).

Für Augustin ist der Gottesstaat eine verborgene Größe, die aber dennoch immer vorhanden ist – nämlich überall da, wo ein Schwächerer von einem Stärkeren unterdrückt wird. In diesem Sinne sieht er das Alte Testament, verweist besonders auf die Leiden Hiobs (XVIII, 47). Das Leben Jesu und die Leiden der ersten Christengemeinden werden in solchem Zusammenhang gesehen. Dabei wird gelegentlich der Gottesstaat deutlich mit der irdischen Kirche gleichgesetzt:

> „Und so schreitet die Kirche auf ihrer Pilgerschaft fort zwischen Verfolgungen seitens dieser Welt und Tröstungen seitens Gottes. Und das war immer so auf dieser Welt, in diesen bösen Tagen, nicht erst seit der leiblichen Gegenwart Christi und seiner Apostel, sondern schon von Abel an, den als ersten Gerechten sein gottloser Bruder erschlug. Und so wird es bleiben bis zum Ende dieser Welt" (XVIII, 51).

Es liegt auf der Hand, daß bei einer derartigen Schau der Geschichte die Zerstörung Roms 410 an Bedeutung verliert. Den Christen sagt Augustin, daß sie zu einer anderen Gemeinschaft gehörten, die von solchen Ereignissen nicht betroffen werden können. Sie brauchen sich der Niederlage nicht zu schämen. Gerade als die Schwächeren gehören sie zu einer großen Gemeinschaft, die von jeher da war und immer dasein wird. Diese unsichtbare Gemeinschaft des Gottesstaates konnte auch sichtbar sein in der Kirche, die den Fall Roms 410 auffallend gut überstanden hatte. Für das Zusammenleben der beiden Staaten empfiehlt Augustin Frieden, an dem auch dem Weltstaat gelegen sei. Man hat früher Augustins Friedensgedanken von antiken Einflüssen abgeleitet; neuerdings wurde herausgearbeitet, daß seine Friedensgedanken viel stärker seine eigene Leistung sind, bei der christlichem Einfluß größere Bedeutung zukomme.[3] Augustin beruft sich auf die Stelle 1. Tim. 2,2, die auch in unseren Agenden im Fürbittengebet steht: „Der Apostel hat die Kirchen ermahnt, für die Könige und Hoheiten Babylons zu beten mit der Bemerkung ‚damit auch wir ein stilles und geruhiges Leben führen in aller Gottseligkeit und Ehrbarkeit'" (XIX, 26). Es ging Augustin also nicht nur um eine theoretische Deutung der Völkerwanderung; er gab auch ein praktisches Rezept, wie sich Christen in so schwerer Zeit verhalten sollten.

b) Die Völkerwanderung bei Zeitgenossen Augustins

Die Größe der Konzeption „Vom Gottesstaat" wird erst deutlich, wenn man Zeitgenossen Augustins zum Vergleich anführt. Da ist der einstige Stadtpräfekt von Rom Rutilius Namatianus, der wenige Jahre nach 410 zur See von Rom nach Gallien reist, da die Landwege zu unsicher sind. Dieser römische Heide tröstete sich mit Gedanken an die Vergangenheit: Rom war auch früher schon gefährdet, Hannibal stand vor den Toren der Stadt. Immer aber hatte sich Rom wieder er-

---

[3] *J. Laufs,* Der Friedensgedanke bei Augustin (Hermes Heft 27), Wiesbaden 1973.

holt.[4] Ähnlich dachte Claudius Claudianus: Er ließ die Göttin Roma auftreten, die die Römer tadelt wegen ihres Mangels an Glauben! Rom kann nicht vergehen wie andere Reiche – wie das der Athener, der Spartaner, Assyrer, Meder, Perser oder Makedonier. Die Größe Roms wird bleiben, dafür bürgt die Weissagung der Sibylle sowie der Schutz durch Jupiter.[5] Es gab also eine lebendige heidnisch-nationale Frömmigkeit, die an die fortbestehende Größe Roms glaubte und die Tatsachen nicht zur Kenntnis nahm, die doch vor Augen lagen.

Ganz anders reagierte der Kirchenvater Hieronymus. Er arbeitete in Bethlehem an einem Kommentar zum Propheten Hesekiel, als die Nachricht vom Fall Roms 410 eintraf. Hieronymus ist tief erschüttert: „Ich bin verstummt und niedergeschlagen, ich schweige von dem Erfreulichen, mein Schmerz ist erneuert. Mein Herz wird heiß in mir und wie ich sinne, flammt Feuer in mir auf (Ps. 39)."[6] Auch Hieronymus denkt an die Geschichte, freilich nicht an die römische, sondern an die biblische Geschichte: Er erinnert an die Bedrängnisse durch Sanherib (Jes. 36/37). Die eigenen Sünden sind schuld am Vordringen der Barbaren: „Unserer Laster wegen wird das römische Heer überwunden."[7] Hieronymus ist keineswegs davon überzeugt, daß auf diese Niederlage bald wieder Siege folgen würden. Gottes Gnade muß erbeten werden: „Wenn wir aufgerichtet werden wollen, müssen wir uns niederwerfen."[8] Hieronymus empfiehlt den geistigen Kampf für den Glauben, die vollkommene Hingabe an den Dienst Gottes, die Befreiung von den Dingen dieser Welt.[9] H. Helbling formuliert, „daß erst aus solcher das Zeitliche mit dem Überirdischen verbindenden Schau sich der Ansatz zu einer wahrhaft geschichtlichen Deutung der Vorgänge gewinnen läßt".[10] Aber mehr als ein Ansatz ist es bei Hieronymus nicht geworden. Es war eine emotionale Antwort auf die Nachrichten, die er erhalten hatte. Hinter dem Entwurf Augustins bleibt Hieronymus weit zurück.

Aus der Nähe betroffen war der Presbyter Orosius. Er erlebte das Eindringen der Wandalen in seine spanische Heimat. Er suchte zunächst nach einer Verständigung.[11] 414 floh er nach Nordafrika zu Augustin, bei dem er sich mit einer Schrift gegen die Priszillianisten und Pelagianer einführte.[12] Mit einem Empfehlungsbrief Augustins[13] ging Orosius nach Palästina zu Hieronymus und setzte sich dort gegen Pelagius ein. 416 ist er wieder in Nordafrika und hofft auf eine Möglichkeit zur Rückkehr nach Spanien. Dort waren aber inzwischen die Westgoten eingedrungen, so daß Orosius in Nordafrika blieb. Auf Anregung von Augustin hat er die sieben Bücher gegen die Heiden geschrieben – eine Darstellung der Ge-

4 Rutilius Namatianus, ed. *J. Vessereu,* Paris 1904. Zitat nach *H. Helbing,* Goten und Wandalen, Zürich 1954, 9–10.
5 Claudians Gedicht vom Gotenkrieg, Berlin 1927, Zitat nach *Helbing* a. a. O. 10–11.
6 PL 25, 15 f.
7 Ep. 60 an Heliodor, ed. *J. Hilberg,* CSEL 55, 1911.
8 Ebd.
9 Ep. 130 an Demetrias, ed. *J. Hilberg,* CSEL 55, 1911.
10 *H. Helbling,* Goten und Wandalen, Zürich 1954, 17.
11 Historia adversus paganos III,20, ed. *C. Zangemeister,* CSEL 5, 1882.
12 Commonitorium de errore Priscillianistarum, ed. *G. Scheps,* CSEL 18, 1889.
13 Augustin, Ep. 166, ed. *A. Goldbacher,* CSEL 44, 1904.

schichte von Adam und Eva an.[14] Orosius hält sich an die Aussagen der Bibel sowie an bekannte historische Fakten. Die Aussagen im Buch Daniel (Kap. 7) über die vier Weltreiche haben ihn besonders fasziniert. Orosius deutet sie nach geographischen Gesichtspunkten: Am Anfang stand das östliche Reich der Assyrer und Babylonier, es folgte das Reich im Norden, das er im makedonischen Großreich erfüllt sieht; das Reich im Süden war das karthagische, das 4. Reich ist das römische (2,31). Im Buch 7 kommt er auf die Zeit Jesu Christi zu sprechen und bietet einen Überblick bis zur eigenen Gegenwart. Orosius will nachweisen, daß die Leiden der Menschheit sich seit dem Beginn des Christentums verringert hätten. So habe z. B. Alexander d. Gr. mehr Blut vergossen als Alarich (3,20). Orosius strebt nach einer Synthese:

> „Die Barbaren, die ihre Schwerter verflucht haben, haben die Pflugscharen in die Hand genommen und hegen die (noch) übrigen Römer wie Bundesgenossen und Freunde, so daß unter diesen schon manche Römer gefunden werden, die lieber mitten unter den Barbaren arm, aber frei sein wollten, als unter den Römern infolge der Steuerlasten in dauernder Unruhe leben" (7,41).

Kurz darauf kommt Orosius auf den Westgotenkönig Athaulf zu sprechen. Dieser habe zunächst das römische Reich auslöschen und ein gotisches Reich begründen wollen; er habe sich jedoch entschlossen, das römische Reich wiederherzustellen (7,43). Zu einer Heimkehr in das westgotische Spanien hat sich Orosius freilich nicht entschließen können. Er hing letztlich ganz am alten römischen Reich – doch erkannte er deutlich die gegebenen Realitäten. Wir erfahren durch Orosius Einzelheiten, die bei Augustin nicht stehen: Die Goten sind Christen, sie hängen aber leider der arianischen Konfession an. Dafür kann man sie nicht verantwortlich machen. Sie haben den Kaiser Valens um christliche Lehrer gebeten, aber der schickte ihnen Arianer. Ein Teil der Goten ist noch heidnisch, aber auch diese vollziehen die Strafe, die Gott über das römische Reich verhängt hat (7,37). Orosius knüpft Hoffnungen an die Heirat zwischen dem Westgotenkönig Athaulf und der Kaisertochter Galla Placidia (7,40). Orosius warnt gelegentlich vor zu großen Hoffnungen, ein Christ müsse sich in jede Gegebenheit hineinfinden können, da er von den unerforschlichen Ratschlüssen Gottes etwas wisse.[15] Im Vergleich zu Augustins Gottesstaat freilich erscheint Orosius wie ein vordergründiger Pragmatiker, der die Traditionen der altchristlichen Apologeten weiterführt. Mit seiner Konzeption vom Gottesstaat ragt Augustin weit über seine Zeitgenossen hinaus.

c) Salvians Schrift „Über die Weltregierung Gottes"[16]

Die aufschlußreichste Schrift über die Völkerwanderung in Gallien bietet der Priester Salvian von Marseille. Er hat die Vorgänge aus nächster Nähe erlebt: den Durchzug der Wandalen, später der Westgoten, schließlich das erste Vordringen

---

[14] Historia adversus paganos, ed. *C. Zangemeister,* CSEL 5, 1882.

[15] VII,41: ineffabilia sunt judicia Dei.

[16] De gubernatione Dei, ed. *F. Pauly,* CSEL 8, 1883.

der Franken vom Nordosten her. Salvian ist Flüchtling aus Nordgallien, möglicherweise aus Köln oder Trier. Sein Buch schrieb er um 440–450. Der römische Feldherr Litorius hatte eine Schlacht verloren, die Wandalen hatten Karthago erobert: Das geschah 439; gleich danach ging Salvian an sein Werk, also rund drei Jahrzehnte nach Augustins Gottesstaat. Salvian formuliert einleitend Fragen seiner christlichen Zeitgenossen:

> „Man sagt also, Gott lasse alles gehen, weil er weder die Bösen zügele noch die Guten beschütze, und deshalb sei die Lage der Besten gerade am schlimmsten in dieser Welt. Denn die Guten seien arm, die Bösen aber begütert; die Guten schwach, die Bösen stark; die Guten stets traurig, die Bösen stets jubelnd; die Guten elend und verachtet, die Bösen glücklich und geachtet“ (I, 2).

Das erste Bibelwort, das Salvian dagegen zitiert, stammt von Paulus: „Wenn ich schwach bin, dann bin ich stark“ (2. Kor. 12,10). Damit hat Salvian den Schlüssel zu seiner Antwort: Wahre Christen sind glücklich in Armut, Schwachheit und Niedrigkeit. Zugleich erinnert Salvian an die alten Römer: Fabius, Fabricius, Cincinnatus, die auch in Armut gelebt haben. Sie waren es, durch die der römische Staat groß geworden ist. Dazu sagt Salvian:

> „Damals verachtete man eine ärmliche Lebensart nicht, als man rauhe und kurze Gewänder trug, vom Pflug zum Konsulat befördert wurde ... Damals hatten jene Beamten trotz ihrer Armut einen reichen Staat, jetzt aber bewirkt der Reichtum der Vorgesetzten die Armut des Staates. Und welche Tollheit, frage ich, oder welche Blindheit, daß man bei der Not und Dürftigkeit des Staates den Besitz von Privateigentum noch für möglich hält. So waren jene alten Römer. Sie hatten keine Kenntnis von Gott und verachteten ebenso die Reichtümer, wie jetzt die Diener des Herrn diese verachten“ (I, 2).

Die besten Tugenden der alten Römer werden also nach Salvians Darstellung von den Dienern der Kirche fortgesetzt. Freilich wird die Kirche in ihrer Gesamtheit in düsteren Farben dargestellt. Das hängt auch mit der Konzeption Salvians zusammen, der die Gerechtigkeit der göttlichen Strafe über die verderbte Christenheit zeigen will. In III,2 werden vier Stellen aus der Bergpredigt zitiert, die beweisen sollen, daß die Christen die Gebote ihres Herrn nicht befolgen. In III, 6 kommt Salvian erneut auf die Stelle der Bergpredigt zurück:

> „Es befiehlt Christus, uns nicht in Streitigkeiten einzulassen. Wer gehorcht seinem Befehl? Nicht allein befiehlt er, sondern sein Befehl geht so weit, daß er uns sogar das strittige Objekt aufzugeben heißt, damit der Streit ein Ende nehme: Wenn einer vor Gericht streitet und deinen Rock nehmen will, so laß ihm auch noch den Mantel (Matth. 5,40). Wo sind die, die ihren räuberischen Gegnern nachgeben, ja, die nicht selbst ihre Gegner zu berauben suchen? Weit entfernt, mit dem Rock noch etwas anderes aufzugeben, versuchen wir vielmehr, wenn es nur geht, dem Gegner Mantel und Rock abzunehmen ...“

Salvian tadelt also keineswegs nur die heidnischen Römer, die Christen werden noch schärfer kritisiert. Die Kirche, die Gott versöhnen sollte, kann in ihrem Zustand Gott nur erbittern (III,9). Es gibt zu viele Christen, die diesen Namen zu Unrecht tragen (IV,1). Dabei kann man die Laster bei den Sklaven noch am ehesten aus deren Notlage heraus verstehen (IV,3). Viel schlimmer ist die Raubgier der Reichen und die ganze Ungerechtigkeit des wirtschaftlichen Systems, das Salvian in IV,4 beschreibt:

> „Was tun die Großen in ihrer Stellung anderes, als Städte zu berauben, und was bezwecken gewisse Präfekten mit ihrem Amt anderes, als Beute zu machen? Für die Armen gibt es keine größere Plünderung als von seiten der Macht. Dazu wird von Einigen das Amt erkauft, um es durch Plünderung Aller zu bezahlen. Kann es etwas Unwürdigeres, etwas Ungerechteres geben? Die Armen bezahlen die Kaufpreise für Würden, die sie nicht kaufen. Von dem Handel wissen sie nichts, wohl aber spüren sie seine Bezahlung. Damit Einige sich einen Namen machen, wird der Erdkreis über den Haufen geworfen. Die Ehrenstellung eines Einzelnen zieht den Fall der Erde nach sich. Das wissen die Spanier, denen man nur noch den Namen gelassen hat; das wissen die Afrikaner, die es einst gewesen sind; dies weiß auch das verwüstete Gallien ..."

Salvian erklärt, daß der römische Staat schon fast tot sei; trotzdem sind die Reichen immer noch auf eine Vermehrung ihres Besitzes aus. Was soll Gott zu derartigen Zuständen sagen? „Wir erbittern ihn durch unsere Schändlichkeit" (IV,8). Salvian bringt eine Fülle von Einzelheiten. Die Menschen dachten an ihre Vergnügungen, an den Zirkus, die Kirchen aber blieben leer (VI,7). Die gottlosen Zirkusspiele haben erst durch die Eroberung der Germanen endlich aufgehört. Salvian schildert das:

> „Es geschieht nicht mehr in der Stadt Mainz, weil sie zerstört und vernichtet ist. Es geschieht nicht mehr in Köln, denn es ist von Feinden voll. Es geschieht nicht mehr in der berühmten Stadt Trier, denn sie liegt nach viermaliger Zerstörung in Trümmern. Es geschieht nicht mehr in den meisten Städten Galliens und Spaniens. Wehe deshalb uns und unserer Unlauterkeit, wehe uns und unserer Ungerechtigkeit! Welche Hoffnung bleibt dem christlichen Volk vor Gott übrig, wenn in den römischen Städten solche Spiele nicht mehr vorkommen, seit sie unter die Herrschaft der Barbaren gekommen sind? So sind Lasterhaftigkeit und Unlauterkeit bei den Römern gleichsam verschwistert ..." (VI,8).

Salvian berichtet, daß viele Menschen, die aus Gallien nach Ravenna oder nach Rom reisen, dort sogleich die Theaterspiele aufsuchen (VI,9). Auch das durchgestandene Unglück hat die Menschen nicht verändert. In Trier wurde gefeiert, als die Barbaren in die Stadt eindrangen, in Köln war es genauso (VI,13). Als Trier nach dreimaliger Besetzung durch die Feinde von den Römern wieder zurückerobert worden war, verlangten die Überlebenden Zirkusspiele (VI,15). Salvian beklagt das mit den Worten:

> „Also öffentliche Spiele verlangst du, Trier. Wo sollen sie abgehalten werden? Über Gräbern und Asche, über Gebeinen und Blutlachen der Erschlagenen? Welcher Stadtteil ist denn frei von diesen Übeln? ... Noch liegt der Rest des unglücklichen Volkes auf den Gräbern der Toten – und du verlangst Rennspiele? Schwarz von Brand ist die Stadt, und du legst ein Festkleid an? Alles trauert und du bist fröhlich? Ja, du reizest Gott durch verbrecherisches Verlangen, forderst den Zorn der Gottheit durch schändlichen Aberglauben heraus! Ich wundere mich nicht, fürwahr, ich wundere mich nicht, daß dir solche Übel zustoßen. Drei Niederlagen haben dich nicht gebessert, in der vierten hast du den Untergang verdient“ (VI,16).

Die kritischen Maßstäbe, die Salvian an die Christen im spätrömischen Gallien anlegte, waren für die Germanen der Völkerwanderung nicht anwendbar. Die Beleidigung für Christus besteht ja gerade in dem Umstand, daß die Bewohner Galliens sich als „christliches Volk“ bezeichneten. Bei den Eindringlingen ist das anders:

> „Kann man von den Hunnen sagen: Siehe, wie die leben, die Christen genannt werden? Oder von den Sachsen oder den Franken: Siehe, was die tun, die als Verehrer Christi gelten wollen? Wird das heilige Gesetz durch die Mauren geschmäht? Gereichen die grausamen Bräuche der Scythen oder Gepiden dem Namen unseres Herrn und Heilandes zu Schmach und Schande? ... Durchaus nicht, nein, aber von uns gilt dies. In uns erduldet Christus Schmach, in uns wird das christliche Gesetz geschmäht ...“ (IV,17).

Salvian beruft sich auf Worte des Apostels Paulus: „Wo kein Gesetz, da auch keine Übertretungen“ (Röm. 4,15). Salvian sagt deutlich, daß er die Christen für schlechter als die Heiden hält, „denn jene kennen die Gebote Gottes nicht, wir aber kennen sie“ (IV,19). Nirgendwo ist die Ungerechtigkeit so groß wie bei den Römern. Von diesem Maßstab aus vergleicht Salvian die neuen Völker, die damals in Gallien eingedrungen waren:

> „Wo ist die Ungerechtigkeit so groß wie bei uns? Die Franken wissen von diesem Frevel nichts, die Hunnen sind frei von diesem Laster. Nichts davon findet sich bei den Wandalen, nichts bei den Goten. Die Barbaren, die unter den Goten leben, haben solches nicht zu erdulden, ja nicht einmal die Römer, die sich bei ihnen aufhalten, haben darunter zu leiden. Daher haben alle jene Römer nur den Wunsch, niemals wieder römische Bürger werden zu müssen. Das römische Volk hat nur das eine gemeinsame Gebet, das Leben unter den Barbaren zubringen zu dürfen. Und da wundern wir uns, daß die Goten von den Unsrigen nicht besiegt werden, da sie doch lieber bei ihnen als bei uns sein möchten. Deshalb wollen unsere Brüder nicht nur nicht von ihnen wieder zu uns kommen, sondern verlassen uns vielmehr, um zu ihnen fliehen zu können. Ich kann mich nur wundern, daß nicht alle bedürftigen und armen Steuerzahler es so machen; der Umstand hält sie allerdings zurück, daß sie ihre kleine Habe mit ihrer Hütte und Familie nicht mitnehmen können ...“ (V,8).

Salvian spricht mit großer Nüchternheit auch bestimmte ökonomische Gegebenheiten aus. Man fühlt sich an ähnliche Äußerungen bei Orosius (Kap. 5 b) erinnert. Die Zustände im spätrömischen Gallien sind derartig ungesund, daß die Germanen leicht eindringen können und bei vielen Menschen die Hoffnung auf eine Besserung der Lage hervorrufen. Salvian selbst hat nicht die Partei gewechselt. Für ihn sind die Römer immer „die Unsrigen". Aber er sieht objektiv, daß die Zustände bei den Germanen gesünder sind. In all dem aber sieht er die Gerechtigkeit Gottes wirksam werden. Auf diese Weise hat er die Ereignisse der Völkerwanderung, so wie er sie durchleben mußte, bewältigen können.

d) Papst Leo d. Gr. und die Völkerwanderung

Zweimal wurde Papst Leo d. Gr., über den in Kap. 4 berichtet wurde, mit der Völkerwanderung konfrontiert. Im Jahre 452 rückte der Hunnenkönig Attila mit einem Heer in Italien ein, nachdem er vorher bis nach Gallien vorgedrungen war. Gemeinsam mit anderen römischen Vertretern zog auch der Bischof Leo den Hunnen entgegen. Man traf sich bei Mantua. Die Chronik des Prosper berichtet:

> „Die gesamte Legation wurde ehrenvoll empfangen, und so erfreut zeigte sich der König über den Besuch des höchsten Priesters, daß er befahl, vom Kriege abzustehen und unter Verheißung eines Friedensschlusses über die Donau zurückzugehen."[17]

Tatsächlich ist Attila damals nicht weiter nach dem Süden gezogen; spätere Legenden haben den Vorgang ausgemalt. Man darf wohl annehmen, daß für den Hunnenkönig andere Gründe primär wirksam waren.[18] Dennoch hat gerade dieses Bild eines Papstes, der den gefürchteten Hunnenkönig zum Abzug bewegen konnte, in der Geschichte nachgewirkt. Nur drei Jahre später wurde deutlich, wie enge Grenzen dem Papst in machtpolitischer Hinsicht gezogen waren. 455 landete eine wandalische Flotte, die aus Nordafrika kam. Die Stadt Rom wurde besetzt, der Papst ist in der Rolle eines obersten Repräsentanten der Stadt. Die Chronik des Prosper berichtet:

> „Die jedes Schutzes bare Hauptstadt besetzte Geiserich. Vor den Toren trat ihm der heilige Bischof Leo entgegen. Dessen Flehen milderte seinen Sinn mit der Hilfe Gottes so weit, daß er, wiewohl alles seiner Gewalt ausgeliefert war, von Brandschatzung, Mord und Folterung Abstand nahm. So wurde vierzehn Tage hindurch Rom ungestört und ungehindert durchstöbert und aller seiner Schätze entleert, und viele tausend Gefangene jeden Alters und Gewerbes wurden nach dem Belieben des Siegers samt der Kaiserin und ihren Töchtern hinweggeführt."[19]

Es scheint aber, daß die Wandalen doch einige Kirchen von ihren Plünderungen ausgenommen haben. In einer Predigt spricht Papst Leo später vom Tage der Züchtigung. Aber er tadelt nicht sosehr die Wandalen als vielmehr die eigene Bevölkerung in Rom:

---

[17] Chronik zum Jahre 452, ed. *Th. Mommsen,* MGH AA IX, 482.
[18] *E. Caspar,* Geschichte des Papsttums I, Tübingen 1930, 556.
[19] Chronik zum Jahre 455, ed. *Th. Mommsen,* a. a. O.

„Sie geben mehr auf die Dämonen als auf die Apostel, und größeren Zulauf haben heillose Schauspiele als die seligen Martyrien. Wer hat dieser Stadt Heil wiederhergestellt? Die Zirkusspiele oder die Fürsorge der Heiligen? ... Kehrt zum Herrn zurück, erkennet die Wunder, die er gnädig an uns getan hat, und schreibt unsere Befreiung nicht, wie die Heiden meinen, der Wirkung der Gestirne, sondern der unaussprechlichen Barmherzigkeit des allmächtigen Gottes zu, der die Herzen der rasenden Barbaren milde stimmte."[20]

In all diesen weltgeschichtlichen Erschütterungen hatte Papst Leo d. Gr. ein Ideal fest vor Augen: eine gut organisierte Kirche, hierarchisch geleitet vom Papst in Rom. Er hat dieses Ideal so weitgehend verwirklicht wie vorher noch kein römischer Bischof. Trotz der offenkundigen Schwäche Roms sieht Leo eine neue Aufgabe für diese Stadt. Im Heilsplan Gottes hat Rom eine ganz besonders hervorgehobene Funktion; in einer Predigt sagt Leo:

„Daß du als heiliges und auserwähltes Volk, als priesterliche und königliche Stadt durch Gottes Religion in weiterem Kreise den Vorsitz führst als durch irdische Herrschaft. Damit aber die Wirkung der unaussprechlichen Gnade sich über die gesamte Welt entfalten könne, bereitete er das römische Reich in göttlicher Voraussicht vor, und das Reich wuchs in Grenzen hinein, die es überall zu den nächsten Nachbarn aller Völker machten. Denn dieser Plan war nach göttlicher Fügung dem Erlösungswerk am meisten angemessen: daß durch die Verbindung vieler Länder mit einem Imperium die allgemeine Verkündigung Zugang zu den Völkern habe, die unter der Leitung der einen Stadt ständen."[21]

Die Bedeutung dieses Gedankens liegt auf der Hand: das römische Reich als gottgewollte Vorbereitung der von Rom aus geleiteten Kirche! Ein Vergleich mit dem „Gottesstaat" Augustins zeigt die Neuartigkeit des Gedankens von Papst Leo d. Gr., der auf seine Weise in der schweren Lage der Völkerwanderung eine neue geschichtliche Konzeption entwickelte, die eine große Zukunft haben sollte.

e) Die Lebensbeschreibung des hl. Severin[22]

Wieder von einem anderen Gesichtspunkt aus sehen wir die Völkerwanderung in der Lebensbeschreibung des heiligen Severin (Vita Severini). Sie stammt aus dem Jahre 511, Verfasser war der Mönch Eugippius, der in Italien lebte. Er erinnerte sich noch an die Zeit um 480, als er in Niederösterreich in der Gegend zwischen Wien und Passau lebte, ehe man 488 im Rahmen einer größeren Aktion nach Italien auswanderte. Die Quelle schildert uns die Zeit vom Tode des Hun-

[20] Sermo 71, ed. *R. Dolle,* SC 200, Paris 1973, 68.

[21] Sermo 69, ed. *R. Dolle,* a. a. O. nach Übersetzung von *E. Ewig* im HKG (J) (hrsg. v. *H. Jedin*) II/2 1975, 96.

[22] Eugippius, Das Leben des heiligen Severin. Lateinisch und deutsch, Einführung, Übersetzung und Erläuterungen von *R. Noll* (Schriften und Quellen der alten Welt, Bd. 11), Berlin 1973.

nenkönigs Attila 453, in der Severin erstmals in jenen Raum kam, bis zum Tode Severins 482. Die Zielsetzung der kleinen Schrift ist es, Severin als einen Heiligen darzustellen. Severin heilte Kranke, half in den verschiedensten Notlagen und hatte im kirchlichen und weltlichen Bereich großes Ansehen. Auf die Frage nach seiner Herkunft gab Severin folgende Antwort:

> „Was nützt einem Knecht Gottes die Angabe seines Heimatortes oder seiner Familie, wenn er dadurch, daß er darüber besser schweigt, leichter der Prahlsucht, die ja etwas Übles ist, aus dem Wege gehen kann? Wenn sie von der Herkunft gar nichts weiß, wünscht er jedes gute Werk mit Christi Beistand zu vollbringen, um würdig zu sein, auf der rechten Seite zu stehen und in die Bürgerliste des himmlischen Vaterlandes eingetragen zu werden. Wenn du nun siehst, daß ich Unwürdiger mich wahrhaftig danach sehne, wozu mußt du dann mein irdisches Vaterland kennen, nach dem du dich erkundigst? Aber dies sollst du doch wissen, daß derselbe Gott, der dich zum Priester gemacht hat, auch mir den Auftrag erteilte, diesen Menschen in ihren Gefahren beizustehen."[23]

Man hat die These aufgestellt, jener Severin habe einst als römischer General in jener Gegend Dienst getan. Er habe dann seinen Dienst quittieren müssen und sei Mönch im Orient geworden. In der Zeit größter Bedrohung sei er wieder auf den Schauplatz seiner früheren Tätigkeit zurückgekehrt, um den dort lebenden Menschen zu helfen.[24] Beweisbar ist diese These nicht, aber sie ist denkbar. Manche Einzelheit im Leben Severins wäre eher verständlich, wenn er von früheren Zeiten her großes Ansehen gehabt hätte. Um 480 ist der Verfall des römischen Reiches vorangeschritten. „Als das römische Reich noch bestand", heißt es im 20. Kapitel, das von dem letzten Sold erzählt, den römische Soldaten sich aus Italien holen wollten. Die romanische Bevölkerung muß zuweilen umsiedeln, weil Städte zerstört sind oder Landstriche von Germanen besetzt werden (Kap. 31). Zuletzt läuft jene Darstellung auf die Auswanderung hinaus, die mit dem Auszug des Volkes Israel im Exodusbuch verglichen wird (Kap. 40). Zu Lebzeiten Severins blieb man im Lande, er versuchte das Leben der Menschen nach Kräften zu erleichtern. Er kümmerte sich um die Verteilung von Getreide (Kap. 3), er verteilte selbst Öl:

> „Dann begann er eigenhändig das Öl den Dienern einzufüllen, die es herumtrugen, und nahm sich so als getreuer Knecht seinen Herrn zum Vorbild, der nicht gekommen war, sich dienen zu lassen, sondern daß er diente (Mark. 10,45). Und in den Spuren des Erlösers wandelnd freute er sich, wie der Stoff sich vermehrte, den er mit der Rechten ausgoß, ohne daß die Linke es wußte. Denn obwohl die Gefäße der Armen voll wurden, war er in den Händen der Diener nicht weniger geworden ... So wurde einst auch die schwer verschuldete Witwe durch die Worte des Propheten Elisa unterwiesen, mit einem Tropfen Öl, den sie besaß, eine ganze Menge Gefäße zu füllen (2. Kön. 4,2–7)" (Kap. 28).

---

[23] Brief des Eugippius a. a. O. 45.

[24] *Fr. Lotter,* Severinus von Noricum (Monographien zur Geschichte des Mittelalters, Bd. 12), Stuttgart 1976.

Severin fühlt sich ganz den notleidenden Romanen verbunden. Er hatte aber auch gute Beziehungen zu germanischen Stämmen. Auch dort kannte man den Heiligen und befragte ihn „gewissermaßen wie ein himmlisches Orakel“ (Kap. 5). Ein junger Germane, der erkrankt war, wurde von seiner Mutter dem Severin vor die Klosterpforte gelegt, damit er ihn heilen sollte (Kap. 6). Der Skire Odoaker kam zu ihm.

> „Unter ihnen war auch Odoaker gekommen, der nachmals Italien beherrschte, ein hochgewachsener junger Mann, damals in einem ganz armseligen Gewande. Als er nun gebückt stand, um nicht mit seinem Scheitel an die Decke der niedrigen Decke zu stoßen, erfuhr er von dem Gottesmann seine ruhmreiche Zukunft. Zum Abschied sagte dieser ihm auch: Geh nach Italien, geh. Du bist jetzt mit armseligen Fellen bekleidet, aber bald wirst du viele reichlich beschenken“ (Kap. 7).

Man hat gefragt, welches Amt Severin bekleidet habe. Ein Bischofsamt hat er abgelehnt (Kap. 9,4), doch hörten die Kleriker überall auf seinen Rat. Kap. 1 berichtet, daß Severin in eine Kirche gekommen war und dort „den versammelten Presbytern, dem Klerus und den Bürgern in aller Demut des Geistes“ eine Ansprache gehalten habe. Die Existenz einer Kirche wird in jedem Ort vorausgesetzt. Bei verschiedensten Notlagen kommen die Menschen in der Kirche zusammen, so beispielsweise bei einer Heuschreckenplage (Kap. 12). Beim Tode eines Presbyters wird erzählt, daß man an der Totenbahre in der Kirche „wie üblich die Nacht unter Psalmengesang durchwachte“ (Kap. 16). Trotz der angespannten Wirtschaftslage bekommt die Kirche reichlich Abgaben aus der Bevölkerung, so daß den Ärmsten der Armen geholfen werden konnte: „Unaufhörlich wurden Almosen gegeben und nach den Vorschriften der Gottesdiener gute Werke vollbracht“ (Kap. 12). F. Lotter formuliert: „Das System sozialer Unterstützung, das Severin in den quasi autonom gewordenen Provinzen aufgebaut hat, dürfte in der antiken Welt ohne Beispiel dastehen.“[25] In dem marxistisch redigierten Sammelband „Die Römer an Rhein und Donau“ wertet H. J. Diesner ganz ähnlich Severin „als Vorkämpfer eines praktischen und urtümlichen biblischen Christentums“, der eine „vorbildliche Almosen- und Unterstützungsaktion“ aufgebaut hatte.[26] Auch das war eine Möglichkeit, die Völkerwanderung zu bewältigen: im diakonischen Einsatz für die unmittelbar Betroffenen.

---

[25] *Fr. Lotter,* a. a. O. 276.

[26] Die Römer an Rhein und Donau (Veröffentlichungen des Zentralinstituts für Alte Geschichte und Archäologie der AdW der DDR, hrsg. v. *J. Herrmann,* Bd. 3, 385), hrsg. v. *R. Günther* und *H. Köpstein,* Berlin 1975.

Kapitel 6
Die katholische Kirche Italiens unter ostgotischer Herrschaft

Die römische Herrschaft in Italien zerbrach schrittweise. Der germanische Heerführer Odoaker stürzte 476 den letzten römischen Herrscher und nannte sich König von Italien. Odoaker wurde 493 vom Ostgotenkönig Theoderich gestürzt, dessen Leben im Rahmen der innergermanischen Mission bereits dargestellt wurde (Kap. 1 e). Theoderich regierte Italien bis zu seinem Tode 526. Er erstrebte eine Synthese von Antike, Germanentum und Christentum, die immer wieder als reizvoll empfunden wurde. Für die katholische Kirche war diese Epoche wichtig. Zumal die Päpste machten die Erfahrung, daß sie unter germanischer Herrschaft ihre Möglichkeiten noch erweitern konnten.

a) Der Aufschwung des Papsttums bis zu Gelasius

Erstmals wurde 482 ein Papst unter germanischer Herrschaft gewählt.[1] Gleichzeitig gab es eine Schwenkung in der byzantinischen Reichskirche: Die Beschlüsse über die Zweinaturenlehre, die 451 in Chalkedon unter päpstlichem Einfluß zustande gekommen waren, wurden zwar nicht direkt aufgehoben – aber neue Formeln brachten eine Änderung.[2] Die Anhänger der Zweinaturenlehre, die einst Papst Leo I. so eindrücklich vertreten hatte, erwarteten Hilfe aus Rom. Der Papst reagierte 484 eindeutig: Er verhängte über den Patriarchen Acacius von Konstantinopel den Kirchenbann; damit begann das „acacianische Schisma“[3]. Die Maßnahme gegen den Patriarchen von Konstantinopel wurde dem Kaiser in Konstantinopel in sehr selbstbewußtem Ton mitgeteilt.[4] Jener Papstbrief war entworfen worden von dem Diakon Gelasius, der 492 selbst Papst wurde. Der Graben zwischen der östlichen Kirche und dem Papst vertiefte sich auch deshalb, weil in Byzanz ein Kaiser zur Macht gekommen war, der noch stärker den Monophysiten entgegenkam und die Zweinaturenlehre verleugnete. Papst Gelasius vertrat dagegen einen strengen Traditionalismus: Die Festlegungen der Väter – und das waren für ihn vor allem die Konzile von Nicäa 325 und Chalkedon 451 – mußten unbedingt eingehalten werden. Acacius von Konstantinopel hätte gegen die kaiserliche Religionspolitik Widerstand leisten müssen, so wie einst Flavian in Konstantinopel 449 oder wie die katholischen Bischöfe in Nordafrika gegen die Wandalen.[5] Zu diesem Standpunkt sagte E. Caspar: „Es lag römische

[1] Papst Felix III. stammte als erster Papst aus dem hohen römischen Stadtadel. König Odoaker hat sich offenbar nicht in die Wahl eingemischt.
[2] Einzelheiten bei *F. Winkelmann* im Teil I/6 dieser Reihe.
[3] Aufgehoben 519.
[4] Ed. *Jaffé/Kaltenbrunner,* Nr. 601, ausführlich zitiert bei *E. Caspar,* Geschichte des Papsttums II, Tübingen 1933, 33.
[5] Collectio Avellana Nr. 98, ed. *O. Günther,* CSEL 35, 1895.

Größe in dieser catonischen Strenge des Standpunktes, diesem Stolz der Minderheit gegen die Menge, dieser unerbittlichen Abwehr. Aber es war nichts mehr darin vom cyprianischen Geiste des Liebesbundes und von ökumenischer Gesinnung."[6]

Papst Gelasius wurde immer deutlicher. Den Höhepunkt bildete ein Brief an den Kaiser 494, in dem er seine sogenannte „Zweigewaltentheorie" verkündete:

> „Zwei Dinge sind es nämlich, erhabener Kaiser, durch die an oberster Stelle diese Welt regiert wird: Die geheiligte Autorität der Bischöfe und die kaiserliche Gewalt. Von diesen beiden ist die Last der Priester um so schwerer, als sie auch selbst für die Könige der Menschen vor Gottes Gericht Rechenschaft abzulegen haben. Denn ihr wißt es, allergnädigster Sohn: Wohl überragt Ihr an Würde das ganze Menschengeschlecht, dennoch beugt Ihr fromm den Nacken vor den Amtswaltern der göttlichen Dinge und erwartet von ihnen die Mittel zum Seelenheil. Ebenso erkennt Ihr, daß Ihr beim Empfang der himmlischen Sakramente, wenn sie geziemend ausgespendet werden, nach geheiligter Ordnung eher der demütig Nehmende, nicht aber der Befehlende seid. In diesen Dingen seid Ihr demnach vom Urteil der Priester abhängig und dürft sie nicht Eurem Willen unterjochen wollen."[7]

Es ist also eigentlich nicht nur eine Lehre von zwei Gewalten, die gleichberechtigt nebeneinander stehen; letztlich wollte Gelasius die bischöfliche Gewalt der kaiserlichen überordnen. Zudem führt er den Gedanken weiter zum Primat Roms: Wenn schon alle Bischöfe solche Autorität haben, wieviel mehr hat sie dann der Bischof von Rom, „welchen die höchste Gottheit erwählte, alle Bischöfe zu überragen, und welchen auch in der Folgezeit die gesamte Kirche immer in kindlicher Verehrung gefeiert hat". Gelasius scheute auch vor drohenden Untertönen nicht zurück, indem er auf das kommende Jüngste Gericht hinwies:

> „Ich beschwöre und ermahne Euch: Nehmt diese meine Bittschrift nicht ungnädig entgegen. Ausdrücklich schreibe ich: Ich bitte Euch. Denn es ist besser, Ihr hört in diesem Leben, was ich Euch klage, als vor Gottes Gericht, wie ich Euch anklage! Weiß ich doch sehr wohl, erhabener Kaiser, wie eifrig Ihr im persönlichen Leben Euch frommen Übungen hingebt und wie es stets Euer sehnlicher Wunsch war, der göttlichen Verheißungen teilhaftig zu werden ... Mit welcher Stirn wollt Ihr dereinst den um ewigen Lohn bitten, den Ihr hienieden ungehindert verfolgt habt? So sei es denn Euch, bitte, nicht lästig, was hier zu Eurem ewigen Heil gesagt werden muß ..."[7]

In einem derartigen Ton hatte vorher noch nie ein Papst an einen Kaiser geschrieben. Unter dem Schutze der Ostgoten war dies möglich geworden. Wir werden sehen, daß die Päpste fünfzig Jahre später ohne solchen Schutz viel weniger Möglichkeiten haben.

---

[6] *E. Caspar,* a. a. O. II, 52.

[7] Text bei *C. Mirbt,* Quellen zur Geschichte des Papsttums, sämtliche Auflagen. Lateinisch-deutsch bei *G. Haendler,* Kaisertum und Papsttum bis Nikolaus I. (Quellen, Heft 18, Berlin 1964), 56–61, nach der Übersetzung von *H. Rahner,* Kirche und Staat im frühen Christentum, München 1961.

b) „Der Papst kann von niemandem gerichtet werden"

Im Jahre 501 spielte sich ein Vorgang ab, der die Beziehungen zwischen dem Papsttum und Theoderich deutlich zeigt. In Rom hatte 499 eine Doppelwahl stattgefunden. Als Papst der Mehrheit konnte sich Symmachus durchsetzen. Beide Parteien wendeten sich an die zuständige Obrigkeit, also an den Germanenkönig Theoderich, den „Arianer". Theoderich kam 500 nach Rom und bestätigte Symmachus. Schon ein Jahr später wurde Symmachus vor Theoderich angeklagt. Theoderich aber wollte sich aus dieser innerkirchlichen Angelegenheit heraushalten und schob die Klärung der Angelegenheit einer Synode zu, die 501 in Rom zusammentrat. Die erhaltenen Akten ergeben ein recht lebendiges Bild.[8] Es gab Unruhen in Rom, einige Synodale reisten bald wieder ab. Man bat den König Theoderich um eine Verlegung der Synode. Doch Theoderich schickte zwei gotische Beamte, die für Ruhe und Ordnung in Rom sorgen sollten. Trotzdem wurde die Lage der Synode immer schwieriger. Schließlich erklärte sich eine Mehrheit der Synode überhaupt für unzuständig. In dem „Bericht der Bischöfe"[9] wird dem Gotenkönig Theoderich mitgeteilt:

> „Es ist Sache Eurer Herrschergewalt, auf Gottes Wink für die Wiederherstellung der Kirche, für die Ruhe der Stadt Rom und der Provinz Sorge zu tragen. So bitten wir Euch, daß Ihr als frommer Herrscher unserer Schwäche und Ohnmacht zu Hilfe kommt, dieweil die priesterliche Einfalt der weltlichen Schlauheit nicht gewachsen ist und wir nicht länger Gefahr unseres Leibes und Lebens in Rom ertragen können. Erlaubt uns vielmehr durch ein hochersehntes Präzept von Euch, zu unseren Kirchen zurückzukehren."

An sich bedeutete dies eine schwere Krise des Papsttums: Man wurde ohne staatliche Hilfe nicht fertig, man mußte einen „arianischen" Germanenkönig um sein Eingreifen bitten. Und doch wurde in dieser Notlage ein Grundsatz geboren, der Jahrhunderte überdauert hat. Theoderich lehnte ein Eingreifen ab. Daraufhin erklärte die Synode, sie könne nicht urteilen, da ein Papst von keinem Menschen gerichtet werden dürfe. 76 Bischöfe haben diese Erklärung unterschrieben.

Natürlich wurde diese Erklärung angefochten. Es erschien eine Flugschrift „Wider die Synode der ungereimten Absolution", die von Ennodius, dem späteren Bischof von Pavia, bekämpft wurde.[10] Diesem Manne, der auch als Lobredner Theoderichs hervortrat, ist die Begründung des Satzes zuzuschreiben, daß ein Papst von keinem Menschen gerichtet werden könne. Ennodius schrieb:

> „Wir behaupten nicht, wie ihr es unterstellt, daß der selige Petrus und seine Nachfolger vom Herrn mit dem Privileg seines Amtes die Erlaubnis zum Sündigen erhalten hätten. Er (Petrus) hat einen ewig dauernden Schatz der Verdienste als Erbschaft der Unschuld hinterlassen an die Nachfolger. Was ihm um seiner lichten Taten willen übergeben wurde, das gehört ihnen zu, die ein gleicher Glanz des Wandels erleuchtet. Denn wer wollte zweifeln,

[8] Akten der Synode, ed. *Th. Mommsen,* MGH AA XII, 1894, 426 ff.

[9] Relatio episcoporum, ed. *Th. Mommsen,* a. a. O. 422 und 429.

[10] Libellus adversus eos, qui contra synodum scribere praesumpserunt, ed. *F. Vogel,* MGH AA VII, 1882.

daß der heilig ist, welcher eine solch hohe Würde innehat? Mögen ihm aus eigenem Verdienst erworbene gute Werke auch fehlen, so genügen die, welche von dem Vorgänger auf dem Stuhle (Petrus) geleistet sind ...“[11]

Wir stehen hier vor einer schon ganz mittelalterlichen Denkweise: Verdienste werden aufbewahrt und können übertragen werden, die Kirche ist die dafür zuständige Institution. Bei Papst Gregor VII. führten diese Gedanken 1075 im dictatus papae zu dem Satz, daß ein rechtmäßig geweihter Papst unbedingt selig werde durch die Verdienste des Petrus. Der besondere Zusammenhang zwischen Petrus und dem Papsttum kommt aber auch bei Ennodius noch ganz deutlich zur Sprache:

„Anderer Menschen Sachen wollte Gott wohl durch einen menschlichen Richter erledigen lassen. Den Vorsteher dieses Stuhles hat er ohne Untersuchung seinem Gericht vorbehalten. Er wollte, daß die Nachfolger des seligen Apostels Petrus nur dem Himmel ihre Unschuld verantworten sollten. Meint nicht, daß diese Seelen keine Angst vor dem Richter hätten, die Gott vor den anderen seinem Gericht vorbehalten hat. Vor ihm hat der Angeklagte nicht die Hilfe durch einen Rechtsanwalt; als Richter amtiert derselbe, der auch Zeuge der Taten ist. Du sagst vielleicht: So wird es allen Seelen in jenem Gericht ergehen. Ich antworte, daß nur einem gesagt ist: Du bist Petrus (Matth. 16,18); und sein Stuhl, durch heiliger Bischöfe Mund aller Welt ehrwürdig, herrscht über alle Gläubigen als das Haupt des ganzen Leibes. Von ihm scheint mir gesagt zu sein: Wenn er gedemütigt wird, zu wessen Hilfe wollt ihr flüchten, wo wollt ihr eure Ehre lassen?“[12]

Die Theorie von der Unabsetzbarkeit des Papstes fand auch außerhalb von Rom ein Echo. In Gallien schrieb Bischof Avitus von Vienne, daß alle Bischöfe mitbetroffen seien, wenn der Papst angeklagt werde; hier gehe es nicht nur um den Bischof einer großen Stadt, hier werde der ganze Episkopat mitbetroffen.[13] Avitus hält das Verhalten jener Synode für richtig: Die Bischöfe mußten dem Papst helfen, sie durften nicht über ihn richten. In Rom entstanden damals Fälschungen, die die getroffene Synodalentscheidung noch zusätzlich rechtfertigen sollten. In der Praxis ließ sich freilich der Grundsatz „Der Papst kann von niemandem gerichtet werden“ nicht durchführen. Im Mittelalter sind häufig Päpste abgesetzt worden. Man hat allerdings solche Vorgänge immer so begründet, daß der Abgesetzte kein rechtmäßiger Papst gewesen sei, so daß in der Theorie dem Grundsatz Rechnung getragen wurde.[14]

---

[11] Kap. 24/25, ed. *F. Vogel,* a. a. O. 52.

[12] Kap. 94/95, ed. *F. Vogel,* A. 62. Man sollte die dort anklingende Stelle Jes. 10,3 in ihrem Zusammenhang überprüfen!

[13] Bischof Avitus von Vienne († 518), Brief 34, ed. *R. Peiper,* MGH AA VI,2, 1883, 64.

[14] Reiches Material bei *H. Zimmermann,* Papstabsetzungen des Mittelalters, Graz/Wien/Köln 1968.

c) Krisen im Reich Theoderichs 524–526

Die Harmonie zwischen Germanen und Römern, zwischen Homöern und Katholiken, zwischen Papst und Germanenkönig wurde Belastungen unterworfen. Der 514 gewählte Papst Hormisdas bemühte sich um Kontakte nach Byzanz. Dabei sicherte er sich ab, er informierte Theoderich, er wollte keinen radikalen Kurswechsel. Aber in Byzanz wurde 519 Justin neuer Kaiser, der sich in seinem Neffen Justinian einen Berater an den Hof holte, der später als Kaiser auch die Geschichte Italiens stark beeinflußte. In der dogmatischen Frage lenkte man im byzantinischen Reich ein: Man bekannte sich wieder zu der Zweinaturenlehre, zum Konzil von Chalkedon 451 und zum Papst Leo I. Man rehabilitierte verbannte Bischöfe, man gab sogar den (längst verstorbenen) Patriarchen Acacius preis, der von Rom her 484 gebannt worden war. Damit entfiel aber der Grund für die Abgrenzung zwischen Rom und Konstantinopel. Natürlich bedeutete das nicht, daß man im Osten nun die neu entfaltete römische Papsttheorie übernommen hätte. Auch der gewiß päpstlich gesinnte Bischof Avitus von Vienne sprach von der „Eintracht der beiden Apostelfürsten“[15] und meinte damit die Bischöfe von Rom und Konstantinopel. In Rom mußte man die faktische Gleichstellung des Patriarchen von Konstantinopel hinnehmen, doch kam auf dieser Basis ein Friedensschluß 519 zustande, der das „acacianische Schisma“ von 484 beendete.

Die mit großer Vorsicht betriebene Wiederannäherung Roms an das byzantinische Reich vollzog sich in einem größeren Zusammenhang, der den alt und mißtrauisch gewordenen Theoderich beunruhigen mußte. Die Wandalen in Nordafrika suchten nach Kontakten zu Byzanz, ähnlich handelten die Burgunder in Gallien. In Rom gab es eine einflußreiche Gruppe, die sich stärker nach Byzanz hin ausrichten wollte. In diesem Umfeld wurde der neue Papst Johannes I. gewählt, der ebenfalls den byzanzfreundlichen Kreisen nahestand. Theoderich ließ hohe römische Beamte verhaften, der bekannte Philosoph Boethius wurde in die Angelegenheit hineingezogen, kam ins Gefängnis und wurde schließlich hingerichtet! In Byzanz wurden damals Kirchen der homöischen Konfession beschlagnahmt; das bedeutete für Theoderich, daß seine Konfessionsverwandten in Konstantinopel verfolgt wurden. Sicher wußte man in Byzanz, weshalb man diese Kirchen bisher geduldet hatte und weshalb man sie jetzt nicht mehr duldete! König Theoderich reagierte überraschend: Er schickte den neuen Papst Johannes I. nach Byzanz, damit er dort sich für die Wiedereröffnung der homöischen Kirchen einsetzen sollte! Man hat das eine „Zumutung“[16] genannt oder gar eine „beschämende Mission“[17]. Von Theoderich her gesehen ging es jedoch um den konfessionellen Frieden, an dessen Aufrechterhaltung ihm und dem Papst in gleicher Weise gelegen sein mußte. Theoderich mag sich ehrlich vom Papst eine Vermittlung erhofft haben. Die Reise des Papstes endete freilich mit einem ganz anderen Erfolg: In Byzanz wurde Papst Johannes I. demonstrativ geehrt. Ostern 526 saß er zur Rechten des Kaisers und hielt eine Messe in lateinischer Sprache. Kaiser Justin ließ sich von dem Gast aus Rom eine Krone aufsetzen – ein Vorgang, der für

---

[15] Avitus, Ep. 8, ed. *R. Peiper,* a. a. O. 42.

[16] *E. Caspar,* a. a. O. II, 185: „Zumutung von fast herausforderndem Charakter ...“

[17] *K. Baus* im HKG (J), hrsg. v. *H. Jedin,* II/2, Freiburg/Basel/Wien 1975, 203.

spätere Jahrhunderte Bedeutung bekommen sollte. Als aber Papst Johannes nach Hause zurückkam, wurde er verhaftet; er ist bald im Gefängnis gestorben. Wenig später starb auch Theoderich, dessen Bild durch seine letzten Taten verdunkelt wurde. In Papst Johannes dagegen sah man schon bald einen Märtyrer der Kirche. Vor dem Tode Theoderichs wurde noch auf seinen Befehl hin ein neuer Papst eingesetzt, der seinerseits 530 als Nachfolger einen Mann gotischer Abstammung bestimmte.[18] Natürlich sahen viele Kleriker solche Vorgänge nur mit Argwohn. So ist vermutlich gerade aus dieser Zeit äußerer Unsicherheit und Abhängigkeit heraus ein Dokument entstanden, das ganz andere Tendenzen betonen wollte.

d) Das päpstliche Buch

Sehr wahrscheinlich entstand in jener Zeit kurz nach 500 das päpstliche Buch (Liber pontificalis)[19]. Man suchte nach älterem Material und stellte die Vorgänge so dar, daß der Kirchenvater Hieronymus von Bethlehem aus den Papst Damasus um eine geschichtliche Darstellung des Papsttums gebeten habe. Ein erdichteter Briefwechsel zwischen Hieronymus und Damasus steht am Anfang. Jeder Papst erhält eine kurze Lebensbeschreibung, die Reihe der Päpste beginnt mit Petrus. Dieser hat am Ende seiner Amtszeit seine Vollmacht an den römischen Clemens übertragen. Im päpstlichen Buch heißt es dazu:

> „Wie mir vom Herrn Jesus Christus die Gewalt zu binden und zu lösen übertragen worden ist, so verleihe ich sie dir, daß du Verwalter für die verschiedenen Angelegenheiten bestellst, durch welche das kirchliche Geschäft erledigt wird, auf daß du nicht weltlichen Sorgen hingegeben erfunden werdest, sondern allein des Gebets und der Predigt in Muße walten kannst."[20]

Es wird also jene Abfolge von „Päpsten" in die Geschichte zurückdatiert, die sich historisch nicht fassen läßt. Clemens wird von Petrus als Papst eingesetzt, obwohl andere Listen römischer Bischöfe andere Namen nennen (Linus!). Eine zweite Stelle macht die Tendenz des päpstlichen Buches deutlich: Von Bischof Silvester, von dem historisch kaum etwas bekannt ist, werden jetzt solche Taten berichtet, die man um 500 von einem Papst erwartete: Er sollte besondere Beziehungen zum Kaiser Konstantin haben, er sollte das Konzil von Nicäa 325 zusammengerufen haben! Auch der Streit um Papst Symmachus hat im päpstlichen Buch seinen Niederschlag gefunden. Zuverlässiger sind Angaben über Schenkungen und Kirchengeräte; hier gab es ältere Unterlagen. Für das 6. Jh. wird das Bild farbiger. Es werden kurze Dialoge überliefert, in denen Päpste sich prägnant äußern. Auch die Bischofsweihen, die römische Bischöfe an Bischöfen in Mittelitalien vollzogen haben, werden regelmäßig notiert. Die Sprache des päpstlichen Buches ist knapp, an breitere Leserkreise hat man wohl kaum gedacht. Aber man wollte selbst

---

[18] Bonifatius II. (526–530) wurde von *A. v. Harnack* als der erste deutsche Papst näher untersucht (Sitzungsberichte der preußischen Akademie der Wissenschaften), 1924, V, 24 ff.

[19] Ed. *L. Duchesne,* 1886/1892, Neudruck 1955 durch *C. Vogel.*

[20] Ed. *L. Duchesne,* a. a. O. 118, deutsch bei *E. Caspar,* a. a. O. II, 317.

Unterlagen für die eigene Argumentation haben. Das päpstliche Buch ist später zeitweise unterbrochen worden, doch wurde es bis ins 15. Jahrhundert immer wieder fortgesetzt.

e) Das Papsttum im Zerfall der ostgotischen Macht in Italien

Nach dem Tode Theoderichs 526 zerfiel die ostgotische Herrschaft in Italien innerhalb von knapp drei Jahrzehnten. Byzantinische Truppen rückten ein. Die Päpste wurden in die Tagespolitik hineingezogen. Mehrere Päpste wurden unter dem Einfluß der Goten eingesetzt. Papst Agapet (535/536) unternahm auf Veranlassung des Gotenkönigs eine Reise nach Konstantinopel, um dortige Kriegsvorbereitungen zu verhindern. Kaiser Justinian nahm den Papst mit hohen Ehren auf und kam ihm kirchenpolitisch weitgehendst entgegen: ein neuer Patriarch wurde vom Papst geweiht! Agapet starb in Konstantinopel, in Rom wurde Silverius zum neuen Papst gewählt. 537 marschierten byzantinische Truppen in Rom ein, der Papst hatte sich für eine kampflose Übergabe der Stadt eingesetzt. Trotzdem wurde er verhaftet, man warf ihm Zusammenarbeit mit den Goten vor. Die Byzantiner setzten als neuen Papst Vigilius ein, der schon vorher an manchen Intrigen beteiligt gewesen sein dürfte. Er arbeitete mit dem byzantinischen Befehlshaber zusammen und hatte zudem direkte Beziehungen nach Konstantinopel. Sein Vorgänger Silverius aber wurde verschleppt und starb wohl noch 537. Rom wurde 546 noch einmal von den Goten zurückerobert, doch erlebte Vigilius diese Vorgänge nicht in Rom, da man ihn 543 nach Konstantinopel gebracht hatte.
Im byzantinischen Reich hatte Kaiser Justinian erneut den Versuch gemacht, den monophysitisch gesinnten Teil der Bevölkerung durch Entgegenkommen zu gewinnen. Direkt sollte nicht gegen die Zweinaturenlehre des Papstes Leo I. und das Konzil von Chalkedon von 451 vorgegangen werden; aber auf Umwegen wollte der Kaiser signalisieren, daß er einen gewissen Kurswechsel wünsche. Zu diesem Zweck wurden 543 die „Drei Kapitel" verurteilt, drei Schriften angesehener Theologen des 5. Jh., die die Zweinaturenlehre vertreten hatten.[21] Man rechnete mit dem Widerstreben des Papstes, der nach seiner Tradition solcher Maßnahme nicht zustimmen konnte. Vigilius wurde in Rom auf ein Schiff gebracht und blieb acht Jahre lang in Konstantinopel, wo er vielfachem Druck ausgesetzt war. Als 550 eine fränkische Gesandtschaft dort war, haben Begleiter des Papstes ihnen eine Denkschrift übergeben, die jene Vorgänge schildert:

> „Vor sechs Jahren reiste der Heilige Vater Vigilius hierher, oder um die Wahrheit genauer zu sagen, er wurde mit Gewalt hierher transportiert! Man erwartete hier von ihm, er werde die Verurteilung aussprechen über gewisse Kapitel. Denn damit wollte man hier das heilige Konzil von Chalkedon, auf dem einst unter eifriger Mitwirkung des seligen Papstes Leo der katholische Glaube siegreich gegen die verschiedenen Irrlehren verteidigt worden war, auf alle nur mögliche Weise wieder zunichte machen. Allein der Papst Vigilius weigerte sich, dazu sein Ja zu geben. Sofort setzte man ihn unter so starken Druck, daß er in einer öffentlichen Sitzung ausrief: Gott rufe ich

[21] Es ging um die Schriften der Theologen Theodor von Mopsvestia, Theodoret und Ibas von Edessa. Näheres darüber bei *F. Winkelmann* im Teil I/6 dieser Reihe.

> zum Zeugen an, mich könnt ihr hier gefangenhalten, aber den heiligen Petrus könnt ihr nicht in Ketten legen."[22]

Der Papst wollte sich aus der Schußlinie ziehen, indem er auf Einberufung einer Synode drängte. Kaiser Justinian ging auf diesen Vorschlag ein. Das Ergebnis war die 5. ökumenische Synode in Konstantinopel 553, die in aller Form jene drei Kapitel verurteilte und damit den Wunsch des Kaisers erfüllte. Nun wagte Papst Vigilius keinen weiteren Widerstand mehr, auch er gab seine Zustimmung zur Verurteilung der drei Kapitel. Dabei berief er sich auf Augustin, der auch am Ende seines Lebens sich in einigen Punkten selbst revidiert habe.[23] Vigilius hat trotzdem seine Stadt Rom nicht wiedergesehen; auf der Rückfahrt ist er gestorben. Sein Nachfolger Pelagius (556–561) sah sich dem tiefen Mißtrauen des Abendlandes gegenüber. Pelagius war mit Vigilius zusammen in Konstantinopel gewesen, er hatte die Intrigen, Verlockungen und Pressionen aus nächster Nähe miterlebt, denen die Römer dort ausgesetzt waren. Er war damals Diakon und hat Vigilius zeitweise zu härterem Widerstand geraten; doch dann hatte auch Pelagius nachgegeben. In einem Brief an den Bischof von Arles verteidigte Pelagius seine damalige Haltung in Konstantinopel:

> „Wie wagt man mich nach dem allgemeinen Konzil noch zu belasten mit jenem Brief, den ich nicht etwa endgültig entscheidend, sondern ratschlagend und nicht wissend, was zu befolgen sei, schrieb, noch dazu in einem Amte stehend, in welchem mir auch geziemte, meine Entscheidungen ohne Zögern dem Urteil so vieler Bischöfe zu unterwerfen. Aber es ist offensichtlich, daß diejenigen, die den Sachverhalt nicht gerecht beurteilen können, solchen Menschen glauben, die umherschweifen und Gerüchte verbreiten. Sie wissen nicht, wie viele schwere Kämpfe ich noch nach jenem Brief, den ihr mir vorgeworfen habt, unvorsichtig und unwissend durchgefochten habe, wie lange Zeit ich widerstand und sogar nicht mehr bloß ratschlagend mit bei mir selbst feststehender Entscheidung die heilsamen Ratschlüsse, die im Gange waren, behinderte, so daß ich deshalb schwere Drangsal und Beschwerde erlitt. Aber deshalb durfte ich doch nicht hartnäckig verstockt bleiben gegen die Wahrheit, weil anders zu meinen mich meine Unwissenheit eine Weile gezwungen hatte ..."[24]

Pelagius berief sich in diesem Zusammenhang auch auf Petrus: Auf jenen Petrus, der sich in Gal. 2 von Paulus zurechtweisen ließ. Er zitiert diese Geschichte mit einer Auslegung, die Cyprian gegeben hatte; in Gal. 2 hatte demnach Petrus ein Beispiel für Eintracht und Geduld gegeben.[25] Pelagius weist darauf hin, daß 600

---

[22] MGH Ep. III, ed. *W. Gundlach* 1892, 438–442; übersetzt bei *H. Rahner,* Kirche und Staat im frühen Christentum, München 1961, 327–333. Lateinisch-deutsch bei *G. Haendler,* Kaisertum und Papsttum bis zu Nikolaus I. (Quellen, Heft 18), Berlin 1964, 74–81.

[23] Augustin in seinen retractationes (Vgl. Kap. 2 a).

[24] MGH Ep. III, ed. *W. Gundlach* 1892, 442–444. Teilübersetzung bei *E. Caspar,* a. a. O. II, 301–303. Lateinisch-deutscher Text bei *G. Haendler,* a. a. O. 80–85.

[25] Cyprian, Ep. 71, ed. *W. Hartel,* CSEL 3,2,773. Dazu *G. Haendler* in ThLZ 97 (1972), 561–568.

Bischöfe in der Ostkirche „in einheitlichem Wort und einheitlichem Geist" seien; wie sollte er da nicht im Sinne jener Cyprianauslegung von Gal. 2 das, was von den Brüdern nützlich vorgebracht wurde, sich zu eigen machen?[24] Im Abendland hatte die Kritik am Umfallen des Vigilius noch weitere Nachspiele, noch Gregor d. Gr. mußte sich um 600 mit dieser Problematik beschäftigen. Pelagius freilich konnte sich damals in Rom eine gewisse Anerkennung verschaffen durch seinen Einsatz in der Armenfürsorge, beim Wiederaufbau beschädigter Kirchen, bei der Verwaltung von Kirchengütern sowie in der Fürsorge für den Klerikernachwuchs. Die Zeiten päpstlicher Eigenständigkeit, die um 500 unter der Herrschaft Theoderichs erreicht waren, schienen im Rahmen der byzantinischen Reichskirche unter Kaiser Justinian dahin zu sein.

f) Das Mönchtum: Benedikt von Nursia und Cassiodor

Unabhängiger von den wechselnden Herrschaften in Italien waren die Mönche. Durch den Anschluß an die byzantinische Reichskirche wurden freilich auch die Klöster stärker in die Kirche eingeordnet und den zuständigen Bischöfen unterstellt. Es gab einzelne Neugründungen. Um 500 lebten die Mönche des heiligen Severin, die nach dessen Tode ausgewandert waren, in der Nähe von Neapel. In derselben Gegend gründete auch ein aus Nordafrika geflüchteter Kleriker ein Kloster. In der Mitte des Jahrhunderts dürfte das Kloster Farfa entstanden sein, das für das Mittelalter bedeutsam wurde. In den Dialogen des Papstes Gregor I. werden zahlreiche Klöster erwähnt, welche im 6. Jh. entstanden sein dürften. Zahlreiche Klostergründungen gehen auf Benedikt von Nursia zurück. Benedikt stammte aus einer römischen Adelsfamilie; ein Studium gab er auf, um in die Einsamkeit zu gehen. Er gründete mehrere Klöster, zuletzt Monte Cassino, das dann besondere Bedeutung bekommen sollte. Sein wichtigstes Werk war eine Mönchsregel, die in den Jahren 524–526 entstand und sich im Laufe von drei Jahrhunderten im Abendland allgemein durchsetzen sollte.[26]

Die Regel Benedikts umfaßt 73 Kapitel, darunter ausführlich die Chorgebete (8–20) sowie Vorschriften über die Aufnahme neuer Mitglieder (58–66). Es wird ein Gelübde verlangt, das die Verpflichtung zur Ortsgebundenheit, den Verzicht auf Eigentum und Ehe sowie die Unterordnung unter den Klosterabt enthält. Diese Verpflichtungen werden als Nachfolge Christi verstanden. Der Dienst des Mönchs soll Teilnahme am Passionsweg Jesu sein. Von dort leitet sich der Verzicht auf den eigenen Willen her. Aber auch die liturgischen Ordnungen und die täglichen Lesungen sollen die Nachfolge Christi einüben. Daneben forderte Benedikt die brüderliche Liebe. Gebet und Arbeit sind die Grundlagen der klösterlichen Gemeinschaft. Nach außen hin soll das Kloster Gastfreundschaft gewähren, es soll eine Schule unterhalten sowie Arme und Kranke unterstützen. Das bedeutete viel in einer Zeit, die kein Hotel, kein Krankenhaus und keine Sozialfürsorge kannte. Umstritten ist, ob Benedikt mit seiner Regel möglicherweise von

[26] Ed. *R. Hanslick,* CSEL 75, Wien 1960 sowie *A. de Vogüé – J. Neufville,* SC 181 bis 186, Paris 1971/1972. Seit 1972 erscheint das Jahrbuch „Regulae Benedicti Studia", hrsg. v. *B. Jaspert* u. *E. Manning,* Hildesheim.

einer älteren Regel (regula magistri)[27] abhängig war; bestimmt hat Benedikt ältere Mönchsregeln gekannt und mit verarbeitet (Cassian, Basilius, Augustin u. a.).
Neben Benedikt von Nursia steht Cassiodorus Senator als Klostergründer deutlicher vor uns. Er war zunächst politisch aktiv gewesen als Ratgeber des Ostgotenkönigs Theoderich und seiner Nachfolger. Seine Briefsammlung (Variae) ist eine der wichtigsten Quellen für jene Zeit.[28] Die Jahre des Zerfalls der Gotenherrschaft hatte Cassiodor überstanden. Er zog sich in die Einsamkeit zurück. Die Byzantiner haben ihm seine Kollaboration mit den Goten nicht vorgeworfen. Cassiodor behielt reiche Besitzungen in Süditalien; dort gründete er sein Kloster Vivarium, das eine Stätte der Wissenschaft sein sollte. Cassiodor war der Lehrer seiner Mönche. In einer grundlegenden Schrift[29] bietet er dreiunddreißig Kapitel über theologische Studien sowie sieben Kapitel über die sieben freien Künste. Ein Psalmenkommentar folgt weithin den Auslegungen Augustins.[30] Auch zu Fragen neutestamentlicher Briefe, der Apostelgeschichte und der Offenbarung hat er Stellung genommen.[31] Noch in hohem Alter schrieb er eine Anweisung über die Orthographie. Besonders für die Geschichtswissenschaft hat Cassiodor Bedeutendes geleistet: Er ließ die griechischen Darstellungen der Kirchengeschichte von Sokrates, Sozomenos und Theodoret ins Lateinische übersetzen; daraus wurde die „Historia tripartita" in 12 Büchern, die in späteren Jahrhunderten viel benutzt wurde.[32] Die von Cassiodor zusammengebrachte Bibliothek war für damalige Zeiten sehr umfassend, sein Programm der wissenschaftlichen Arbeit in einem Kloster hat weitreichende Auswirkungen gehabt.
Man hat die Frage erörtert, in welchem Verhältnis Benedikt und Cassiodor zueinander gestanden haben. Die später für den Benediktinerorden so selbstverständliche wissenschaftlich-kulturelle Arbeit kann nicht nur Cassiodor zugeschrieben werden. Auch die Regel Benedikts sieht vor, daß die Mönche lesen und schreiben konnten, auch war ein bestimmtes Pensum im Jahr zu lesen. Die Einrichtung einer Schreibstube war von Anfang an auch bei Benedikt vorgesehen, ebenso die Schule. Insofern hat auch Benedikt selbst mit Anteil an der späteren Entwicklung, wenn auch bei ihm die Handarbeit der Mönche stärker betont war als die wissenschaftliche Arbeit.

g) *Boethius und Dionysius Exiguus*

Abschließend seien noch zwei Männer aus jener Epoche behandelt, die für ihre Nachwelt besondere Bedeutung haben sollten. Boethius hatte seinerzeit eine glänzende Laufbahn. Aus reichem Hause stammend wuchs er auf „als eine Art Wunderkind".[33] Die Ämterlaufbahn steigt er rasch aufwärts, 510 ist er Konsul als

---

[27] Ed. *A. de Vogué,* SC 105–107, Paris 1964/1965. Literatur bei *R. Lorenz* in der KiG, Teil C, 1, Göttingen 1970, 103–106 sowie *K. Baus* im HKG (J) II/2, 1975, 270/271.
[28] Ed. *Th. Mommsen,* MGH AA 12, 1894.
[29] Institutiones divinarum et saecularum litterarum, ed. *R. A. Mynors,* Oxford 1937.
[30] Ed. *M. Adriaen,* CChL 97/98, 1958.
[31] Complexiones in epistolas et acta apostolorum et apocalypsin, PL 69/70.
[32] Ed. *W. Jacob – R. Hanslik,* CSEL 71, 1952.
[33] *H. v. Campenhausen,* Lateinische Kirchenväter, Stuttgart 1960, 226.

etwa Dreißigjähriger. 523 holt man ihn an den Hof Theoderichs, um an der Regierung teilzunehmen. Boethius engagierte sich, wurde aber bald verdächtigt, verhaftet, und 525 hingerichtet. Prokop versichert, Theoderich sei kein Tyrann gewesen; Goten und Italiker hätten ihn geachtet. Die Hinrichtug des Boethius sei „die erste und letzte Untat" in seinem Leben gewesen.[34] Die Wartezeit im Gefängnis nutzte Boethius zu einem Werk, das in die Weltliteratur eingegangen ist: „Von der Tröstung der Philosophie".[35] Es handelt sich um eine Zwiesprache zwischen dem Gefangenen und der Philosophie, die ihm leibhaftig im Gefängnis erschien mit Büchern in der einen und einem Szepter in der anderen Hand. Zu Anfang hängt Boethius noch an seiner speziellen Notlage und rechtfertigt sein Handeln. Doch er wird belehrt, daß alle äußeren Güter dieser Welt nichts bedeuteten im Vergleich zu den inneren Gütern. Alle Menschen suchen, ohne es zu wissen, nach dem einen höchsten Gut. Dieses höchste Gut wird „mit einem allen geläufigen Worte" Gott genannt (III,12,8). Ihn soll man anrufen, er ist der Vater aller Dinge. Boethius wird zu dem Gesetz der Harmonie geführt, das überall in der Welt herrsche und alle Einzelheiten umfasse mit Tieren, Pflanzen und Steinen. Buch IV geht auf das Leiden des Boethius ein, das mit diesem Gesetz der Harmonie im Widerspruch zu stehen scheint. Doch Boethius bekommt Antwort: Äußerer Erfolg und wahres Glück sind nicht dasselbe. Der Gute gewinnt sein Glück, sofern er sich an das höchste Gut anschließt; dann bleibt er geborgen in der Ordnung Gottes. Im Buch V wird das Problem Freiheit des Menschen und Vorhersehung Gottes erörtert. Boethius schließt sein Werk mit dem Ergebnis:

> „Die Hoffnungen, die man auf Gott setzt, und die Gebete, die man an ihn richtet, sind nicht umsonst. Wenn sie recht sind, können sie auch nicht unwirksam bleiben. Weist also die Laster von euch ab, übt die Tugenden, erhebt den Geist zum rechten Hoffen und sendet demütig Gebete nach oben. Euch ist, wenn ihr nicht ausweicht, eine gewaltige Nötigung vor Augen gestellt, rechtschaffen zu sein: Ihr lebt im Angesicht dessen, der alle Dinge erblickt" (V,6,46).

Auch über diese Schrift hinaus hat Boethius seiner Nachwelt Wesentliches hinterlassen. Er hat zahlreiche Schriften des Aristoteles ins Lateinische übersetzt. Jahrhunderte hindurch hat man im Abendland die Schriften des Aristoteles nur in jener Auswahl und Übersetzung gekannt, die Boethius geschaffen hatte.
Noch erheblich größer war die Nachwirkung eines Mönches, der sich selbst Dionys der Kleine (Dionysius Exiguus) nannte. Er lebte zwischen 500 und 540 in Rom, war mit Cassiodor befreundet, diente der päpstlichen Kirchenleitung mit seiner Arbeit. Dionysius hat sich vor allem um die Sammlung kirchengeschichtlicher Quellen verdient gemacht. Er sammelte Beschlüsse alter Synoden, er stellte päpstliche Entscheidungen zusammen. Dabei machte er sich auch als Übersetzer verdient, indem er griechische Texte ins Lateinische übertrug.[36] Papst Johannes I. beauftragte 525 seine Kanzlei mit der Berechnung des Ostertermins. Es war an sich eine Routinearbeit, für die man Dionysius als Fachmann heranzog. Dionysius

[34] De bello Gothico I,1.
[35] De consolatione philosophiae, ed. *L. Bieler,* CChL 94, 1957.
[36] Werke bei *J.-P. Migne,* PL 67.

legte ein Werk vor, das den Ostertermin gleich für die kommenden 95 Jahre berechnete.[37] Dazu ging Dionysius von einer neuen Zählung aus: Von der Geburt Christi an! Leider hat er sich dabei um einige Jahre verrechnet. Trotzdem ist sein Werk epochemachend. Bis dahin wurde nach römischen Kaisern datiert, in Konstantinopel setzte man diesen Brauch fort. Natürlich wurde diese alte Methode noch für Jahrhunderte weiter beibehalten. Aber grundsätzlich hat der Mönch Dionysius Exiguus in Rom mit jener Zählung der Jahre begonnen, die wir heute noch als unsere Zeitrechnung haben.

[37] PL 67, 485 ff. Einzelheiten bei *E. Caspar,* Geschichte des Papsttums II, Tübingen 1933, 308.

Kapitel 7
Die Kirche unter der Herrschaft der Westgoten in Südgallien und Spanien

Nach der Eroberung Roms 410 haben die Westgoten Italien bald verlassen und sind nach Südgallien und Spanien gewandert. Dort entstand ein großes Reich, das zunächst seine Hauptstadt in Tolosa (Toulouse) hatte. Nach einer Niederlage gegen die Franken 507 wurden die Westgoten auf Spanien beschränkt, Toledo wurde Hauptstadt. Dieses Reich bestand bis zum Einbruch des Islam 711. Es geht also um fast drei Jahrhunderte Kirchengeschichte unter westgotischer Herrschaft. Fast zwei Jahrhunderte hindurch (bis 589) haben die Westgoten ihr homöisches Bekenntnis bewahrt, das sie auf dem Balkan von Wulfila übernommen hatten (Kap. 1 d). Das ist bemerkenswert, weil sie ausschließlich durch katholische Länder wanderten: Italien, Gallien, Spanien. Offenbar hingen sie an ihrer kirchlichen Tradition: der Wulfila-Bibel, der Liturgie, dem Festkalender und der homöischen Theologie, die eine Wesenseinheit zwischen Gott-Vater und Gott-Sohn ablehnte. Freilich läßt sich über ihre Theologie nichts weiter sagen. Wir kennen keinen westgotischen Theologen homöischen Bekenntnisses, der ausführlicher für sein Bekenntnis eingetreten wäre. Man darf daher vermuten, daß die ethnische Eigenart durch die Besonderheit des Bekenntnisses unterstrichen werden sollte. Die westgotische Kirche bleibt leider „schattenhaft ..., weil unmittelbare Quellen und hinreichende Informationen über sie fehlen“[1]. Deutlicher lassen sich die Vorgänge aus der Sicht der katholischen Kirche darstellen.

a) Die mönchische Kirche in Südgallien im 5. Jahrhundert

Die Kirche in Südgallien war nach 400 durch ein blühendes Klosterwesen gekennzeichnet. Das wichtigste Kloster war Lerinum, das auf einer Insel lag. Der Klostergründer Honoratus war gegen den Widerstand seiner reichen Familie Asket geworden. Aus seiner kleinen Klostergründung wurde in zwanzig Jahren ein großes Kloster. Honoratus wurde 428 Bischof von Arles. Dieser Lebensweg ist typisch für andere Lebensschicksale dieser Epoche: Junge Menschen aus wohlhabenden Familien finden während der Völkerwanderung ihre Heimat im Kloster und werden von dort ins Bischofsamt berufen. Neben Honoratus ist dessen Vetter Hilarius zu nennen, der eine Lebensbeschreibung des Honoratus geschrieben hat.[2] Als Gegenspieler des Papstes Leo I. war uns Hilarius bereits begegnet (Kap. 4 e). Der Abt Maximus von Lerinum wurde Bischof, ebenso danach der Abt Faustus, der seinem Vorgänger eine Gedächtnisrede gehalten hat, die Aufschlüsse gibt.[3] Auch Bischof Eucherius von Lyon, Bischof Lupus von Troyes sowie Bischof Salo-

[1] *K. Schäferdiek,* Die Kirche in den Reichen der Westgoten und Suewen bis zur Errichtung der westgotischen katholischen Staatskirche, Berlin (West) 1967, 5.

[2] Sermo de vita S. Honorati, ed. *S. Cavallin,* Lund 1952 oder PL 50.

[3] Ed. *A. Hamman,* PL Suppl. III, 633–640.

nius von Genf waren vorher im Kloster Lerinum gewesen. In Arles und Lyon – Stätten mit großer kirchlicher Vergangenheit – wurden im 5. Jh. Klöster gegründet, die nach dem Vorbild von Lerinum aufgebaut wurden. Ausstrahlungen gehen bis in den Schweizer Jura.[4]

Der bedeutendste Vertreter des gallischen Mönchtums war Johannes Cassian. In jungen Jahren hatte er Gallien verlassen, um das östliche Mönchtum kennenzulernen. Er war u. a. in Ägypten und in Bethlehem gewesen. In Konstantinopel hatte ihn Bischof Johannes Chrysostomos zum Diakon geweiht. Cassian war 404 wieder in das Abendland gekommen, um sich für den gerade abgesetzten Chrysostomos zu engagieren.[5] Cassian war in Rom, verhandelte mit Papst Innozenz I. und lernte auch den späteren Papst Leo I. kennen. 415 gründete er in Südgallien ein Männerkloster bei Marseille, bald darauf auch ein Frauenkloster. Er stellte seine Erfahrungen als Mönch in 12 Büchern zusammen. Er beschrieb die Einrichtungen und Regeln der Klöster, die er in Palästina und Ägypten kennengelernt hatte.[6] Es geht um Fragen der Kleidung, um Gebete, Psalmengesänge und Aufnahmebedingungen. Der größte Teil des Werkes handelt aber von den Kämpfen, die ein Mönch gegen acht Laster zu führen habe: Unmäßigkeit, Unkeuschheit, Geiz, Zorn, Traurigkeit, Trägheit, Ruhmsucht und Hoffart. Cassian geht den psychologischen Eigenheiten der Laster nach und gibt Ratschläge zu ihrer Überwindung. Seine Überlegungen haben das Beichtwesen des Mittelalters beeinflußt. Cassian spricht mit großer Sympathie von den Einsiedlern; er wäre wohl am liebsten selbst Einsiedler geworden. Nicht nur die Welt kann eine Verführung sein, auch die Kirche kann für den Mönch so wirken: „Ein Mönch muß den Bischof und die Frau fliehen."[7] Doch Cassians höchstes Ziel ist ein gut geordnetes Zusammenleben der Mönche im Kontakt zur Kirche. Nur auf diese Weise kann ein Auseinanderfließen der mönchischen Bewegung verhindert werden, nur so kann die apostolische Tradition bewahrt werden. Cassian nahm an theologischen Auseinandersetzungen seiner Zeit Anteil. In einem zweiten Werk, das Gespräche östlicher Mönche enthält,[8] wehrt er vorsichtig Augustins Gnadenlehre ab (Buch 13). Cassian weiß um die Abhängigkeit aller Menschen von der Gnade Gottes, aber die freie Entscheidung des Menschen muß doch zu seinem Heil irgendwie mit wirksam sein. Solche Lehre ist verständlich bei Mönchen, die sich frei zum mönchischen Leben entschieden hatten. Dieser sogenannte „Semipelagianismus"[9] hat sich in den südgallischen Klöstern gehalten bis zur Synode von Orange 529. Cassian wurde von Rom her beauftragt, gegen Nestorius Stellung zu nehmen; in den Jahren 429/430 schrieb er 7 Bücher über die Fleischwerdung des Herrn.[10]

---

4 Vitae patrum Jurensium, ed. *F. Martine,* SC 142, Paris 1968.

5 Vgl. Teil I/6 dieser Reihe von F. Winkelmann.

6 De institutis coenobiorum et de octo principalium vitiorum remediis, ed. *M. Petschenig,* CSEL 13, 1886 oder ed. *J. C. Guy,* SC 109, 1965.

7 De institutis coenobiorum X, 18.

8 Collationes patrum, ed. *M. Petschenig,* CSEL 17, 1888 oder ed. *E. Pichery,* SC 42 und 54, 1955 und 1958.

9 Eine Lehre, die sich teilweise an Pelagius anschließt (vgl. Kap. 2 e dieser Darstellung).

10 De incarnatione Domini contra Nestorium, ed. *M. Petschenig,* CSEL 17, 1888. Über Nestorius Teil I/6 von F. Winkelmann.

Dieser enge Zusammenhang Cassians auch mit Problemen der Ostkirche entspricht den Traditionen der gallischen Kirche von den Zeiten des Irenäus her (um 180). Auf eine so vom Mönchtum her geprägte Kirche trafen die Westgoten.

b) Die katholische Kirche unter den Westgoten bis 507

Die Ansiedlung der Westgoten hatte für die Kirche zunächst keine große Bedeutung. Die Goten forderten wohl mitunter für ihre homöischen Gottesdienste einen Kirchenraum, sie baten aber dann auch einen katholischen Bischof um Vermittlung. Eine gotische Adlige hat sogar für eine katholische Kirche gespendet. Aber es handelt sich immer nur um einzelne Nachrichten, die kaum ein Gesamtbild erlauben.[11] Die mönchisch geprägte Kirche in Südgallien nahm von der Ansiedlung der Westgoten wohl möglichst wenig Notiz. Greifbarer werden die Vorgänge erst mit dem Westgotenkönig Eurich, der von 466 bis 484 regierte und sich um eine grundsätzliche Regelung der kirchlichen Angelegenheiten bemühte. Eurich war Christ homöischen Bekenntnisses, doch war er sich im klaren darüber, daß das Verhältnis zur katholischen Mehrheitskirche geregelt werden müsse. Seine Bestrebungen fanden ihren Niederschlag im Codex Euricianus, der später in die westgotische Gesetzessammlung aufgenommen wurde.[12] Primär wollte Eurich seiner Kirche eine Rechtsgrundlage geben, doch sollten die Bestimmungen auch für die katholische Kirche seines Reiches gelten. Eurich ging von einer bischöflich verfaßten Kirche aus, während der Einfluß der Klöster möglichst eingeschränkt werden sollte. Nach dem Codex Euricianus sollten Mönche oder Nonnen, die ohne gesetzliche Erben oder ohne gültiges Testament stürben, durch die Bischofskirche beerbt werden; in der römischen Vorlage war dagegen die Erbfolge des Klosters bestimmt worden.[13] Zuwendungen aus dem Kirchengut an Priesterkinder werden vorausgesetzt, doch sollte das Eigentum der Kirche möglichst erhalten bleiben.[14] Ein Asylrecht wird der Kirche zugestanden, das der römischen Rechtsvorlage folgt.[15]
Es gab auch Schwierigkeiten zwischen dem westgotischen König und der katholischen Kirche, die an Einzelfällen sichtbar werden und in einigen Quellen überliefert sind. Ein besonders interessanter Zeuge jener Zeit ist der Bischof Sidonius Apollinaris, der sich durch eine hohe Bildung auszeichnete. Er stammte aus der Oberschicht und heiratete eine Kaisertochter. Rom blieb für ihn sein Ideal: „Die Wohnstätte des Gesetzes, die Schule der Bildung, der Versammlungsort der Würden, der Gipfel der Welt und die Heimat der Freiheit."[16] Den Barbaren gegenüber empfindet Sidonius „eine Mischung aus Spott, Verachtung und Furcht"[17]. Dem Christentum stand er lange Zeit recht distanziert gegenüber, doch wurde er 469 Bischof von Clermont-Ferrand und mußte 480 die Verwüstung dieser Stadt

---

[11] Einzelheiten mit Quellenbelegen bei *K. Schäferdiek,* Die Kirche in den Reichen der Westgoten und Suewen, a. a. O. 8–13.

[12] Codex Euricianus in der Lex Visigothorum, ed. *K. Zeumer,* MGH L I,1, 1902.

[13] Codex Euricianus 335 im Vergleich zum Codex Theodosianus V,31, ed. *Th. Mommsen / P. M. Meyer,* Berlin 1905.

[14] Codex Euricianus 306, aufgenommen in Lex Visigothorum V,1,3.

[15] Lex Visigothorum IX,3,1.

[16] Brief an Eutropius, ed. *C. Luetjohann,* MGH AA 8, 1887, Ep. I.

[17] Brief an Probus, a. a. O. Ep. IV.

miterleben. Inzwischen hat er sich so in die Bibel eingelesen, daß er die Vorgänge mit ihrer Hilfe bewältigt: Der Pharao schreitet mit dem Diadem einher, der Israelite muß den Korb tragen. In dem Ofen von Babylon wird man verbrüht, mit Jeremia trauert man um Jerusalem mit Seufzen und Wehklagen. Assur tritt mit königlicher Verachtung das Heilige der Heiligen in den Staub.[18] Im Anschluß an diese biblischen Erinnerungen äußert Sidonius die Ansicht, daß die Versenkung in die Leiden des Alten Testaments eine Möglichkeit zeige, wie sich der innere Mensch von den Prüfungen und Plagen frei machen könne, denen der äußere Mensch unterworfen sei. Die Herrschaft der Westgoten sieht Sidonius mit Bitterkeit. Er beklagt den Verfall der geistlichen Versorgung, der durch den Tod weiterer Bischöfe immer schlimmer werde. Kirchengebäude seien verwahrlost. Nicht nur ländliche, sondern auch städtische Kirchen seien vom Verfall betroffen. Zwei Bischöfe seien ausgewiesen worden.[19] Schäferdiek macht es jedoch wahrscheinlich, daß zumindest die eine Ausweisung eine politische Maßnahme gegen eine Einzelperson gewesen sei, die nicht als kirchenpolitisches Programm betrachtet werden dürfe.[20] Von einer westgotischen Propaganda für das homöische Bekenntnis kann keine Rede sein. Sidonius sagt zwar, daß ein westgotischer Vertreter sich zu einem konfessionellen Streitgespräch bereit erklärt habe. Es ist aber völlig unklar, wann und wo ein solches Gespräch stattgefunden haben könnte.[21]

Nach dem Tode des Königs Eurich kam Alarich II. zur Macht von 484 bis 507. Er strebte eine Normalisierung der gespannten Zustände an. In dem „Römischen Gesetz der Westgoten“ wurden zahlreiche Rechtsbestimmungen aus alter römischer Zeit übernommen, die für die romanische Mehrheit der Bevölkerung gültig sein sollte.[22] Die katholische Bevölkerung hatte diese Rechte faktisch immer beansprucht, jetzt wurden sie ihr durch ein staatliches Gesetz zugesichert. Das bedeutete „einen energischen Schritt in Richtung auf die Schaffung einer katholischen Landeskirche innerhalb des westgotischen Reiches und damit zugleich der ersten katholischen Landeskirche einer germanischen Staatsbildung überhaupt“[23]. Die Synode von Agatha (Agde) 506 hat Beschlüsse gefaßt, die die staatliche Gesetzgebung aufnahm. Der westgotische König Alarich II. wurde trotz seines „arianischen“ Bekenntnisses als „allerfrömmster König“ bezeichnet. Man bedankte sich dafür, daß man durch seine Erlaubnis zur Synode habe zusammenkommen können, man leistete für ihn Fürbitte.[24] Die Synodalbeschlüsse betrafen die Disziplin des Klerus, die Gemeindezustände, das Kirchengut, liturgische Fragen sowie Probleme des Mönchtums. Es wurde ein Beschluß gefaßt, daß die Synode alljährlich wieder zusammentreten sollte. Doch wurde diese Entwicklung abgebrochen durch die Niederlage Alarichs 507 durch die Franken. Dabei fand Alarich II. einen frühen Tod.

---

[18] Brief an Basilius, a. a. O. Ep. VII.

[19] S. Anm. 18.

[20] *K. Schäferdiek,* a. a. O. 22/23.

[21] *K. Schäferdiek,* a. a. O. 29.

[22] Lex Romana Visigothorum, ed. *G. Haenel,* Berlin 1848, Neudruck 1962.

[23] *K. Schäferdiek,* a. a. O. 47.

[24] Conciliae Galliae, ed. *C. Munier,* CChL 148, 1963, 192: Prolog zum Konzil von Agatha 507.

c) *Bischof Caesarius von Arles († 542)*

Die turbulenten Vorgänge in Südgallien bekommen wir gut in den Blick aus der Lebensbeschreibung des Bischofs Caesarius von Arles, die dessen Schüler kurz nach seinem Tode 542 abgefaßt haben.[25] Caesarius wurde um 470 in Burgund geboren, ging als Zwanzigjähriger nach dem Süden, um in dem berühmten Inselkloster Lerinum Mönch zu werden. Als Speisemeister des Klosters erregte er den Zorn der übrigen Mönche. Caesarius selbst hielt die Fastengebote so streng ein, daß er nach Arles in ärztliche Behandlung geschickt wurde. Hier begann er Rhetorik zu studieren bei einem Lehrer, der aus Nordafrika geflüchtet war. Dieser machte ihn mit einigen Schriften Augustins bekannt. Der Bischof von Arles übertrug ihm bald die Leitung eines Klosters und bestimmte ihn zu seinem Nachfolger im Bischofsamt. So wurde Caesarius 502 Bischof von Arles. Er kümmerte sich nachhaltig um die Gemeinde: Er vermehrte das Angebot an Gottesdiensten, er förderte die Mitwirkung der Gemeinde in der Liturgie, er regte die Laien zur selbständigen Lektüre der Bibel an. Die Verwaltung des Kirchenvermögens übertrug er geeigneten Laien, um sich ganz der Predigt und Seelsorge widmen zu können (I,16). Im Jahre 505 wurde Caesarius bei der westgotischen Regierung denunziert. König Alarich II. verbannte ihn nach Bordeaux. Aber dort erwarb er sich so viel Sympathie und Vertrauen, daß er bald wieder rehabilitiert und nach Arles zurückgeschickt wurde. In Übereinstimmung mit dem westgotischen König berief Caesarius jenes Konzil von Agatha (Agde) ein, das 506 die alte römische Ordnung der gallischen Kirche in Übereinstimmung mit der Ordnung im westgotischen Staat in rechtliche Form brachte. Wahrscheinlich hat auch Caesarius damals mit einer längeren Periode ruhiger kirchlicher Arbeit im westgotischen Staat gerechnet.
Tatsächlich begann schon kurz nach dem Ende der Synode der Vormarsch der Franken und Burgunder vom Norden her, die die Westgoten 507 besiegten. Arles wurde in den Jahren 508–510 belagert. Caesarius scheint keine Sympathie für die Belagerer gehabt zu haben, obwohl diese Katholiken waren. Arles wurde 510 von einem ostgotischen Heer eingenommen, das König Theoderich aus Italien geschickt hatte. Die große Not in Arles nach zweijährigem Krieg durch die Fülle der dort untergebrachten Gefangenen wurde von Caesarius mit allen ihm zur Verfügung stehenden Mitteln bekämpft. Caesarius hat auch den Kirchenschmuck und das Kirchengut eingesetzt, um anderen Menschen helfen zu können. Er wurde deshalb von manchen Bischöfen getadelt (I,33). Caesarius konnte 512 ein abgebranntes Nonnenkloster wieder einweihen. Kurz darauf wurde er verhaftet und in die Hauptstadt Ravenna gebracht. Vor dem Ostgotenkönig Theoderich gelang es ihm, sich zu rechtfertigen und das Vertrauen des Herrschers zu gewinnen. Caesarius reiste weiter nach Rom zu Papst Symmachus, dem er 513 eine Bittschrift überreichte.[26] In den Jahren 524–534 konnte Caesarius mehrere Synoden durchführen und als Metropolit jene Rechte wahrnehmen, die dem Bischof von Arles im 4. Jh. zugefallen waren.
Besondere theologische Bedeutung hatten Beschlüsse, die das katholisch-nicänische

[25] Vita Caesarii episcopi Arelatensis libri duo, ed. *B. Krusch,* MGH SRM III, 1896, 457–501.
[26] Ed. *W. Gundlach,* MGH Ep. III, 1892, 40.

Bekenntnis gegen die Homöer verstärkt zum Ausdruck bringen sollten. In der Liturgie wurde ein dreifaches Sanctus aufgenommen, weil die drei göttlichen Personen in gleicher Weise verehrt werden sollten. Die alte Formel, die man Arius zuschrieb, lautete: „Es gab eine Zeit, zu der er (Christus) noch nicht war." Diese Formel sollte bekämpft werden durch die Wendung in der Liturgie „Ehre sei dem Vater und dem Sohn und dem Heiligen Geist". Man beschloß noch eine weitere Unterstreichung durch die Worte „Wie es war im Anfang, jetzt und immerdar"[27]. Diese Worte leben auch in unserer Liturgie bis heute. Noch wichtiger war die Stellungnahme des Caesarius für die Gnadenlehre Augustins (Kap. 2 e). Häufig schrieb Caesarius in seinen Briefen „mit Gottes Hilfe" oder „wenn der Herr es gewährt". Er übernahm von Augustin das Grundanliegen, daß der Mensch nichts ohne Gottes Gnade vollbringen kann. Das schließt keineswegs aus, daß Caesarius in seinen Predigten – ähnlich wie Augustin – immer wieder an den freien Willen seiner Zuhörer appelliert und sie zu guten Werken auffordert. Nach ausführlichen Diskussionen über das Thema Sünde und Gnade wurden auf der Synode von Orange (529) Beschlüsse gefaßt. Unter maßgeblichem Einfluß des Caesarius wird klar ausgesprochen, daß der Anfang des Heilsweges bei Gottes Gnade liegt und nicht bei einem Willensentschluß des Menschen. Schon das Verlangen nach Glauben ist eine Gnade Gottes. Die Natur des Menschen ist ohne Erleuchtung durch den Heiligen Geist nicht fähig, sich das Heil zu erwerben. In den Canones 9–25 werden viele Augustinzitate gebracht. Doch hat man dessen ganz krasse Äußerungen über die Vorherbestimmung des Menschen, die auch im Sinne einer Vorherbestimmung zur Verdammnis verstanden wurden, nicht wiederholt. Der Epilog des Caesarius weist ausdrücklich jeden Fatalismus zurück. Papst Bonifatius II. hat jene Beschlüsse bestätigt, die so in das grundlegende katholische Handbuch von H. Denzinger Eingang fanden.[28]

Caesarius von Arles bekam 536 nochmals eine neue Obrigkeit: Die Franken, die schon einmal vergeblich Arles belagert hatten, besetzten die Stadt. Die Westgoten hatten sich nach Spanien zurückgezogen, die Ostgoten waren in Italien vollauf beschäftigt. Caesarius hatte es schwer, seine Rechte als Metropolit auch unter den neuen Bedingungen zu wahren. An den fränkischen Landessynoden nahm der fast 70jährige nicht mehr teil. Ein Brief an den Frankenkönig Theudebert blieb ohne Erfolg.[29] Das Interesse des Caesarius galt nur noch der eigenen Gemeinde und vor allem den Klöstern, die er gegründet hatte. In einem Nonnenkloster ist er 542 gestorben. Von Caesarius sind 238 Predigten sowie kleinere Schriften gegen Arianer und Pelagianer überliefert. Sein Interesse für das Klosterwesen hat sich in zwei Regeln niedergeschlagen.[30] Er hat auch für die Nonnen wissenschaftliche Arbeit empfohlen und setzt eine Bibliothekarin im Nonnenkloster voraus.[31]

[27] *K. Baus* im HKG (J) (hrsg. v. *H. Jedin*) II/2, Freiburg/Basel/Wien 1975, 286 unter Hinweis auf Kanon 3 des Konzils von Vaison 529.

[28] *H. Denzinger,* Enchiridion Symbolorum definitionum et declarationum, zahlreiche Auflagen, Freiburg, Nr. 174–200.

[29] Ed. *W. Gundlach,* MGH Ep. III, 1892, 57.

[30] Sancti Caesarii episcopi Arelatensis opera omnia, ed. *G. Morin,* 2 Bde., Maredsous, 1937/1942, Nachdruck im CChL 103/104, 1953.

[31] Regula ad virgines, Kap. 18 und 32.

d) Der Übergang der Westgoten zur katholischen Kirche

Das Leben des Caesarius von Arles läßt erneut erkennen, daß die Goten homöischen Bekenntnisses keine Versuche gemacht haben, um Katholiken zum homöischen Bekenntnis zu bekehren. Der fränkische Geschichtsschreiber und Bischof Gregor von Tours überliefert eine Episode, die gewiß abfällig gemeint ist, die aber doch aussagekräftig sein dürfte. Gregor war mit einem westgotischen Gesandten zusammengetroffen; es war zu einem konfessionellen Streitgespräch gekommen. Jener Westgote äußerte darin:

> „Lästere nicht eine Lehre, die du nicht verehrst. Wir lästern auch nicht, was ihr glaubt, obwohl wir es nicht glauben. Denn bei uns gilt es nicht als ein Verbrechen, dieses und jenes zu verehren. So sagt bei uns der Volksmund, es sei nicht schädlich, zwischen den Altären der Heiden und der Kirche Gottes hindurchgehend beiden Ehrfurcht zu erweisen."[32]

Trotz solcher toleranten Grundeinstellung kam es doch immer wieder zu Unruhen, die auch mit der Schwäche des Wahlkönigtums zusammenhingen. Jeder Tod eines Königs brachte Unsicherheit mit sich, in der dann auch die konfessionelle Frage eine Rolle spielen konnte. Die Landung byzantinischer Truppen in einigen spanischen Mittelmeerhäfen 552 komplizierte die Lage zusätzlich. Unter König Leovigild schien sich 572 eine gewisse Festigung der Lage anzubahnen: Sein jüngerer Sohn Hermenigild heiratete eine fränkische Prinzessin katholischen Bekenntnisses.[33] Ganz offensichtlich sollte ein friedlicher Ausgleich mit den mächtigen fränkischen Nachbarn und auch mit der katholischen Kirche angestrebt werden. Jener Königssohn Hermenigild ging auf diesem Wege aber rascher voran, als seinem Vater lieb war: Hermenigild wurde katholisch und erhob sich gegen seinen Vater. Er suchte Rückendeckung bei den Byzantinern in den Hafenstädten am Mittelmeer. Doch der Aufstand scheiterte, Hermenigild fand Zuflucht in Sevilla. Der dortige katholische Bischof Leander ging für ihn nach Konstantinopel[34] und mußte dann dort einige Zeit im Exil leben, da Hermenigild in seiner Heimat inzwischen völlig gescheitert war.

In Spanien kam es kurzfristig zu einer neuen Religionspolitik: König Leovigild strebte seit 580 eine ausgleichende Linie an, die sich an einigen Punkten zeigen läßt: Die homöischen Westgoten hatten bis dahin übertretende Katholiken (erneut) getauft; jetzt verzichteten sie auf solche Wiedertaufe.[35] In theologischen Diskussionen ließ Leovigild Entgegenkommen durchblicken: Er könne den Ausdruck „wesensgleich" (aequalis) für Gott-Vater und Christus durchaus einsehen.[36] Mit solchem Entgegenkommen Hand in Hand ging jedoch eine Propagandawelle, durch die Katholiken für die westgotische Kirche gewonnen werden sollten. Die Quellen sind spärlich. Aber Vorgänge in Merida sind deutlich: Der dortige katho-

---

[32] Historia Francorum V,43, Lateinisch-deutsch, hrsg. v. *R. Buchner,* Ausgewählte Quellen zur deutschen Geschichte des Mittelalters, Bd. 1, Berlin 1958.

[33] Historia Francorum V,38 berichtet über die schwere Lage jener fränkischen Prinzessin.

[34] Gregor d. Gr. in Ep. V,53 a, ed. *Ewald-Hartmann,* MGH Ep. II, 1899.

[35] Chronicon des Johannes von Biclaro zum Jahre 580, ed. *Th. Mommsen,* MGH Chronica minora II, 1894, Neudruck 1951.

[36] Gregor von Tours, Historia Francorum VI,18.

lische Bischof Masona sollte mit seiner Gemeinde sich der westgotischen Kirche anschließen; er bleibt aber unerschütterlich. Daraufhin ernennt König Leovigild einen Homöer Sunna zum Bischof von Merida, der dort aber nur eine Minderheit für sich gewinnt. Trotzdem übernimmt er mehrere Kirchengebäude der Stadt. Eine öffentliche Disputation zwischen den beiden Bischöfen bringt – nach der katholischen Quelle[37] – einen klaren Sieg für den katholischen Bischof Masona, der daraufhin in die Verbannung geschickt wird. Auch in anderen Städten wurden Bischöfe von den Westgoten eingesetzt. Die Maßnahmen scheinen auch Erfolge gebracht zu haben. Jedenfalls beobachtet Gregor von Tours die Vorgänge mit Sorge. Er schreibt 582, daß sich in Spanien nur noch wenige Katholiken gehalten hätten.[38] Das Beharrungsvermögen der katholischen Kirche war aber auch in dieser Lage groß. Nach dem Tode des Königs Leovigild übernahm dessen Sohn Rekkared die Regierung. Er trat 587 offen zur katholischen Kirche über. Es gab auch vorher schon einzelne Goten, die für ihre Person diesen Schritt vollzogen hatten. Wir hatten schon den Königssohn Hermenigild genannt, auch der katholische Bischof Masona von Merida war Gote. Der Geschichtsschreiber Johannes von Biclaro – selbst auch katholischer Gote – berichtet über den Übertritt des Königs Rekkared:

> „Im ersten Jahr seiner Herrschaft, im zehnten Monat wird Rekkared mit Gottes Beistand katholisch. Er bewirkt, daß die Bischöfe der arianischen Sekte, nachdem er sie in weiser Unterredung angegangen ist, sich eher infolge von Vernunftgründen als auf Befehlszwang zum katholischen Glauben bekehren, und führt das gesamte Volk der Goten und Suewen zur Einheit und zum Frieden der christlichen Kirche zurück. Durch göttliche Gnade kommen die arianischen Gruppen zur christlichen Lehre."[39]

Auf einem Konzil in Toledo 589 bekannten sich die gotischen Bischöfe, die vorher homöischen Bekenntnisses waren, zum katholisch-nicänischen Bekenntnis.[40] Es gab nur vereinzelt Widerstand: Der von König Leovigild ernannte Gegenbischof Sunna von Merida fand Anhänger für einen Umsturzversuch. Noch 603 gab es einen solchen Versuch, der aber nicht nur konfessionelle Gründe hatte. Dem homöischen Bischof Sunna von Merida werden von katholischer Geschichtsschreibung deutliche Worte in den Mund gelegt, die aber zeigen, daß er auf keinen Fall zu einem Übertritt bereit war:

> „Was Buße ist, weiß ich nicht. Ihr mögt daher zur Kenntnis nehmen, daß ich nicht verstehe, was Buße ist und niemals katholisch sein werde, daß ich vielmehr weiterhin so, wie ich bisher gelebt habe, leben oder aber bereitwillig für den Glauben, in dem ich von Beginn meines Lebens an bis heute verharrt habe, sterben werde."[41]

---

[37] Vitae patrum Emeritensium, ed. *J. N. Garvin* (Studies in Medieval and Renaissance Latin Language and Literature 19 – Catholic University of America), Washington 1946.

[38] Historia Francorum VI,18.

[39] Chronicon des Johannes von Biclaro zum Jahre 587, ed. *Th. Mommsen,* MGH Chronica minora II, 1894, Neudruck 1951.

[40] Hispana collectio Canonum, PL 84, 346.

[41] Vitae patrum Emeritensium V,11, a. a. O., zitiert nach der Übersetzung von *K. Schäferdiek,* a. a. O. 202.

Wir hören auch noch die Namen anderer homöischer Bischöfe, die dem Schritt ihres Königs nicht gefolgt sind.[42] Die Mehrheit aber hat sich der katholischen Kirche angeschlossen. 589 in Toledo bekannte man sich ausdrücklich zu jener Kirche, „die die Entscheidungen des nicänischen, konstantinopolitanischen, ersten ephesinischen und chalkedonensischen Konzils fest und in Ehren hält"[43]. Man nahm also das 5. Ökumenische Konzil 553 nicht zur Kenntnis. Der Widerstand des Abendlandes gegen die dort beschlossene Erweichung der Zweinaturenlehre könnte auch in Spanien wohlbekannt gewesen sein und den Übertritt der Homöer innerlich erleichtert haben: Den Homöern lag doch an der vollen Menschheit Jesu, wie sie die Evangelien schildern; eben diese Seite wollte auch die Zweinaturenlehre festhalten.[44] Spürbarer als die dogmatische Frage nach der Christologie dürfte die praktische Frage des Zölibats gewesen sein: Die arianischen Bischöfe wurden vor die Wahl gestellt, auf ihr Bischofsamt oder auf ihre Ehe zu verzichten.[45] Grundsätzlich aber erstrebte man den Übertritt des „arianischen" Bischofs unter Beibehaltung seiner Würde auch dann, wenn es in jener Stadt zwei konkurrierende Bischöfe nebeneinander gab.[46] Es zeigte sich ein „Weg der katholischen Kirche Spaniens von der Kirche im westgotischen Staat zur westgotischen Staatskirche"[47].

e) *Papst Gregor I. und die westgotische Kirche*

Die Entscheidung der Westgoten für den katholisch-nicänischen Glauben wurde auch von Papst Gregor I. mit Freude zur Kenntnis genommen. Er dankte 591 dem spanischen Bischof Leander von Sevilla, daß dieser sich so erfolgreich eingesetzt habe.[48] An die frühere Episode mit Hermenigild erinnert Gregor nicht. Es kam später zu Kontakten zwischen dem Papst und König Rekkared. Gregor lobt ihn, weil er sein Volk von der arianischen Irrlehre zum rechten Glauben geführt habe.[49] Rekkared hatte seinerseits ein Anliegen, bei dem er päpstliche Hilfe erhoffte: Er wollte seine Beziehungen zum Kaiser in Konstantinopel regeln. Rekkared vermutete, daß in Archiven in Konstantinopel noch alte Verträge sein müßten. Gregor jedoch winkte ab: Das Archiv sei unter Kaiser Justinian abgebrannt, Urkunden aus der Zeit davor seien nicht mehr vorhanden.[50] Das Verhältnis der Westgoten zum byzantinischen Reich hat sich also nicht verbessert durch den Übertritt zum katholischen Bekenntnis. Die Byzantiner behielten ihre Stützpunkte an der spanischen Südküste. Papst Gregor schickte einen Beauftragten

[42] Johannes von Biclaro nennt einen Bischof Uldila (z. Jahre 589), Gregor von Tours einen Bischof Athaloch (IX,15).

[43] Concilium Toletanum III, anathema 11, PL 84; zitiert nach *K. Schäferdiek,* a. a. O. 213.

[44] *G. Haendler,* Altkirchliche Konfessionskämpfe und Germanenmission, EMZ I (1966), 15–24.

[45] *K. Schäferdiek,* a. a. O. 219–220 mit Quellenbelegen.

[46] *K. Schäferdiek,* a. a. O. 221.

[47] *K. Schäferdiek,* a. a. O. 230.

[48] Ed. *L. M. Hartmann,* MGH Ep. I, 1899, I,41.

[49] Ed. *Hartmann-Ewald,* MGH Ep. II, 1899, IX, 228.

[50] Einzelheiten bei *E. Caspar,* Geschichte des Papsttums II, Tübingen 1933, 492.

dorthin; die Instruktionen sind erhalten.[51] Der Bischof von Malaga und ein anderer Bischof im byzantinisch besetzten Gebiet waren abgesetzt worden und hatten den Papst angerufen. Gregor gab seinem Beauftragten mehrere Urteile mit, die er je nach seinen Untersuchungsergebnissen verkünden sollte. Gregor hielt es für möglich, daß kaiserliche Beamte bei der Absetzung jener Bischöfe mitgewirkt hätten. Auch sie sollten gegebenenfalls mit kirchlicher Strafe belegt werden. Dieser Vorgang ist interessant: Im byzantinischen Hoheitsgebiet greift Gregor energisch ein, im benachbarten westgotischen Gebiet hat er derartige Eingriffe niemals versucht.

Außer der persönlichen Beziehung zu Bischof Leander von Sevilla gibt es noch einen Briefwechsel zwischen dem Papst und einem spanischen Bischof. Nach Gregors Tod hat das 4. Nationalkonzil von Toledo 633 eine Entscheidung Gregors über den Taufritus angenommen.[52] Der Beschluß zeigt, daß man in der spanisch-westgotischen Kirche den Papst hoch achtete; freilich sieht man auch, daß eine päpstliche Entscheidung erst noch von der Synode anerkannt werden mußte und nicht etwa selbstverständlich gültig war. Die Beziehungen zum Papsttum blieben nur lose. Die westgotische Kirche in Spanien war auch nach dem Übertritt zum katholischen Bekenntnis eine Landeskirche unter der Leitung des Königs.

f) Die Suewen und die Kirche im 6. Jahrhundert

Neben den Westgoten bewohnten die Suewen einen Teil der iberischen Halbinsel. Die Chronik des spanischen Bischofs Hydatius erwähnt sie mehrfach. Er spricht zum Jahr 455/456 von einem Königreich der Suewen.[53] Es wurde von einem katholischen König regiert und von den Westgoten besiegt. Es folgte eine Missionierung im homöischen Sinne. Der Chronist Hydatius war 460 verhaftet, seine Chronik endet 466. Erst aus dem Jahre 538 haben wir mit einem Brief des Papstes Vigilius an den Bischof von Braga wieder eine deutliche Quelle.[54] Der Priszillianismus spielte in jener Gegend offenbar noch eine Rolle, aber es gab auch Konfessionswechsel zwischen der arianischen und katholischen Kirche. Der Papst kündigt die Übersendung eines Meßkanons an. In der Mitte des 6. Jh. trat ein Suewenkönig zur katholischen Kirche über. Der entscheidende Mann der Kirche ist Martin von Dumio, der als Metropolit von Braga ein wichtiges Konzil 572 leitete. Wir hören von ihm aus der Frankengeschichte des Gregor von Tours.[55] Der gallische Kleriker Venantius Fortunatus bezeichnet Martin von Braga als den Apostel Gallaeciens.[56] Diese Kirche verstand sich als katholische Kirche im suewischen Herrschaftsbereich mit ihrem Metropoliten Martin von Braga an der Spitze. Weitere Synoden fanden ebenfalls in Braga statt.[57]

---

51 Ed. *L. M. Hartmann-Ewald* MGH Ep. II, 1899, XIII, 47.

52 Concilium Toletanum, Kanon 6, ed. *J. D. Mansi,* Conciliorum collectio X, 618.

53 Hydatii Lemici continuatio Chronicorum Hieronymianorum, ed. *Th. Mommsen,* MGH Chronica minora II, 1894.

54 Ed. *Jaffé/Kaltenbrunner* Nr. 907.

55 Historia Francorum V,37.

56 Carmina V,2,17–22, ed. *B. Krusch,* MGH AA 4, 1885.

57 Martini episcopi Bracarensis opera omnia, ed. *C. W. Barlow* (Papers and Monographs of the American Academy in Rome 12), New Haven 1950.

Das Suewenreich wurde 585 dem westgotischen Reich einverleibt. Der Übertritt Rekkareds 587 bedeutete, daß die katholische Kirche im einstigen suewischen Reich ohne Schwierigkeiten mit der katholischen Kirche im westgotischen Reich zusammenwachsen konnte.

g) Die westgotisch-katholische Synthese bei Bischof Isidor von Sevilla († 636)

Isidor wurde um 560 in Carthagena oder Umgebung geboren, also in jenem Gebiet, das damals unter byzantinischer Herrschaft stand. Die Familie empfand jedoch die Byzantiner als Eindringlinge und neigte mehr den Westgoten zu, obwohl diese damals noch Homöer waren. Isidors älterer Bruder war der Erzbischof Leander von Sevilla, der den Königssohn Hermenigild unterstützte, der zur katholischen Kirche übergetreten war und vergeblich einen Staatsstreich unternommen hatte. Leander war deshalb nach Konstantinopel gereist, wo er mit dem späteren Papst Gregor I. zusammentraf und dessen Freundschaft gewann. Isidor erlebte die Religionspolitik Leovigilds mit, der einerseits Zugeständnisse an die katholische Lehre machte, andererseits aber eine einheitliche westgotisch-homöische Kirche erzwingen wollte. Isidor urteilte hart über jene Versuche:

> „Leovigild löste, vom Fanatismus arianischen Irrglaubens besessen, eine Verfolgung gegen die Katholiken aus und verwies sehr viele Bischöfe in die Verbannung. Einkünfte und Rechte der Kirchen hob er auf. Viele verleitete er durch Einschüchterung zur arianischen Seuche, die meisten täuschte er ohne Verfolgungsmaßnahmen durch Verführung mit Gold und Vermögenswerten. Er hat sich auch vermessen, neben den sonstigen Befleckungen durch seine Häresie Katholiken sogar wiederzutaufen, und zwar nicht nur aus dem Volk, sondern aus dem geistlichen Stand wie Vinzenz von Saragossa, der vom Bischof zum Abtrünnigen wurde ..."[58]

Aber für Isidor liegen diese Vorgänge in der Vergangenheit. Er hat auch noch Aufstandsversuche in den Jahren 603–610 festgehalten, in denen die konfessionelle Frage eine mehr oder weniger große Rolle gespielt hat. Hinweise auf persönliche Leiden Isidors finden wir erst in einer späteren Darstellung seines Lebens.[59] Isidor wurde nach dem Tode seines Bruders Bischof von Sevilla (600 oder 601). Er hat dieses Amt bis zu seinem Tode 636 ausgeübt. Es war eine relativ ruhige Zeit nach allen Wirrungen der Völkerwanderung. Diesner sagt, daß Isidor etwa im Vergleich zu Augustin „geradezu als saturiert" erscheine.[60] Isidor bemühte sich, in den gegebenen Verhältnissen die Möglichkeiten der Kirche voll auszuschöpfen. Es sind uns nur 13 Briefe von ihm überliefert, die aber gerade den engen Kontakt zum Königshof in Toledo zeigen.[61] Besonders positiv beurteilte Isidor den gelehrten Gotenkönig Sisebut (612–621), dem er die Bezeich-

---

[58] Isidor, Historia Gothorum 50, ed. *Th. Mommsen,* MGH Chronica minora II, 1894.
[59] Lucas Tudensis, Vita Sancti Isidori, PL 82.
[60] *H. J. Diesner,* Isidor von Sevilla und das westgotische Spanien (Abhandlungen der sächsischen Akademie der Wissenschaften, philologisch-historische Klasse 67,3), Berlin 1977, 26.
[61] PL 83, Ep. 10–13.

nung „christianissimus" zuerkennt.[62] Dieses Wort „allerchristlichster" König hat später so viel Mißbrauch erfahren, daß man auch seinen Ursprung mit Skepsis aufnimmt. Der folgende König Svinthila vertrieb die letzten Byzantiner aus Südspanien. Isidor sah das mit Sympathie. Isidor nennt König Svinthila den „Vater der Armen"[63]. Möglicherweise hat er eine Umverteilung des Besitzes in seinem Lande angestrebt? Er verlor seine Herrschaft 633.
Besonderes Interesse hatte Isidor am Mönchtum. Er hat selbst eine Mönchsregel verfaßt, die sich weithin an alte Vorbilder anlehnte. Die von Cassiodor so sehr geforderte wissenschaftliche Arbeit steht bei Isidor weniger im Vordergrund. Er betont stärker die Handarbeit. Mönche sind zur Gartenarbeit und Krankenpflege einzusetzen; doch soll auf jeden Fall Zeit zu Gebet und Lesung vorhanden sein. Für besonders schwere Arbeit setzt er den Einsatz von Sklaven voraus.[64] Isidors Gesichtskreis ist auf Spanien beschränkt. Papst Gregor I. in Rom ist ihm dem Namen nach bekannt, andere Päpste erwähnt er nicht. Die Kirche in Spanien regelt ihre Angelegenheiten selbst, wobei die Anerkennung der rechtgläubigen Tradition selbstverständliche Voraussetzung ist. Die kirchliche Vergangenheit der Westgoten wird von daher nur kurz und kritisch von Isidor zusammengefaßt:

> „Damals erfand Wulfila, ihr Bischof, gotische Buchstaben und übersetzte die Schriften des Neuen und Alten Testaments in ihre Sprache. Sobald aber die Goten anfingen, die Buchstaben und das Gesetz zu haben, richteten sie sich Kirchen ihres Bekenntnisses ein und hielten sich nach dem Vorbild des Arius an solche Lehrsätze über die Gottheit, daß sie glaubten, der Sohn sei geringer an Majestät als der Vater, sei jünger als dieser in der Ewigkeit, der Heilige Geist sei nicht Gott, sei nicht aus dem Wesen des Vaters hervorgegangen, sondern vom Sohne erschaffen, dem Vater und dem Sohne dienstbar und beiden zum Gehorsam verpflichtet ... Dieses Übel der Gotteslästerung hielten sie fest durch lange Zeit, unter einer ganzen Reihe von Königen, 213 Jahre. Endlich dachten sie an ihr Seelenheil, sagten sich von dem tiefeingewurzelten Irrglauben los und gelangten durch Christi Gnade zur Einheit des katholischen Glaubens."[65]

Isidors einflußreichstes Werk waren seine Etymologien. Durch Worterklärungen wollte er den Dingen auf den Grund kommen; man hat das Werk daher auch „Ursprünge" (Origines) genannt. In 20 Bänden hat er das damalige weltliche und geistliche Wissen zusammengestellt.[66] Während Augustin und noch mehr Cassiodor das antike Wissen nur noch soweit benutzen, wie es der Kirche dienen konnte, bietet Isidor eine Unmenge an Stoff. Die alten römischen Geschichtsschreiber Sallust und Livius stehen dabei gleichberechtigt neben den kirchlichen Geschichtsschreibern Euseb und Hieronymus. Isidor treibt keine Apologetik mehr, das

[62] Historia Gothorum 60 ed. *Th. Mommsen,* a. a. O.
[63] Historia Gothorum 64. Dazu *H. J. Diesner,* a. a. O., Kap. 1 mit der Überschrift „Armentheologie und Frühfeudalismus", bes. S. 12.
[64] Regula monachorum, Kap. 4 und 5.
[65] Historia Gothorum 8.
[66] Origines (Etymologiae), ed. *W. M. Lindsay,* Oxford 1911, Nachdruck, 1971. Man wird die Werke Isidors am besten immer noch bei *J.-P. Migne,* PL 81–83 finden.

Heidentum ist tot. Er freut sich an seiner Gelehrsamkeit und will sie weitergeben. Die einzelnen wortgeschichtlichen Ableitungen sind uns fremd. Trotzdem hat das Werk auch heute noch seine Bedeutung für die Wissenschaftsgeschichte. Die Schrift Isidors war in zahlreichen Klosterbibliotheken des Mittelalters vorhanden, sie ist noch heute in 950 Handschriften erhalten. Durch dieses Werk wurden Schätze aus der Antike für das Mittelalter aufbewahrt, die sonst verlorengegangen wären. Bei Isidor liegt schon jene Synthese vor zwischen Antike, Germanentum und Christentum, die man oft als Voraussetzung für das Mittelalter genannt hat.

Kapitel 8
Die Kirche in Nordafrika in der Völkerwanderung

a) Die Invasion der Wandalen

Die Christen in Nordafrika erlebten die Völkerwanderung zunächst nur indirekt. Beim Ansturm der Westgoten auf Italien 410 kamen Flüchtlinge aus Rom nach dem Süden. Augustin nahm in Predigten darauf Bezug, später auch in seinem Werk „Vom Gottesstaat" (Kap. 5a). 428 kamen gotische Truppen nach Nordafrika, um diesen Teil des römischen Reiches zu schützen. Mit ihnen kam der Gotenbischof und Wulfilaschüler Maximin; Augustin mußte sich mit ihm auseinandersetzen. 429 landeten 80 000 Wandalen unter König Geiserich in Nordafrika (über Gibraltar). Sie waren vor 400 auf dem Balkan mit dem Christentum Wulfilas bekannt geworden. 430 starb Augustin in der von Wandalen belagerten Stadt Hippo. Die Wandalen vertraten einen aggressiv-arianischen Kurs. Mehrfach wurde die Vermutung geäußert, daß der Germanenbischof Maximin bei den Wandalen wirksam gewesen sei.[1] Ein Beweis für diese These fehlt, doch ist sie gut möglich.

Uns sind die Vorgänge nur aus der Sicht der unterworfenen Bevölkerung katholischen Glaubens dargestellt. Hauptzeuge ist der katholische Bischof Victor von Vita, der die Vorgänge miterlebt hat. Er gab seiner Darstellung die bezeichnende Überschrift: „Geschichte der Verfolgung der afrikanischen Provinz".[2] Schon bei der Eroberung Nordafrikas wurden zwei Bischöfe umgebracht (I,6). Nach der Eroberung Karthagos 439 wurde das Eigentum der Kirche beschlagnahmt. Kleriker mußten ein schadhaftes Schiff besteigen, das auf hohe See hinausfuhr; doch gelangte es nach Italien (I,12–15). Der Kaiser in Konstantinopel erkannte ein selbständiges Wandalenreich in Nordafrika an. Bezeichnend für die Lage ist ein Verbot des Wandalenkönigs: Es durfte nicht über Verfolger in der Bibel gepredigt werden – über Pharao, Nebukadnezar oder Holofernes (I,22). Die Wandalen enteigneten eine Provinz, in der nur Sklaven und Kolonen verbleiben durften; hier war jede Tätigkeit der katholischen Kirche verboten (I,17; II,39; III,3). In Karthago gab es keinen Bischof, die katholische Kirche konnte nur im verbleibenden Restgebiet weiterleben. Mit dieser Restkirche hielt Papst Leo I. Verbindung. Er schickte 445 einen Beauftragten zur Visitation. Nach dem Visitationsbericht schrieb Leo I. einen Brief, der auf Mißbräuche hinwies, die sich ergeben hätten „verursacht durch die unruhige Zeit oder streberische Übergriffe oder Volkstumulte"[3]. Es waren Bischöfe ins Amt gelangt, die in einer zweiten Ehe

[1] *L. J. van der Lof,* Der fanatische Arianismus der Wandalen, ZNW 64 (1973), 146 unter Berufung auf ältere Literatur, u. a. *P. Courcelles,* Histoire litteraire des grandes Invasions, Paris 1964, 137, Anm. 1.

[2] Historia persecutionis Africanae provinciae, ed. *M. Petschenig* CSEL 7, 1881.

[3] Ep. 12, ed. *Jaffé/Kaltenbrunner* Nr. 410, deutsch bei *E. Caspar,* Geschichte des Papsttums I, Tübingen 1930, 438.

lebten oder mit einer Witwe verheiratet waren. Trotz der Notlage verlangte der Papst, daß die bestehenden Vorschriften eingehalten würden:

> „Wenn schon im Alten Testament diese Form der Priesterehe gewährt worden ist, um wieviel mehr müssen wir, unter die Gnade des Evangeliums gestellt, den Anordnungen des Apostels gehorchen und dürfen einen Mann, auch wenn er sich durch Charakter und gute Werke auszeichnet, nicht zum Amt eines Diakons, eines Priesters oder eines Bischofs zulassen, falls er nicht der Mann einer einzigen Frau und seine Frau nicht die Frau eines einzigen Mannes ist."[4]

Die Stelle zeigt, daß man von einem allgemeinen Zölibat weit entfernt ist; sie zeigt aber auch, daß die Stelle 1. Tim. 3,2 bereits über ihren ursprünglichen Sinn hinausgehend ausgelegt wurde. Man sieht, daß der Papst eine schwere Auflage erteilt. Die Selbständigkeit dieser eigenwilligen Kirche, die sich noch zwanzig Jahre vorher so deutlich ausgesprochen hatte (Kap. 3 d und e), scheint vorbei zu sein.
Vorübergehend gab es Erleichterungen. Der Bischofsstuhl in Karthago konnte 454–457 wieder besetzt werden. Andererseits wurde ein Bischof verbannt, weil er einen „von jenseits des Meeres gekommenen" Mönch aufgenommen hatte (I,23). Victor von Vita berichtet von vier Sklaven, die strafweise einem heidnischen Stammeshäuptling übergeben werden, doch sie beginnen dort mit Missionsarbeit (I,35–37). Die Abhaltung katholischer Gottesdienste in der wandalisch besetzten Provinz wurde mit dem Tode bestraft (I,41). Unter König Hunerich kam es seit 477 zu Erleichterungen. 481 wurde wieder ein katholischer Bischof in Karthago zugelassen, dafür sollten den Homöern im römischen Reich auch Zugeständnisse gemacht werden. Victor von Vita setzt hinzu, daß katholische Kleriker mit solchem Arrangement nicht einverstanden gewesen seien (II,5). Man sieht daran, wie verhärtet die Denkweise geworden war. Ein Religionsgespräch sollte 484 in Karthago stattfinden, kam aber nicht zustande. Der Bischof von Karthago hatte die Teilnahme des römischen Bischofs verlangt (II,43). Die Katholiken reichten ihr Bekenntnis schriftlich ein und wurden für widerlegt erklärt (II,56). Die homöische Kirche der Wandalen wurde zur allein wahren Kirche erklärt, die katholische Kirche wurde verboten. König Hunerich berief sich dabei auf römische Ketzergesetze (III,3).
Bei diesen Verfolgungen spielte die Geistlichkeit der Wandalen offenbar eine aktive Rolle. Sie haben die Könige in ihrem Vorgehen beraten, sie ließen sich auch weltliche Ehren, Staatsstellungen und Reichtum schenken. Victor von Vita bringt dafür Beispiele (III,27–29). Selbst die Anwendung von Zwangstaufen hielt man für erlaubt (III,48–50). Nun sind die Berichte des Victor von Vita im Kampf geschrieben und gewiß einseitig. Man hat sie darum als Tendenzschrift bezeichnet, die dazu bestimmt gewesen sei, das römisch-byzantinische Reich zum Eingreifen zu veranlassen. Solcher Abwertung wurde aber mit Recht widersprochen.[5] Victor

[4] Ep. 12, a. a. O., zitiert nach *G. Denzler,* Das Papsttum und der Amtszölibat I (Päpste und Papsttum V,1), Stuttgart 1973, 23.

[5] *K. Baus* im HKG (J) II/2 (hrsg. v. *H. Jedin*), Freiburg/Basel/Wien 1975, 181, Anm. 3 in Auseinandersetzung mit *Chr. Courtois,* Victor de Vita et son oeuvre, Algier 1954, der den Wert der Quelle abgewertet hatte.

von Vita wird auch gewußt haben, daß man der Völkerwanderung kaum mit Gewalt widerstehen konnte. Sein Werk schließt tatsächlich mit Hilferufen; aber er ruft nicht den Kaiser in Konstantinopel um Hilfe an. Victor bittet die Engel, sie sollten Gott von der Not der Christen in Nordafrika berichten. Victor ruft die Propheten und Patriarchen des Alten Testaments sowie Petrus und Paulus an: Sie sollten sich einsetzen für die bedrängte Kirche in Afrika, obwohl sie Hilfe kaum verdient habe. Auch Victor von Vita hält den Einbruch der Wandalen für ein gerechtes Gericht Gottes – wie auch andere christliche Zeitgenossen (Kap. 5).

b) Bischof Fulgentius von Ruspe

Der Fortgang der Ereignisse um die Jahrhundertwende wird am Leben des katholischen Bischofs Fulgentius von Ruspe sichtbar. Seine Lebensgeschichte schrieb sein Schüler Ferrandus.[6] H. J. Diesner hat die Quelle ausgewertet.[7] Fulgentius stammte aus einer angesehenen Familie in Karthago, floh 439 vor dem Wandalenkönig Geiserich, kehrte aber bald wieder zurück. Seine Ausbildung machte ihn mit griechischen und lateinischen Autoren bekannt. Fulgentius übernahm ein weltliches Amt unter wandalischer Herrschaft, sein Bekanntenkreis war groß und umfaßte auch wandalische Kleriker homöischen Bekenntnisses. Um 490 wurde Fulgentius Mönch. Widerstände kamen von zwei Seiten: Einmal wollte man ihn in seinem weltlichen Amt behalten, andererseits hatte der Klosterabt Bedenken, daß dieser verwöhnte Mann nun Mönch werden wollte. Fulgentius hielt aber durch. Die Klöster waren schwerem Druck ausgesetzt. Zweimal erlebte Fulgentius die Zerstörung seines Klosters mit. Zeitweise war er Wandermönch, wurde verhaftet und gefoltert (Kap. 7). 498 tritt er zum dritten Mal in ein Kloster ein. Er wollte eine Reise nach Ägypten unternehmen, um das dortige Mönchtum zu sehen; man warnte ihn, weil gerade in Ägypten die Monophysiten einflußreich seien. Daraufhin verzichtete Fulgentius auf seinen Reiseplan. Im Jahre 500 ist er in Rom, wo gerade König Theoderich weilte. Nach seiner Heimkehr nach Nordafrika weihte man Fulgentius zum Priester, wenig später wurde er Bischof von Ruspe. Wohl 503 wurde er verhaftet und nach Sardinien verbannt, wo schon andere ausgewiesene Bischöfe aus Nordafrika lebten. Fulgentius wurde Sekretär dieser Exilsbischöfe.

In Nordafrika regierte seit 496 König Trasamund, der einen Umschwung in der Religionspolitik anstrebte. Fulgentius durfte heimkehren. Er sollte an der geistigen Auseinandersetzung teilnehmen, die Trasamund führen wollte. Fulgentius hat uns darüber berichtet, er gibt die Argumente seiner wandalischen Gegner, er gibt dann seine eigene Auffassung.[8] Fulgentius ist in der Form gegenüber dem Wandalenkönig sehr höflich, im Ton unterscheidet er sich sehr von Victor von Vita. Fulgentius spricht von der Milde, Würde und Erhabenheit des Königs, er bezeichnet ihn sogar als „allerfrömmsten" König. In der Sache jedoch blieb Fulgentius hart. Zur Erklärung der katholischen Trinitätslehre verwies er auch auf

[6] Vita Fulgentii, ed. *G. G. Lapeyre,* Paris 1929.

[7] *H. J. Diesner,* Fulgentius von Ruspe als Theologe und Kirchenpolitiker (Aufsätze und Vorträge, hrsg. v. *E. Schott* und *H. Urner,* Heft 38), Berlin 1966.

[8] Fulgentii Ruspensis opera, ed. *J. Fraipont,* CChL 91, 1968, bes. 67–185.

Augustins Gedanken über die Dreiheit von Erinnerung (memoria), Erkenntnis (intelligentia) und Wille (voluntas). Durch Fulgentius erfahren wir die Namen zweier wandalischer Theologen, Pintas und Abragilas, deren Schriften jedoch verloren sind.[9] Die Wirksamkeit des Fulgentius war offenbar recht erfolgreich; man verbannte ihn 517 erneut nach Sardinien.
Nach der Machtübernahme durch König Hilderich konnte Fulgentius 523 wieder heimkehren. 527 ist er gestorben. Die Verhältnisse waren damals entspannt. Auch andere verbannte Bischöfe konnten wieder zu ihren Gemeinden. Man konnte 525 sogar eine Synode in Karthago abhalten, um sich Gedanken um die Wiederherstellung der alten Ordnung zu machen. Trotz jahrzehntelanger Unterdrückung erwachte das alte Selbständigkeitsgefühl der nordafrikanischen Kirche. Der Patriarch von Karthago erstrebte seine alte führende Rolle wieder. Dazu wurden auf jener Synode 525 eine Reihe kirchenrechtlicher Festlegungen aus früheren Jahrhunderten verlesen und für gültig erklärt. Darunter war auch die Bestimmung: Niemand soll es wagen, an die römische Kirche zu appellieren. In der Zwischenzeit hatten sich nordafrikanische Bischöfe an Rom angelehnt, Leo I. hatte ein Visitationsrecht ausgeübt. Jetzt aber hielt man die Zeit für gekommen, wieder die Rechte des karthagischen Bischofs in den Vordergrund zu stellen. Er wollte seinen Mitbischöfen etwa sagen: „Bleibt mit euren Angelegenheiten in Afrika, wo ihr nach Wiederherstellung einigermaßen geordneter Verhältnisse aufs neue die alten Möglichkeiten habt."[10] Freilich sollte sich diese Erwartung nicht erfüllen. König Hilderich wurde gestürzt und sein Nachfolger Gelimer setzte den alten antikatholischen Kurs fort.

c) Die Eroberung Nordafrikas durch die Byzantiner 534/535

Der byzantinische Geschichtsschreiber Prokop schrieb über den Wandalischen Krieg.[11] Der Feldherr Belisar konnte relativ leicht siegen und Nordafrika dem oströmischen Reich einverleiben. Zunächst soll Kaiser Justinian dem Plan skeptisch gegenübergestanden haben; doch ein Bischof drängte auf den militärischen Einsatz unter Berufung auf einen Traum: Die Katholiken in Afrika müßten dringend befreit werden (I,10). Die erste Stadt in Nordafrika, gegen die das byzantinische Heer vorrückte, öffnete freiwillig ihre Tore, der katholische Bischof spielte dabei eine führende Rolle (I,16). Der Wandalenkönig Gelimer geriet in Gefangenschaft und wurde nach Konstantinopel gebracht. Man legte ihm einen Übertritt zur katholischen Kirche nahe; doch er blieb bei seinem „arianischen" Bekenntnis, obwohl dies sein Los in der Gefangenschaft verschlechterte (II,19). Es gab also auch auf wandalischer Seite durchaus Treue zum Bekenntnis.
Die von den Byzantinern befreite katholische Kirche Nordafrikas konnte schon 535 wieder eine Bischofssynode in Karthago abhalten. Kaiser Justinian hatte

---

[9] *H. J. Diesner,* a. a. O. 25 mit Anm. 71 und 72.
[10] *W. Marschall,* Karthago und Rom, Stuttgart 1971, 206–209 mit Quellenbelegen; Zitat 209 mit dem Zusatz: „Karthago sollte also gestärkt, nicht etwa Rom angegriffen werden."
[11] De bello vandalico, ed. *J. Haury,* Leipzig 1905 (Teubner); übers. von *C. de Coste* in der Reihe GdV.

die alten Rechte der Kirche wiederhergestellt. Mehr als 200 Bischöfe kamen zusammen. Es ging vor allem um die Frage, was mit übertretenden Arianern zu machen sei; offenbar war eine Übertrittsbewegung im Gange. Konnten solche Kleriker möglicherweise ihre Ämter behalten? Schon einmal – im Kampf gegen die Donatisten – hatte diese Frage eine wichtige Rolle gespielt (Kap. 3 a). Man wendete sich auch jetzt wieder an den römischen Bischof und schrieb ihm:

> „Einmütig wurde alsbald beschlossen, daß über die Frage, ob sie (die arianischen Bischöfe) in ihre Ämter oder nur zur Laienkommunion wieder aufgenommen werden sollten, zuerst die Meinung Eurer Heiligkeit zu erkunden sei. Denn es kann der Apostolische Stuhl, wie wir hoffen, uns Fragenden ein solches Responsum geben, das zu billigen uns die einmütig erforschte Wahrheit veranlaßt. Aus der unausgesprochenen Stimmung aller unserer Amtsbrüder spürten wir, daß es keinem recht schien, die Arianer in die (kirchlichen) Ämter wieder aufzunehmen. Aber wir glauben, die Liebe erfordere, daß niemand unsere Meinung zur öffentlichen Kenntnis bringe, ehe nicht der Brauch und die Erklärung der römischen Kirche kundgetan würde.“[12]

Offensichtlich wollte die nordafrikanische Kirche 535 nicht noch einmal eine solche Kundgebung herausgehen lassen, wie es 525 geschehen war. Zwar behält man sich vor, die päpstliche Antwort zu billigen, aber der Wille zur Anlehnung an Rom ist doch deutlich erkennbar. Papst Agapet hat denn auch erwartungsgemäß die Zulassung ehemaliger Arianer zu Ämtern der katholischen Kirche verboten.[13] Man wußte sicher auf beiden Seiten, daß man in dieser Frage einer Meinung war. Nach der Niederlage der Wandalen in Nordafrika, der Westgoten 507 in Südgallien und bei der abnehmenden Macht der Ostgoten in Italien bestand kaum ein Grund, für Arianer die Türen zu öffnen. Freilich hört man von Aufständen in Nordafrika, bei denen auch kirchliche Minderheiten mitbeteiligt waren. Neben den Resten der Donatisten werden auch die Arianer genannt. Aber das waren örtlich engbegrenzte Ereignisse, deren Bedeutung durch größere Auseinandersetzungen in den Schatten gestellt werden.

d) Die nordafrikanische Kirche im Dreikapitelstreit

Die Lage der katholischen Kirche in Nordafrika wurde schwierig, als Kaiser Justinian seit 543/544 den Monophysiten in seinem Reich entgegenkommen wollte. Die Verurteilung der Drei Kapitel empfand man in Nordafrika als Unrecht. Die Christen Nordafrikas standen fest auf dem Boden der Zweinaturenlehre, wie sie auf dem Konzil von Chalkedon 451 unter maßgeblichem Einfluß Papst Leos d. Gr. beschlossen worden war (Kap. 4 f.). Jetzt hatte man den Papst Vigilius nach Konstantinopel gebracht (Kap. 6 e). Dort hatte er unter Druck schließlich der Verurteilung der Drei Kapitel seine Zustimmung gegeben. Die Folge war eine verbreitete Empörung im Abendland, die gerade auch in Nord-

---

[12] Collectio Avellana, Nr. 85,4, ed. *O. Günther*, CSEL 35, 1895, 329; deutsch zitiert bei *W. Marschall*, a. a. O. 210.

[13] Collectio Avellana, Nr. 86, a. a. O. 331/332. Deutung bei *W. Marschall*, a. a. O. 211.

afrika zum Ausdruck kam. Bischof Reparatus von Karthago versammelte 550 ein Konzil, das Vigilius aus der Gemeinschaft der Kirche ausschloß, weil er der Verurteilung der Drei Kapitel nicht widerstanden hatte. An den Kaiser wurden Briefe zur Verteidigung jener Drei Kapitel geschickt. Justinian wird sicher überrascht gewesen sein: Er hatte diese katholische Kirche in Nordafrika mit großem Einsatz von den Wandalen befreit; nun zeigte gerade diese Kirche eine ganz überraschende Aufsässigkeit. Vier afrikanische Bischöfe unter Leitung des Patriarchen Reparatus von Karthago wurden in die Hauptstadt Konstantinopel befohlen. Dort wurden nun auch sie unter Druck gesetzt – wie schon Jahre zuvor Papst Vigilius und seine Begleiter. Doch die Nordafrikaner blieben hart. Reparatus wurde in die Verbannung geschickt, wo er 563 gestorben ist. Einem seiner Begleiter, dem Bischof Facundus von Hermiane, gelang die Flucht. Facundus hatte die Intrigen, Verlockungen und Pressionen aus nächster Nähe miterlebt. Er hat darüber berichtet. Seine Schriften sind gut überliefert und kürzlich neu gedruckt worden.[14] Facundus sagte sowohl dem Kaiser Justinian wie auch dem Papst Vigilius den Kampf an. Neben seiner charakterlichen Härte hatte er beachtliche historische Kenntnisse. „In der Quellenkenntnis war der afrikanische Bischof dem nach eigenem Eingeständnis des Griechischen unkundigen Papst Vigilius weit überlegen.“[15]

In seiner ausführlichen Schrift „Zur Verteidigung der drei Kapitel“ beklagt es Facundus, daß man sich so leichtfertig über die Beschlüsse des Konzils von Chalkedon hinweggesetzt habe. Die Verfasser der jetzt angegriffenen Drei Kapitel sind längst tot. Wer sie jetzt noch angreift, schändet das Andenken an Verstorbene. Facundus weiß um den Druck, dem man in Konstantinopel ausgesetzt sein kann. Aber er hat dem Druck nicht nachgegeben, und er ist der Meinung, daß auch andere widerstehen müßten. Über die Nachgiebigkeit des Vigilius urteilt er:

> „Wenn sie sich für entschuldigt halten mit dem Hinweis, sie hätten das Ja nicht aus freien Stücken getan, sondern nur einen fremden Willen ausgeführt, so bedachten sie nicht, daß die Hirten Führer der Herde sein müssen und nicht umgekehrt die Herde den Hirten anführt. Darum fällt ein Irrtum der Hirten nicht der Herde zur Last, wohl aber fällt die Schuld auf die Hirten, wenn sie einen Irrtum der Herde nicht rügen. Der Herr spricht zu Hesekiel: Menschensohn, dich habe ich zum Wächter bestellt für Israels Haus. Wenn du aus meinem Munde ein Wort hörst, so sollst du sie in meinem Namen verwarnen. Und wenn ich zu den Gottlosen sage: Du wirst sterben, und du warnst ihn nicht und redest nicht, um den Gottlosen von seinem bösen Weg abzubringen und ihn am Leben zu erhalten, so wird der Gottlose zwar in seiner Sünde sterben, aber von deiner Hand werde ich sein Blut fordern. Wenn du aber den Gottlosen verwarnst und er sich dennoch nicht abkehrt von seinen bösen Wegen, dann wird er in seiner Sünde sterben, du aber hast deine Seele gerettet.“[16]

[14] Facundi episcopi ecclesiae Hermianiensis opera omnia, ed. *J. M. Clément* et *R. v. d. Plaetse*, CChL 40 A, 1974. Ältere Ausgabe bei *J.-P. Migne*, PL 67, 527–878.

[15] *R. Schieffer* in der ZKG 87 (1976), 356 bei der Rezension der neuen Ausgabe der Werke des Facundus. Das Eingeständnis des Vigilius in CSEL 35,1, 1895, 297.

[16] Pro defensione trium capitulorum, a. a. O., zitiert nach der deutschen Übersetzung

Dieses alttestamentliche Prophetenwort Hes. 3,17 wird also von Facundus so in seine Zeit übersetzt, daß der Kaiser Justinian als der „Gottlose“ von den Bischöfen gewarnt werden müsse. Durch diese Auslegung wird das bestehende System der Reichskirche, die vom Kaiser geleitet wird, radikal in Frage gestellt. Facundus bringt das auch eindeutig zum Ausdruck:

> „Zu diesem Hause gehören aber auch die Fürsten des Volkes, auch über die Fürsten sind Wächter gesetzt. Wenn darum die Bischöfe die Sünden der Kaiser aus Menschenfurcht verschweigen, dann sind sie ohne Zweifel mitverantwortlich. Zugegeben, daß sie diese Sünden tatsächlich nicht hintanhalten konnten – aber fernhalten hätten sie sich können, das steht fest. Und wenn sie schon die sündige Tat nicht verhindern konnten, dann hätten sie jedenfalls deutlich Distanz nehmen müssen von jedem Anschein der Mittat ...“[16]

Facundus erinnert an die Zeiten des Theodosius und Ambrosius. Der Kaiser Theodosius steht „ewig und unverwischbar im Gedächtnis der Kirche Christi“. Er hat große Siege errungen, er konnte große Triumphe feiern. Aber seine eigentliche Größe lag darin, daß er sich von seinem Bischof Ambrosius zur Buße rufen ließ. Facundus zieht daraus Lehren für Justinian:

> „Sah er (Theodosius) doch in seiner tiefen Gläubigkeit gar weise ein, daß der einzige Weg zu ewigem Leben nicht darin zu suchen sei, daß seiner weltlichen Staatsgewalt auch die Bischöfe Gottes unterworfen sind, sondern darin, daß er den Bischöfen sich unterordne. So meine ich denn: Wenn Gott in unseren Tagen einen neuen Ambrosius erwecken würde, dann hätten wir bald auch einen Theodosius. Allein je geringer der Mut zur Forderung, um so geringer ist auch der gute Wille zur Leistung.“

Es dürfte klar sein, wie der letzte Satz gemeint ist: Die Bischöfe müssen energisch fordern, dann wird ein christlicher Kaiser auch seinen guten Willen zeigen in entsprechenden Leistungen. Wahrscheinlich wußte aber auch Facundus, daß der Kaiser Justinian sich von seinen Bischöfen keine Vorschriften machen ließ. Facundus kann nur erklären, daß er die Wahrheit sage und daß es für den Kaiser nützlich wäre, auf die Stimme der Wahrheit zu hören. Im Alten Testament hörte Bileam auf die Wahrheit, als sie von einer Eselin verkündet wurde (4. Mose 22). Facundus erinnert auch an den Propheten Nathan, der den König David zurechtwies (2. Sam. 12,1–4). Facundus fragt: „Wo ist heute der Nathan, der den Kaiser rügt, der doch gewiß ebenso gesündigt hat wie David?“

Justinian gelang es jedoch, die Kirche in Nordafrika äußerlich gleichzuschalten. Man suchte eine Gruppe von acht Bischöfen aus, die nach Konstantinopel gebracht wurden. Dort mußten sie den Beschlüssen der ökumenischen Synode von 553 ihre Zustimmung geben. Das bedeutete auch die Verurteilung der umstrittenen Drei Kapitel. Diese Bischöfe wurden vom Kaiser reich belohnt. In ihrer Heimat hatten sie dann freilich einen schweren Stand in ihren Gemeinden. Dabei muß

---

bei *H. Rahner,* Kirche und Staat im frühen Christentum, München 1961, 303 ff., lateinisch-deutscher Text bei *G. Haendler,* Kaisertum und Papsttum bis zu Nikolaus I. (Quellen, Heft 18), Berlin 1964, 70–75. Zur Auslegung der Stelle Hes. 3,17 vgl. *G. Haendler* in ThLZ 90 (1965), 167–174.

man diese Vorgänge in einem größeren Zusammenhang sehen: Das byzantinische Regierungssystem hatte sich auch außerhalb des Dreikapitelstreits in Nordafrika unbeliebt gemacht. H. J. Diesner formuliert: „Die Bürokratie war zum großen Teil korrupt, auch die Armee zeigte von der Qualität und besonders von der Disziplin her große Mängel. Auf die Dauer war daher auch die romanische Bevölkerung mit der byzantinischen Herrschaft immer weniger einverstanden.“[17]
Trotz der Zustimmung einiger Bischöfe blieb die Mehrheit der Bischöfe in Nordafrika ablehnend. Einige Theologen haben ihre Ablehnung schriftlich ausgedrückt. Der Diakon Ferrandus von Karthago nahm deutlich Stellung.[18] Wenig später äußerte sich der Diakon Liberatus von Karthago.[19] Besonders nachhaltig wirkte Bischof Victor von Tonnuna. Man kennt zwar das Städtchen Tonnuna nicht mehr, aber Bischof Victor hat mit seiner Weltchronik große Bedeutung. Gerade die Zeit der Auseinandersetzungen um die Drei Kapitel hat er breit dargestellt.[20] In seiner Heimat konnte Victor nicht bleiben. Er führte ein Wanderleben, das schließlich zu einer zwangsweisen Einweisung in ein Kloster in der Nähe von Konstantinopel führte. Dort ist er 566 gestorben.
Die Erregung in der nordafrikanischen Kirche klang erst nach dem Tode des Kaisers Justinian 565 langsam ab. Durch Papst Gregor d. Gr. hören wir wieder von Einzelheiten aus dem Leben dieser Kirche. Im Jahre 596 versuchte Gregor, die Bekämpfung der Reste des Donatismus in Nordafrika zu aktivieren. Wir hören aber nichts von einem Erfolg. Man darf wohl auch vermuten, daß die Nordafrikaner in dieser Angelegenheit kaum Rat benötigten. In den nächsten Jahren hat Papst Gregor denn auch auf jedes Eingreifen in die inneren Angelegenheiten der nordafrikanischen Kirche verzichtet. Selbst im Falle von Appellationen aus Nordafrika hielt er sich zurück und bemühte sich, eine Erledigung der Angelegenheit in Nordafrika selbst zu erreichen. In manchen Fällen hat Gregor auch Verbindung zu den staatlichen Stellen in Karthago aufgenommen. W. Marschall stellt aber fest, daß Gregor mit den staatlichen Machthabern Schwierigkeiten hatte, während die afrikanischen Bischöfe sich an ihn gewendet hatten.[21]

e) Die Überflutung Nordafrikas durch den Islam im 7. Jahrhundert

Über das Schicksal der nordafrikanischen Kirche im 7. Jh. sind wir schlecht unterrichtet. Es gibt keinen Chronisten, der die Vorgänge im Zusammenhang dargestellt hätte. Es gibt wohl auch keinen Augenzeugen, der seine Erinnerungen hinterlassen hätte. Wir sind daher auf einzelne Nachrichten angewiesen, aus denen man sich ein Bild rekonstruieren kann. Im Jahre 610 wagte der Statthalter von Karthago einen Aufstand und hatte damit Erfolg. Sein Sohn Heraklios wurde neuer Kaiser in Konstantinopel. Unter ihm begann der monotheletische

[17] *H. J. Diesner,* Der Untergang der römischen Herrschaft in Nordafrika, Weimar 1964, 75.
[18] Ferrandus, Ep. 6, PL 67.
[19] Liberatus, Breviarium, PL 68.
[20] Die Chronik ist erhalten für die Jahre 444–566. Ed. *Th. Mommsen,* MGH AA 11/2, 1894, 207 ff.
[21] *W. Marschall,* a. a. O. 215–216 mit Quellenhinweisen und Zitaten in Anm. 67–75.

Streit. Der Kaiser erklärte 638, daß in Christus zwar eine göttliche und eine menschliche Natur zu unterscheiden seien, daß man aber von einem Willen reden könne (Monotheletismus). Er hatte dazu vorher mit Papst Honorius Kontakt aufgenommen, der diese Formel gutgeheißen hatte.[22] Der Kaiser wollte auf diese Weise den Monophysiten in seinem Reich entgegenkommen. Solche Versuche riefen aber im Abendland regelmäßig Proteste hervor. 484 war dadurch das acacianische Schisma entstanden (Kap. 6 a), in der Mitte des 6. Jh. war es zum Dreikapitelstreit gekommen. Jetzt gab es erneut Widerstand bei jenen Theologen, deren Herz am Konzil von Chalkedon und der Zweinaturenlehre hing. Der theologische Führer war Maximos Confessor. Ist es Zufall, daß er 645 gerade in Karthago Zustimmung fand? Die nordafrikanischen Bischöfe stimmten ihm zu, man faßte Beschlüsse und schrieb Briefe.[23] Der Exarch von Karthago ließ sich zum Gegenkaiser ausrufen und fand im Lande breite Zustimmung. Doch 647 schon drangen erstmals die Mohammedaner bis Karthago vor, der neu ausgerufene Kaiser fiel im Kampf.[24] Von Konstantinopel aus hatte man an Schutzmaßnahmen für diese so aufsässige Provinz Nordafrika wenig Interesse, so daß die Mohammedaner immer wieder Gelegenheit zu Vorstößen hatten. Die nordafrikanischen Bischöfe unterstützten die tapferen Aktionen des Papstes Martin I. für die Zweinaturenlehre. In Rom versammelte er 649 eine Synode, zu der auch Bischöfe aus Nordafrika kommen konnten.[25]

Am Ende des 7. Jh. wurde Karthago erstmals von Mohammedanern erobert. Jetzt endlich kam eine Flotte aus Konstantinopel zu Hilfe, die Stadt konnte noch einmal zurückerobert werden. Aber 697 fiel Karthago endgültig in den Machtbereich des Islam. Die Christen in diesem Raum konnten unter stark eingeschränkten Bedingungen weiter existieren. Archäologische Funde – Inschriften und Gebäude – lassen den Schluß zu, daß das Christentum sich noch jahrhundertelang halten konnte.[26] Papst Gregor VII. hat sich im späteren 11. Jh. an die in Nordafrika lebenden Christen gewandt.[27] Frend vertrat die Meinung, daß der Zusammenbruch des Christentums erst im 14./15. Jh. erfolgt sei, und zwar wesentlich dadurch bedingt, daß die Nomaden dem Islam zufielen.[28] Im Abendland allerdings hat man wenig Anteil genommen am Untergang dieser einst so bedeutenden Kirche.[29]

---

[22] *G. Kreuzer,* die Honoriusfrage im Mittelalter und in der Neuzeit (Päpste und Papsttum, hrsg. v. *G. Denzler,* Bd. 8), Stuttgart 1975.

[23] Einzelheiten bei *W. Marschall,* a. a. O. 217.

[24] *H. J. Diesner,* Der Untergang der römischen Herrschaft in Nordafrika, Weimar 1964, 78.

[25] *W. Marschall,* a. a. O., 217.

[26] *W. Seston,* Sur les derniers temps du christianisme en afrique (Mélanges d'Archéologie et d'histoire 53 [1936], 101–124).

[27] *Chr. Courtois,* Grégoire VII et l'Afrique du Nord, Revue historique 195 (1945), 97 bis 122 und 193–226.

[28] *H. C. W. Frend,* Nomads and Christianity in the Middle Ages, Journal for Ecclesiastical History 26 (1975), 209–221.

[29] *K. Baus* im HKG(J) formuliert: „Es gab keine Stimme, die der Erschütterung über diesen Verlust gültigen Ausdruck verliehen hätte" (II,2, 1975, 192).

Kapitel 9
Die katholische Kirche im Herrschaftsgebiet der Franken

Die Franken sind jener germanische Stamm, der für die Zukunft der Kirche im Abendland die größte Bedeutung bekommen sollte (unter Karl d. Gr. um 800). Die Anfänge sind undeutlich: Die Franken waren ein loser Zusammenschluß von Völkerschaften rechts des Rheins, die sich in westlicher Richtung ausbreiteten, ohne die alte Heimat aufzugeben. Das Vordringen der Franken war nicht organisiert: Fränkische Soldaten haben im römischen Heer gedient, fränkische Siedler haben Land in Gallien bewirtschaftet, Nordgallien kam schon vor 400 unter fränkischen Einfluß. Einzelne Franken stiegen in römischen Diensten empor: Um 390 war der Franke Arbogast der mächtigste Mann in Gallien.[1] Nach Abwehr der Hunnen 451 bestand die römische Ordnung noch bis 486 fort; dann wurde der letzte römische Statthalter Syagrius von dem jungen Frankenkönig Chlodwig besiegt. Die römischen Ordnungen blieben im fränkischen Bereich nur sporadisch erhalten. Die katholische Kirche war eng mit dem Römerreich verbunden und mußte nun auch schwere Einbuße hinnehmen. Doch war die Kirche überwiegend so fest im Lande verwurzelt, daß sie ihre Kontinuität wahren konnte.

a) Die Kirche und die „Germania" vor dem Einbruch der Franken

„Germania" war eine Provinzbezeichnung im römischen Reich. Es gab das „untere Germanien" (Germania inferior) am Niederrhein und das „obere Germanien" (Germania superior) am Oberrhein. Dazwischen schob sich die Provincia Belgica mit Trier. Gebiete am Rhein sind also gemeint vom Bischof Irenäus von Lyon um 180, der Gemeinden in den germanischen Provinzen erwähnt.[2] Kaum später nennt Tertullian Christen in Germanien.[3] Die Kirchengeschichte von Albert Hauck, die nach 1950 erneut im Akademie-Verlag gedruckt wurde, beginnt daher in Buch I mit der Überschrift „Das Christentum in den Rheinlanden während der Römerzeit"[4]. Hauck warnt davor, das Christentum in Germanien mit der Christianisierung von Germanen gleichzusetzen. Es sollte nur darum gehen, daß das Christentum sich im ganzen römischen Reich ausgebreitet hatte und dabei auch die Grenzen am Rhein erreicht hatte. Mit Eucharius von Trier taucht 258 der erste historisch einigermaßen gesicherte Bischof jener Gegend auf.[5] Die Stadt Trier war zeitweise Residenzstadt für Kaiser Konstantin. Die Schönheit der Gegend beschreibt Ausonius, dessen christliche Überzeugungen freilich gering ge-

---

[1] Bezeugt von Zosimus (IV,53), Orosius (VII,35,11), Sokrates (V,25) und anderen Geschichtsschreibern.

[2] Adversus haereses I,10 (vgl. *K.-W. Tröger* in Teil I/2).

[3] Adversus Judaeos 7 (Kap. 9–14 wurden oft für unecht gehalten).

[4] *A. Hauck*, Kirchengeschichte Deutschlands, Berlin [7]1952, 3–84.

[5] *E. Ewig*, Trier im Merowingerreich, 1954, 29.

wertet werden.[6] Als Bischof Athanasius 337 in seinen Verbannungsort Trier kam, wurde dort eine neue größere Kirche gebaut.[7]
Bischöfe von Köln und Trier nahmen lebhaft Anteil an der Reichskirche: Maternus von Köln gehörte 313 in Rom zu jener Synode, die im Auftrag Kaiser Konstantins das Donatistenproblem lösen sollte.[8] An der Synode von Arles 314 nahmen Maternus von Köln und Agricius von Trier teil.[9] Maximin von Trier nahm den verbannten Athanasius als bischöflichen Mitbruder ehrenvoll auf.[10] Bischof Paulinus von Trier setzte sich aktiv für das nicänische Bekenntnis ein und ging dafür zeitweise in die Verbannung.[11] Die Bischöfe Euphrates von Köln und Servatius von Tongern waren auf der Synode von Sardica 343 dabei.[12] Auch die Kirchengeschichte von Mainz reicht weit zurück. Der heidnische Geschichtsschreiber Ammianus Marcellinus berichtet mit kritischem Unterton, der Alemannenfürst Rando habe 368 Mainz leicht erobern können, da so viele Menschen in der Kirche gewesen seien.[13] Hieronymus schreibt in einem Brief, bei der Eroberung von Mainz seien Tausende von Menschen in der Kirche umgekommen.[14] Baudenkmäler geben noch heute eine Vorstellung. Als die Franken 475 endgültig Trier erobert hatten, gab es dort acht Kirchengebäude. Man grub nach 1945 eine Doppelkirche aus, die auf die Zeit Kaiser Konstantins zurückweist, „eine der größten Kultanlagen der alten Kirche überhaupt"[15]. Grabungen unter dem Münster von St. Cassius und Florentius in Bonn führten auf eine älteste Bauschicht, die zu einer Gedächtniskapelle gehören könnte, die in der Verfolgung unter Kaiser Diokletian 304 zerstört worden wäre. Damit rücken „die seit alters her verehrten Titularheiligen Cassius und Florentius aus dem Bereich der Legende in den Raum geschichtlicher Wirklichkeit".[15] Grabungen in Xanten führten nicht zu den erhofften Ergebnissen.[16] Dafür gibt es in Köln eindeutige Grabungsergebnisse, die bis in die Zeit vor Kaiser Konstantin zurückweisen.[17]
Literarische Nachrichten sind umstritten. Es gab einzelne römische Soldaten im Rhein-Main-Gebiet, die wegen ihres Glaubens das Martyrium erlitten: Gereon in Köln, Victor in Xanten, Cassius und Florentius in Bonn. Später wurden diese Nachrichten zusammengefaßt und erweitert zu einer Legende von der „Thebai-

[6] Mosella, ed. *C. Schenkl,* MGH AA 5,2, 1883.
[7] Apologia ad Constantium imperatorem 15.
[8] Euseb, Hist.eccl. 10,5,18.
[9] Konzilsakten, ed. *J. D. Mansi,* II, 476.
[10] *J. D. Mansi* III,136 nennt Maximin von Trier neben Julius von Rom und Hosius von Cordova als Freunde des Athanasius.
[11] Sulpicius Severus, Chronik II, 37,39,45, ed. *C. Halm,* CSEL 1, 1866.
[12] Athanasius, Historia Arianorum ad Monachos 20.
[13] Ammianus Marcellinus XXVII,10, ed. *W. Seyfarth,* Berlin 1971.
[14] Ep. 123,16, ed. *J. Hilberg,* CSEL 56, 1912.
[15] *K. Wessel,* Neue Funde und Untersuchungen zum frühchristlichen Kirchbau, WZ Greifswald IV (1954/1955), 360 bzw. 347.
[16] *H. Borger,* Möglichkeiten und Grenzen der Archäologie des Mittelalters, dargelegt am Beispiel Xanten, FMSt II, 1968, 251–277.
[17] *O. Doppelfeld,* Domgrabungen und frühchristliches Köln (Schriftenreihe der archäologischen Gesellschaft Köln 12), 1965.

schen Legion"; die Quellenlage wurde dadurch kompliziert.[18] Noch schwerer faßbar sind historische Grundlagen für ein Martyrium von Jungfrauen in Köln. Eine (umstrittene) Inschrift berichtet, daß ein Senator Clematius durch eine Vision zu einer Reise nach Köln veranlaßt worden sei, um dort eine Kirche zu erneuern, die an der Stelle eines solchen Martyriums stehe. Diese Inschrift steht in der Kölner Ursula-Kirche, unter der man Reste einer Kirche aus spätrömischer Zeit entdeckte. Die Legende von der heiligen Ursula und anderen Jungfrauen dürfte also wohl einen historischen Kern haben.[19]
Umstritten ist die Einwirkung dieser Kirchen an Rhein, Mosel und Main auf die dort wohnenden Germanen. Die immer noch grundlegende Darstellung von Albert Hauck vertrat die Meinung, daß es sich bei den Christen nur um Angehörige des römischen Reiches gehandelt habe, „die Anwohner der Mosel und des Rheins hielten sich ferne"[20]. Demgegenüber machte der Germanist Th. Frings auf Spuren sprachgeschichtlicher Art aufmerksam. So sollten die Worte Demut, Opfern, Bischof und Almosen aus der lateinischen Sprache in die althochdeutsche Sprache eingedrungen sein.[21] Diese Auffassung wurde von K. D. Schmidt[22] und E. Kähler[23] übernommen. Zuletzt sprach H. J. Diesner in dem marxistisch redigierten Sammelband „Die Römer an Rhein und Donau" von einer möglichen „Frührezeption des Christentums" durch Franken schon vor Chlodwig.[24] Bei aller Dürftigkeit der Quellen scheint es schwer vorstellbar, daß die Franken bis zum Ende des 5. Jh. die Kirche ständig übersehen haben sollten. Auch A. Hauck nannte den fränkischen Grafen Arbogast (d. J.), der offenbar schon Jahrzehnte vor Chlodwig Christ geworden war.[25]

b) Der Einbruch der Franken und die Kontinuität der Kirche

Für die betroffenen Menschen in Gallien war die Lage schwer. Aus dem Chor der Klagelieder ragt die Schrift Salvians hervor, der jene Vorgänge als Gericht Gottes deutete (Kap. 5 c). Salvian selbst war – wie so mancher andere auch – aus dem Norden Galliens nach dem Süden geflüchtet, wo die Völkerwanderung in milderer Form verlaufen war. Trier verlor damals seine Funktion als Kaiserstadt, auch die Präfektur wurde nach dem Süden verlegt. Infolgedessen mußten auch viele Angehörige des Adels ihren Wohnsitz südwärts verlegen. F. Prinz be-

---

[18] *D. van Berchem,* Le martyre de la Légion Thebaine. Essai sur la formation d'une légende (Schweizer Beiträge zur Altertumswissenschaft 8), Basel 1956.

[19] *W. Levison,* Das Werden der Ursula-Legende, Bonner Jbb. 132, 1927.

[20] *A. Hauck,* Kirchengeschichte Deutschlands I, Berlin [7]1952, 30.

[21] Germania Romana, Halle [2]1966, dazu Bd. II, Halle 1968 von *Th. Frings* und *G. Müller.*

[22] *K. D. Schmidt,* Germanischer Glaube und Christentum, Göttingen 1948, 97–99.

[23] *E. Kähler,* Der Niederschlag kirchengeschichtlicher Bewegungen in der deutschen Sprache, in: Das Problem der Sprache in Theologie und Kirche, hrsg. v. *W. Schneemelcher,* Berlin (West), 1958, 71.

[24] Die Römer an Rhein und Donau (Veröffentlichungen des Zentralinstituts für Alte Geschichte und Archäologie der AdW der DDR, hrsg. v. *J. Herrmann,* Bd. 3), hrsg. v. *R. Günther* und *H. Köpstein,* Berlin 1975, 376.

[25] *A. Hauck,* Kirchengeschichte Deutschlands I, Berlin [7]1952, 101–102.

zeichnete das südgallische Kloster Lerinum, dessen Bedeutung bereits erwähnt wurde (Kap. 7 a), zeitweise als ein „Flüchtlingskloster der nordgallischen Aristokratie".[26]

Die Franken drangen freilich unaufhaltsam weiter nach Mittel- und Südgallien vor. 507 besiegten sie die Westgoten, die sich danach auf Spanien beschränken mußten. Am Schicksal des Bischofs Caesarius von Arles war schon deutlich geworden, daß die Franken 508–510 diese Stadt belagerten, die dann 536 endgültig in ihren Herrschaftsbereich kam (Kap. 7 c). Den Bischöfen kam in diesen turbulenten Zeiten eine entscheidende Bedeutung zu. Die Rolle des römischen Papstes Leo I. für seine Stadt Rom (Kap. 5 d) hat in Gallien zahlreiche Parallelen. Zusammenfassend formulierte F. Prinz: „Teilnahme an hochpolitischen Entscheidungen ergab sich aus dem Stand der Dinge von selbst, vor allem seit mit der zweiten Hälfte des 5. Jh. die Germaneneinfälle nicht nur mehr ‚temporäre Randstörung' blieben, sondern Gallien die volle Wucht der Völkerwanderung zu spüren begann ..."[27] Der fortschreitende Zerfall der staatlichen Verwaltung brachte es mit sich, daß die kirchliche Organisation dieses Vakuum füllte. Die Bischöfe erschienen als die Schutzherren der Städte. Diesem Tatbestand sind die Franken immer wieder begegnet. Von Trier hören wir, daß der Bischof Jamblichus sein Amt auch unter der Herrschaft der Franken weiterführen konnte.[28] In Köln hat der Bischof Severin mit seiner Stadt die Eroberung durch die Franken durchstehen müssen.[29] Die Pfarrbezirke blieben vielfach erhalten. Aber es gibt im Norden Galliens auch Unterbrechungen in den Bischofslisten.

Ein Beispiel ist die Stadt Arras. Hier waren Franken und Hunnen gekommen und hatten schwere Verwüstungen angerichtet. Der heilige Vedastis wollte einen neuen Anfang machen, aber die Schwierigkeiten waren zu groß. In der Lebensbeschreibung des heiligen Vedastis findet sich folgende Mitteilung:

> „Als er nun die Kirche betreten wollte, da fand er sie verwahrlost und durch die Nachlässigkeit der heidnischen Bürger verkommen, von dichtem Gestrüpp war sie überwuchert, wilde Tiere hausten darin und hatten sie mit ihrem Unrat beschmutzt. Da erfüllte Trauer sein Herz und in tiefer Betrübnis senkte er sein Haupt. Und gar keine menschliche Wohnung belebte mehr die Stadt. Der Hunnenkönig Attila hatte sie einstmals zerstört und in starrendem Schmutz zurückgelassen ..."[30]

Mehrere Bistümer in Nordgallien mußten damals aufgegeben werden, andere wurden in den Süden verlegt. Trotzdem konnte aus solcher allgemeinen Notlage heraus eine für die Zukunft wichtige Verbindung hergestellt werden. Bischof Remigius von Reims hatte frühzeitig Kontakte gesucht. Er richtete wohl schon vor 486 einen Brief an den damals sechzehnjährigen Frankenkönig Chlodwig, der gerade die Macht als ein Teilkönig unter anderen mit übernommen hatte. Remigius schrieb ihm:

---

26 *F. Prinz,* Frühes Mönchtum im Frankenreich, München/Wien, 1965, 54.
27 *F. Prinz,* Klerus und Krieg im frühen Mittelalter, Stuttgart 1971, 45.
28 *E. Ewig,* Trier im Merowingerreich, Trier 1954, 118.
29 *A. Hauck,* a. a. O., 101.
30 Jonas von Bobbio, Vita Vedastis 6, ed. *B. Krusch,* MGH SRM III, 1884, 399.

„Es ist die bedeutungsvolle Kunde zu uns gelangt, Ihr hättet die Verwaltung der zweiten belgischen Provinz[31] übernommen. Überraschend ist es nicht, daß Du zu sein beginnst, was Deine Vorfahren allezeit gewesen sind. So hast Du denn vor allen Dingen darauf Dein Tun zu richten, daß auch Gottes Urteil nicht von Dir hinweg schwankt, wo Dir ein Verdienst zukommt, das durch den Eifer Deiner Demut zum höchsten Gipfel gelangt. Denn, wie das alte Sprichwort sagt: Nach dem Ausgang wird eines Mannes Tat beurteilt. Du mußt Ratgeber an Dich ziehen, die Deinen Ruhm erhöhen können. Dein Wohltun muß rein und redlich sein. Deinen Priestern wirst Du Ehre erweisen müssen und auf ihren Rat stets hören. Wenn Du aber mit ihnen in gutem Einvernehmen lebst, wird Deine Provinz einen besseren Bestand haben ...“[32]

Das ist ein recht deutliches Angebot zu einer Zusammenarbeit, das ein leitender Kirchenmann dem jungen Frankenherrscher gemacht hat. Trotz der eigenen militärischen Ohnmacht schrieb Remigius recht selbstbewußt. Chlodwig hat nach jahrelangen Überlegungen sich für ein Zusammengehen mit der katholischen Kirche in Gallien entschieden. Diese Entscheidung war für die Zukunft so wichtig, daß den Einzelheiten näher nachgegangen werden soll.

c) Der Übertritt des Frankenkönigs Chlodwig zur katholischen Kirche

Die politische Bedeutung Chlodwigs liegt darin, daß er mehrere fränkische Stämme unter seiner Herrschaft zusammenfaßte. Er besiegte 486 den letzten römischen Machthaber Syagrius. Chlodwig begriff bald, daß er in Gallien die Kirche berücksichtigen mußte. Ein Angebot des ostgotischen Königs Theoderich, dem germanisch-homöischen Bündnis beizutreten, lehnte er ab. Chlodwig wollte seine Herrschaft festigen durch ein Bündnis mit der katholischen Kirche in Gallien. Das konnte auch ein Vordringen nach Mittel- und Südgallien erleichtern. Bischof Gregor von Tours berichtet darüber in seiner um 590 abgeschlossenen Frankengeschichte.[33] Trotz eines Abstandes von rund hundert Jahren gilt Gregors Darstellung als weithin glaubwürdig und muß als wichtigste Quelle für die Zeit Chlodwigs angenommen werden.[34] Chlodwig heiratete die katholische Prinzessin Chrodechilde und ließ seinen ersten Sohn katholisch taufen. Für seine Person wollte er offenbar einen Übertritt vermeiden. Die Taufe des Sohnes aber erschien ihm ein möglicher Schritt, um die Annäherung an die Kirche zu signalisieren. Doch auf

---

31 Die Provincia Belgica war damals unterteilt in die erste Provinz (um Trier) und die zweite Provinz (um Reims).

32 Epistolae austrasicae 2, MGH Ep. III, 1892, 113, ed. *W. Gundlach;* übers. bei *Th. Hänlein,* Die Bekehrung der Germanen (Voigtländers Quellenbücher 87), Leipzig 1914, 29 f.; zur Datierung *A. Hauck,* a. a. O. 554 f.

33 Gregorii episcopi Turonensis Historiarum Libri decem. Lateinisch-deutsch, hrsg. v. *R. Buchner*, Berlin 1958, 2 Bde. Textauszüge bei *G. Haendler,* Das Christentum und die Germanen bis auf Bonifatius (Quellen, Heft 16), Berlin 1961, 48–55.

34 *W. v. d. Steinen,* Chlodwigs Übergang zum Christentum, MIÖG Erg. Bd. 12, 1932/1933; *K. Schäferdiek* in Bd. II/1 der Kirchengeschichte als Missionsgeschichte, München 1978, 119–127.

diesem Wege wurden ihm persönlich entscheidende Fragen gestellt. Gregor berichtet:

„Inzwischen aber bringt die gläubige Königin ihren Sohn zur Taufe und ordnet an, die Kirche mit Teppichen und Decken zu schmücken, damit der, der durch die Predigt nicht erfaßt werden konnte, um so leichter durch diesen geheimnisvollen Akt zum Glauben gerufen werde. Der gerade getaufte Knabe, den sie Ingomer nannten, starb jedoch noch in den Taufkleidern, so wie er getauft war. Aus diesem Grunde lief dem König die Galle über, und er machte der Königin heftige Vorwürfe und sprach: Wenn der Knabe im Namen meiner Götter geweiht worden wäre, so lebte er sicher noch; nun aber, weil er im Namen eures Gottes getauft ist, konnte er nicht leben! Darauf entgegnete die Königin: Ich danke dem allmächtigen Gott, dem Schöpfer aller Dinge, der mich nicht für unwürdig hielt, die Frucht meines Leibes in sein Reich aufzunehmen. Mir wird wegen dieser Sache mein Gemüt nicht von Schmerzen berührt, weil ich weiß, daß jemand, der im weißen Taufgewand von dieser Welt gerufen wird, vor Gottes Angesicht leben wird" (II,29).

Auch ein zweiter Sohn wurde getauft. Als er kränkelte, sprach Chlodwig die Vermutung aus, daß nun wohl auch dieser Sohn nach der Taufe sterben werde. Aber dieser Sohn überlebte. Das Zeugnis seiner Frau Chrodechilde hat Chlodwig sicher beeindruckt. Die endgültige Entscheidung fiel jedoch erst später in einer Schlacht gegen die Alemannen, über die Gregor folgendes berichtet:

„Es geschah nämlich, daß beim Zusammenstoß beide Heere große Verluste hatten, und Chlodwigs Heer begann, dem Untergang zuzutreiben. Als jener das sah, erhob er seine Augen zum Himmel, im Herzen war er getroffen, und zu Tränen bewegt sprach er: Jesus Christus, den Chrodechilde als den Sohn Gottes verkündet, von dem gesagt wird, daß er den Bedrängten Hilfe und den auf ihn Hoffenden den Sieg verleiht, demütig flehe ich um den Glanz deines Beistandes. Wenn du mir den Sieg über diese Feinde verleihst und ich jene Kraft erfahre, die das nach deinem Namen genannte Volk erfahren zu haben verkündet, so will ich dir glauben und in deinem Namen getauft werden. Ich habe nämlich meine Götter angerufen, aber, wie ich erfahre, sind sie weit davon entfernt, mir zu helfen. Ich meine daher, daß sie keine Macht haben, da sie denen nicht helfen, die ihnen gehorchen. Dich nun rufe ich an, und ich wünsche, dir zu glauben. Nur daß ich gerettet werden möchte vor meinen Feinden. Und als er dies gesagt hatte, wendeten sich die Alemannen und begannen zu fliehen. Als sie aber ihren König getötet sahen, unterwarfen sie sich Chlodwig ..." (II,30).

Man hat viel über das Datum dieser Schlacht und der danach folgenden Taufe gestritten.[35] Die beste Datierung ist immer noch die, die jene Schlacht auf 497 und die Taufe auf Weihnachten 498 ansetzt. In der Zwischenzeit hatte Chlodwig seine fränkischen Gefolgsleute auf diesen Schritt vorzubereiten. Auch die Verhandlungen mit den katholischen Bischöfen dürften einige Zeit benötigt haben.

---

[35] *R. Weiss,* Chlodwigs Taufe: Reims 508, Bern/Frankfurt 1971; dagegen überzeugend *K. Schäferdiek,* Ein neues Bild der Geschichte Chlodwigs?, ZKG 84 (1973), 1–29.

Der im Burgunderreich lebende Bischof Avitus von Vienne schaltete sich mit ein. Vor allem aber hatte es Chlodwig mit dem Bischof Remigius von Reims zu tun. Gregor nennt ihn einen Mann mit reichen wissenschaftlichen Kenntnissen und Erfahrungen in der Kunst der Rhetorik. Dieser Remigius sollte die Taufe vollziehen, die demonstrative Bedeutung haben sollte. Gregor von Tours berichtet darüber:

> „Mit bemalten Decken werden die Decken behängt, mit weißen Vorhängen die Kirchen geschmückt, die Taufkirche in Ordnung gebracht. Wohlgerüche werden verbreitet, es flackern die brennenden duftenden Kerzen, der ganze heilige Raum der Taufkirche wird von himmlischem Duft erfüllt, und solche Gnade gab Gott den Dabeistehenden, daß sie sich in die Wohlgerüche des Paradieses versetzt wähnten. Zuerst also forderte der König, vom Bischof getauft zu werden. Als ein neuer Konstantin ging er zum Taufbad, um die Krankheit des alten Aussatzes zu vertilgen und die schmutzigen Flecken, die er von früher hatte, durch das frische Naß zu vernichten. Als er aber herantrat zur Taufe, redete ihn der Heilige Gottes mit beredtem Munde folgendermaßen an: Beuge still deinen Nacken, Sigamberer; bete an, was du verbrannt hast, und verbrenne, was du angebetet hast" (II,31).

Nach Gregors Bericht sind damals noch weitere 3000 Angehörige des fränkischen Heeres getauft worden. Von ihren Motiven wird nichts gesagt. Aber bei Chlodwig sieht man einigermaßen klar: Der junge erfolgreiche König erstrebte aus politischen Gründen ein Bündnis mit der katholischen Kirche. Dabei kam es jedoch zu persönlichem Erleben und zu einer persönlichen Entscheidung.
Chlodwigs Taufe wirkte auch über die fränkischen Grenzen hinaus. Südlich des fränkischen Reiches lag das Reich der Burgunder, in dem der katholische Bischof Avitus eine führende Rolle spielte. Avitus gratulierte sogleich dem fränkischen König zur Taufe. Das Abendland hat nun – nach der Darstellung des Avitus – endlich mit Griechenland gleichgezogen, weil es im Abendland jetzt auch einen Herrscher katholischen Bekenntnisses gibt. Avitus sieht aber noch weiterreichende Möglichkeiten sich abzeichnen. Er schreibt dem Frankenkönig Chlodwig:

> „Eine Sache ist es, die wir gefördert sehen möchten: Daß ihr nämlich, weil Gott euer Volk durch euch ganz und gar zu den Seinigen machen wird, aus dem reichen Schatz eures Herzens den Samen des Glaubens auch unter die ferner wohnenden Stämme, die bis jetzt in naturhafter Unwissenheit lebend noch durch keine Keime schlechter Lehren verdorben worden sind, ausstreut. Und ihr sollt euch weder scheuen noch schämen, auch durch eigene entsandte Botschaften die Sache Gottes, der die eure so hoch erhoben hat, zu betreiben."[36]

Tatsächlich war das ein Programm für eine längere Zukunft. Die Christianisierung der Franken ging zunächst nur sehr langsam voran. Wohl aber hatten die Frankenkönige seit Chlodwigs Taufe das Bewußtsein, daß sie ein christliches Reich zu verwalten hätten. Militärische Erfolge der Franken waren der Hilfe Gottes zu verdanken und sollten auch Erfolge für die Kirche bedeuten. König Theudebert, ein Enkel Chlodwigs, hat in diesem Sinne 534 an den Kaiser Justinian in Kon-

[36] Ed. *R. Peiper*, MGH AA VI, 2, 1883, 76.

stantinopel geschrieben. Er erklärt einleitend, daß der christliche Glaube durch die verschiedenen Völker und Provinzen ausgebreitet werden sollte. Theudebert schreibt wörtlich weiter:

> „Durch Gottes Gnade sind die Thüringer glücklich unterworfen und ihre Provinzen erworben, ihre damaligen Könige ausgerottet. Infolgedessen hat das Volk der Nordschwaben, da unsere Majestät versöhnt ist, uns die Hälse gebeugt; und ebenso sind durch Gottes Gnade die Westgoten besiegt. Wir selbst bewohnen den nördlichen Teil Frankiens. Einschließlich der Sachsen und Jüten, die sich uns freiwillig ergeben haben, erstreckt sich unsere Herrschaft unter Gottes Schutz von der Donau, der Grenze Pannoniens, bis zum Gestade des Ozeans. Und da wir wissen, daß Eure erhabene Hoheit über den Fortschritt des Katholischen, wie es auch euer Brief bezeugt, mit vollem Herzen von Freude erfüllt ist, daher geschieht es, daß wir nach eurem Wunsche das, was Gott uns verliehen hat, in einfachem Bericht mitteilen ..."[37]

Von diesem Bewußtsein, das um 500 bei König Chlodwig begann, führt eine gerade Linie zur Kaiserkrönung Karls d. Gr. 800.

d) Die Kirche im fränkischen Reich im 6. Jahrhundert

Hauptquelle ist auch weiterhin die Frankengeschichte des Bischofs Gregor von Tours, die um 590 abgeschlossen worden ist. Gregor setzt die Herrschaft der Franken in Gallien selbstvertändlich voraus, obwohl er selbst zur romanischen Bevölkerung gehört. Er sehnt sich aber nicht nach der Zeit der römischen Herrschaft in Gallien zurück. Trotzdem enthält seine Darstellung manche Kritik an den fränkischen Königen; es wird so manche Untat registriert. Aber die Erfolge der Franken sind auch Erfolge Gregors. In diesem Sinne berichtet er über die Eroberung des damals großen Reiches Thüringen 531, er begrüßt auch die Unterwerfung der Burgunder 534. Ganz besonders freut sich Gregor über Erfolge im Kampf gegen die Westgoten, da diese „Arianer" waren. Gewiß darf man diese Sicht nicht unkritisch verallgemeinern. Das Leben des Caesarius von Arles zeigte, daß jedenfalls dieser führende Erzbischof in Südgallien sich keineswegs nach den Franken gesehnt hat (Kap. 7 c). Offenkundig hat die katholische Kirche unter den späteren fränkischen Herrschern ihren Besitz vermehren können. Ein Frankenkönig wollte diese Entwicklung stoppen. Gregor berichtet es kritisch (IV,2) und unterstreicht dies durch die Worte eines Frankenkönigs, die kennzeichnend für die Lage sind:

> „Er sagte nämlich öfter: Siehe, unsere Staatskasse ist arm. Siehe, unsere Reichtümer sind an die Kirchen gekommen. Niemand herrscht allein als die Bischöfe. Unsere Ehre ist im Untergang und übergegangen an die Bischöfe der Städte. So handelnd vernichtete er immer wieder Testamente, die für die Kirche aufgesetzt waren. Selbst die Vorschriften seines Vaters trat er oft mit Füßen, von dem Gedanken erfüllt, daß niemand da sei, der dessen Willen bewahren würde" (IV,46).

[37] Ed. *W. Gundlach,* MGH Ep III, 1892, 132–133.

Fremdartig und doch eindrücklich sind die vielen Wundergeschichten, die sich in Gregors Darstellung finden. Reliquien spielen eine große Rolle, die Anrufung von Heiligen geschieht immer wieder – auch in anderen Quellen aus jener Zeit. Man kann bei den meisten Wundererzählungen feststellen, daß letztlich Christus die Wunder vollbringt, der sich der Heiligen oder Reliquien nur als Mittel bedient.[38] Über eine Verkündigung des Evangeliums in fränkischer Sprache hört man freilich nichts, die Kirchensprache blieb das Lateinische. Man erinnert sich an Wulfila, der die Bibel ins Gotische übersetzte! Man muß annehmen, daß viele Franken die Kirche wohl als eine mächtige Organisation anerkannten und die Bischöfe als einflußreiche Männer respektierten; den Gottesdienst erlebte man als Geheimnis, das Evangelium aber blieb ihnen letztlich fremd. Die Erhaltung und Stärkung der kirchlichen Organisation wurde erreicht, die missionarische Ausstrahlungskraft aber war gering.

Seit 511 gab es im fränkischen Reich Landessynoden, die vom König einberufen wurden, der auch die Tagesordnung vorschrieb. Für die schwächere Kirche im Norden Galliens war es sicher von Vorteil, daß das Frankenreich sich so rasch nach dem Süden ausdehnte; auf diese Weise nahmen auch die Bischöfe aus Mittel- und Südgallien an den fränkischen Landessynoden teil. Die erste Synode in Orléans 511 legte eindeutig fest: „Die Vorschriften sind zu beachten, die die kirchlichen Kanones festlegen und die das römische Gesetz enthält."[39] Die Herrschaft des Bischofs über seine Kleriker und möglichst auch über die Mönche wurde noch unterstrichen. Später kam es zu zahlreichen Teilungen des fränkischen Reiches; das hatte Teilsynoden in den einzelnen Teilreichen zur Folge. Die Zustände entwickelten sich unterschiedlich. Aber eine Grundlinie blieb dabei erhalten: Die Kirche legte Wert auf ihre eigenen Traditionen, die erhalten bleiben sollten. Noch 633 wurde zu Beginn einer fränkischen Gesetzessammlung klar festgestellt: Die Kirche lebt nach römischem Gesetz (Ecclesia vivit lege Romana).[40] Solche traditionalistische Einstellung der Kirche hat sicher mit dazu beigetragen, daß die Einwirkung auf die heidnische Umwelt gering war. Zahlreiche Synoden mußten sich damit beschäftigen, daß das Heidentum weiterlebte. Kurz nach 550 befahl König Childebert von Paris seinen Grundbesitzern, daß sie die Götzentempel und heidnischen Kultstätten auf ihren Ländereien abzuschaffen hätten. Die Grundbesitzer hatten es jedoch damit keineswegs eilig.[41]

Neben Gregor von Tours ist Bischof Venantius Fortunatus der interessanteste Zeuge für das Leben in der katholischen Kirche im fränkischen Gallien im 6. Jh. Er war 565 aus Italien nach Gallien gekommen, wo man ihn wegen seiner Gelehrsamkeit bewunderte. Im Vergleich zu dem barbarischen Latein Gregors schreibt Venantius Fortunatus ein gepflegtes Latein. Er starb kurz nach 600 als Bischof von Poitiers. Besonders aufschlußreich ist seine Lebensbeschreibung der heiligen Radegunde. Diese Prinzessin war nach dem Siege der Franken über die Thüringer aus ihrer thüringischen Heimat verschleppt worden. Nach kurzer Zwangsehe mit einem Frankenkönig ging sie in ein Kloster. Venantius Fortuna-

[38] Scriptores rerum Merovingicarum, ed. *B. Krusch* u. *W. Levison,* 7 Bde. 1882–1920.
[39] Ed. *F. Maassen,* MGH L, Conc I,2, Kanon 1 von 511.
[40] Lex Ribuaria, ed. *F. Beyerle* und *R. Buchner,* MGH L I, 1954.
[41] Ed. *Boretius,* MGH Cap I,2,2, 1897.

tus erzählt mit Anteilnahme vom klösterlichen Leben. Er berichtet aber auch mit kaum verhohlener Freude von einem Gewaltakt der Radegunde gegen ein heidnisches Heiligtum der Franken. Zwischen den Zeilen erkennt man, daß die Mehrheit der Franken noch dem Heidentum anhing:

> „Als sie hörte, daß dort von den Franken ein Heiligtum verehrt wurde, gab sie ihren Dienern den Befehl, es in Brand zu stecken, denn sie achtete es für Unrecht, daß der himmlische Gott verachtet und Teufelswerk heilig gehalten werde. Aber es vernahmen die Franken, und ihr ganzer Haufe versuchte, mit Schwertern und Knütteln unter wahrhaft teuflischem Geheul sich zur Wehr zu setzen. Die heilige Königin jedoch, die Christus in ihrem Herzen trug, harrte unerschütterlich aus und wandte das Roß, auf dem sie saß, nicht eher von der Stelle, als bis jenes Heiligtum völlig verbrannt war . . ."[42]

Ganz offensichtlich handelte es sich um eine eher verzweifelte Einzelaktion, die den sehr langsamen Prozeß der Christianisierung der Franken kaum gefördert haben dürfte. Andererseits finden wir in den Bischofslisten auch germanische Namen, so in Maastricht schon um 500, danach in Straßburg und am Ende des 6. Jh. in Trier, Köln und Mainz, 614 auch in Worms und Speyer.[43]
Beziehungen der fränkisch-gallischen Kirche zum Papsttum sind nur schwach vorhanden. Als Papst Vigilius im Dreikapitelstreit dem Druck des Kaisers Justinian nachgegeben hatte, nahmen auch die Franken an der allgemeinen Empörung des Abendlandes teil (Kap. 6e). Der Frankenkönig Childebert I. verlangte von Papst Pelagius I. eine Erklärung, und der Papst mußte 557 diesem Verlangen nachkommen![44] Papst Gregor I. suchte 595 nach Kontakten; er knüpfte sie nach Arles, wo die Bischöfe früher einen Vorrang für Gallien besessen hatten.[45] Wichtiger waren jedoch direkte Beziehungen zu den neuen Herrschern im Frankenreich. Entscheidenden Einfluß hatte die Königinmutter Brunichilde, zu der Papst Gregor I. 598 Verbindung aufnahm.[46] Seine Wunschliste sah die Beseitigung zahlreicher Mißstände vor, die auch im Mittelalter immer wieder beklagt werden: Die Übernahme kirchlicher Ämter aufgrund von Geldzahlungen, die Verwaltung kirchlicher Ämter durch Laien. Offenbar waren diese Mißstände schon um 600 im fränkischen Gallien verbreitet. Von den gallischen Bischöfen hat nur einer sich an Rom gewandt; Gregor I. hat ihm seine Wünsche erfüllt.[47] Der Königinmutter Brunichilde schlug er eine Reformsynode vor, doch diese kam nicht zustande.[48] Fränkische Herrscher bemühten sich 602 darum, ihre Beziehungen zum Kaiser in Konstantinopel zu verbessern; sie waren der Ansicht, daß der Papst dazu helfen könnte. Daher kam man ihm entgegen und teilte ihm die Verleihung bestimmter Privilegien an Kirchen und Klöstern mit.[49] Innere Kämpfe

---

[42] Vita Radegundis II,2, ed. *B. Krusch,* MGH SRM 2, 1888, 358 ff.
[43] *E. Ewig* im HKG(J) II/2, 1975, 116, Anm. 35.
[44] Ed. *W. Gundlach,* MGH Ep III, 1892, 77, Nr. 54.
[45] Register V,58 ed. *L. M. Hartmann,* MGH Ep I, 1891.
[46] Register VIII, 4.
[47] Bischof Aregius von Gap, Register XI, 219.
[48] Register IX, 213, 215.
[49] Register XIII, 7,9, ed. *L. M. Hartmann,* MGH Ep II, 1892.

im fränkischen Reich machten solchen Kontakten jedoch rasch wieder ein Ende. Die Beziehungen der fränkischen Kirche zum Papsttum hörten zu Anfang des 7. Jh. fast ganz auf. Eine fränkische Landessynode von Paris 614 erwähnt weder den Papst noch Rom. Auch die fränkisch-gallische Kirche war – ähnlich wie die westgotisch-spanische – eine selbständige Landeskirche, die ihre Angelegenheiten selbständig regelte – freilich unter maßgeblichem Einfluß des jeweiligen Landesherrn.

e) Die Kontinuität der Kirche im Donau-Alpen-Gebiet

Die Franken dehnten ihren Einfluß auch in östliche Richtung aus. Die Alemannen wurden besiegt, die Thüringer unterworfen. Es gab eine fränkische Siedlungsaktion den Main aufwärts, zu einem Schwerpunkt wurde Würzburg – also jene Gegend, die noch heute Franken heißt. Weiter südlich wanderten in der ersten Hälfte des 6. Jh. die Bajuwaren in das Land ein, das dann nach ihnen Bayern genannt wird. Das bayrische Herzogsgeschlecht stammte aus Burgund und hatte Rückhalt bei den Franken. Später haben auch alemannische Herzöge das Christentum angenommen. So kam es in jenem Gebiet der oberen Donau und der Alpen zu einem Wiederaufbau der Kirche, die in der Zeit der Völkerwanderung schwer gelitten hatte. Aber auch hier haben einige Gemeinden offenbar ihre Kontinuität bewahren können. Das gilt z. B. für Konstanz, wo der Neuaufbau an einen Rest anknüpfen konnte und wo man nach 600 einen Bischofssitz errichten konnte. Auch die Gemeinde in Augsburg hat sich teilweise gehalten, auch wenn der Bischofssitz zeitweise verlegt wurde. Die Ursprünge der Kirche in Augsburg führen zurück bis in die Verfolgungszeit 303/304, als Afra in Augsburg Märtyrerin wurde. Der fränkische Dichter und Bischof Venantius Fortunatus, der das Leben der heiligen Radegunde geschrieben hat, dichtete über die Erinnerung an die heilige Afra, die in Augsburg verehrt werde:

„Wenn dir das Überschreiten der Barbarenströme gestattet wird,
so daß du ruhig über Rhein und Donau gehen kannst,
so gelangst du nach Augsburg, wo Wertach und Lech fließen.
Dort wirst du die Gebeine der heiligen Märtyrerin Afra verehren."[50]

Eine ähnliche Erinnerung hat sich im Raum Lorch/Passau an der Donau gehalten an den heiligen Florian. Er war 303 Leiter einer Kanzlei des Statthalters der Provinz Noricum gewesen. Als Florian von der Verhaftung von Christen in Lorch hörte, wollte er ihnen zu Hilfe eilen. Er wurde aber selbst zum Tode verurteilt und ertränkt. Diese Todesart führte später dazu, daß man in ihm den Schutzheiligen gegen Feuersgefahr sah. Seine durchgehende Verehrung in Lorch und Passau wird als Anzeichen dafür gedeutet, daß es auch dort eine Kontinuität des Christentums gegeben haben dürfte. In diesem Raum haben außerdem italienische Heilige eingewirkt. Neben Mailand hatte vor allem Aquileja Bedeutung für die alte Kirche dieses Gebietes. Das gilt gerade auch für Salzburg, das auch an altkirchliche Tradition anknüpfen konnte.[51] Aus der Lebensbeschreibung des

---

[50] Ed. *Th. Mommsen* MGH AA II, 368 nach der Übersetzung bei *R. Bauerreiß,* Kirchengeschichte Bayerns I, 1958, 24.

[51] *P. Barton,* Die Frühzeit des Christentums in Österreich, Wien 1975, 73–74 und 90–91.

heiligen Severin wissen wir, wie durchgebildet und funktionstüchtig die kirchliche Organisation im Raum um Passau kurz vor 500 gewesen war. Ausgrabungen illustrieren unsere Vorstellungen von einer Kirchenorganisation schon in spätrömischer Zeit, die teilweise die Zeit der Völkerwanderung überdauert hat. Es gibt eine Fülle von territorialgeschichtlichen Untersuchungen zu einzelnen Orten, Kirchen und Landschaften.[52] Das Bild ist gewiß örtlich verschieden. Aber überall wird im Laufe des 6. Jh. der Einfluß der fränkischen Macht von Westen her spürbar; dafür geht der Einfluß vom Süden her zurück. Ein Brief macht diese Entwicklung deutlich. Bischöfe in jener Gegend, die der Metropole Aquileja in Norditalien unterstanden, beklagten sich bei ihrem Kaiser Mauricius in Konstantinopel im Jahre 591 über die so verworrenen Zustände in ihrer Heimat:

> „Wenn eure Befehle diese Verwirrung und Bedrängnis nicht bald beseitigen, so wird keine unserer Gemeinden (den zukünftigen Bischof) zur Weihe mehr nach Aquileja gehen lassen, falls einer von uns stirbt. Sie werden vielmehr die benachbarten Bischöfe von Gallien um die Weihe angehen, und die Metropole von Aquileja, die unter eurer Regierung gegründet wurde, wird sich auflösen – Aquileja, durch das ihr mit Gottes Gnade Bistümer (ecclesiae) unter den Heiden besitzt. Schon seit einer Reihe von Jahren haben in drei Kirchen unseres Synodalverbandes (nostri concilii), nämlich in der ecclesia Breonensi, in der ecclesia Tiburniensi und der ecclesia Augustana gallische Bischöfe Priester aufgestellt (constituere). Und wäre damals nicht durch einen Machtspruch Kaiser Justinians seligen Gedenkens der Zwist beigelegt worden, so wären beinahe in alle Bistümer unseres Metropolitanverbandes Aquileja von den Galliern geweihte Priester eingedrungen."[53]

Kaiser Justinian starb 565; vorher also ist es zu Eingriffen von fränkisch-gallischer Seite her in die Kirchen des Donau-Alpen-Raumes gekommen, auf die der zitierte Brief 591 zurückblickt. Die Lokalisierung der drei genannten Kirchen ist umstritten; aber unter der „ecclesia Augustana" darf man doch mit einiger Wahrscheinlichkeit die Kirche von Augsburg verstehen. Mit dem Auftreten des irischen Wandermönches Columban, der nach 600 über Gallien in dieses Gebiet kam und am Bodensee wirkte, ergeben sich auch für uns neue Einblicke (vgl. Teil I/7).

---

[52] Literatur in Kirchengeschichte als Missionsgeschichte II/2, München 1978, 525–531. Dort werden allein achtzehn Arbeiten von *H. Büttner* genannt, auf den besonders verwiesen sei.

[53] Ed. *L. M. Hartmann,* MGH Ep I, 1891, Nr. 16 a, zitiert nach *R. Bauerreiß,* Kirchengeschichte Bayerns I, 1958, 13.

Kapitel 10
Papst Gregor der Große (†604) und die Kirchen in Britannien

a) Der Mönchspapst Gregor d. Gr. († 604)

Das Leben des Papstes Gregor I. ist in vielen Einzelheiten erkennbar durch 854 erhaltene Briefe.[1] Außerdem gibt es mehrere theologische Werke von ihm, die für ihn und seine Zeit typisch sind. Gregor war der erste Papst, der aus dem Mönchtum zum Papsttum aufstieg. Er stammte aus einer römischen Adelsfamilie und hatte eine erfolgreiche Laufbahn als Verwaltungsbeamter hinter sich, ehe er nach dem Tode seines Vaters sein Besitztum in Rom in ein Kloster umwandelte. Er stand zwar seinem Kloster vor, hielt aber selbst sehr streng alle Regeln ein; davon weiß sogar die Frankengeschichte des Bischofs Gregor von Tours zu berichten (X,1). Nach wenigen Jahren der klösterlichen Stille wurde Gregor zum Regionardiakon berufen und hat sich in diesem Amt voll eingesetzt. Um 580 schickte man ihn als Beauftragten des Papstes nach Konstantinopel. Es gab nur noch den Seeweg von Rom nach Konstantinopel, da die Langobarden seit 568 große Teile Norditaliens besetzt hatten. Der für Italien zuständige byzantinische Statthalter regierte von Ravenna aus, Rom war für ihn ein unbequemer Außenposten. Daher wollte der Papst einen Vertrauensmann in Konstantinopel haben. Gregor hatte Mönche als Begleiter um sich und gewann in Konstantinopel großes Ansehen. Dort begegnete er auch dem Bischof Leander von Sevilla, der damals nicht in seine Heimat zurückkehren konnte (Kap. 7 d). In Konstantinopel schrieb Gregor sein längstes Werk, einen Kommentar zum Buch Hiob.[2] In einer Vorrede geht er auf sein Leben ein, das immer unter dem Zwiespalt stand: Sehnsucht nach klösterlicher Stille einerseits, aktives Wirken in den Nöten der Zeit andererseits. Von daher fühlt sich Gregor zu Hiob hingezogen und schreibt: „Vielleicht ist es der Ratschluß der Vorsehung gewesen, daß ich den leidenden Hiob selbst leidend auslegen und den Geist des Geschlagenen durch Schläge nachfühlen sollte."[3]

Gregor war gut ausgebildet und schrieb ein klassisches Latein. Aber er warnt vor einer Überschätzung der antiken Bildung und kritisiert das Ziel der damaligen Ausbildung. In seinem Hiobkommentar kommt er zu Kap. 12 Vers 4 „Die Einfalt des Gerechten wird verlacht", den er folgendermaßen auslegt:

> „Die Weisheit dieser Welt ist es, das Herz mit Listen zu verstecken, den Sinn der Worte zu verhüllen, Falsches als wahr anzuzeigen und Wahres als

[1] In der Edition von *Jaffé/Ewald* sind es die Nr. 1066–1994 (mit Lücken). In der Edition von *L. M. Hartmann*, MGH Ep I/II, 1891/1892 sind die Briefe jahrgangsweise nach dem Register gezählt.

[2] Moralia in Job, PL 75,509–1162 und 76,9–782 oder ed. *R. Gillet-de Gaudemaris*, SC 32, 1952 und 212, 1974.

[3] Ed. *L. M. Hartmann*, MGH Ep I, 1891, Reg. V, 53 a.

trügerisch zu erweisen. In dieser Art Klugheit und in ihrem Gebrauch ist die Jugend erfahren, sie wird um Geld von den Knaben gelernt. Wer sie versteht, erhebt sich voll Verachtung über die anderen; wer sie nicht versteht, staunt sie unterwürfig und zagend bei anderen an; denn diese verruchte Doppelzüngigkeit wird unter einem beschönigenden Namen geliebt; man nennt diese Verkehrtheit des Sinnes gute Lebensart (urbanitas). Sie lehrt ihre Jünger, nach hohen Ehren zu streben, sich am erlangten Glanze dieser Welt zu freuen, empfangene Übeltaten vielfältig zurückzugeben, keinem Widerstand zu weichen, wenn die Kräfte ausreichen; wenn aber diese Möglichkeit nicht besteht, das, was mit Bosheit nicht gelingt, in friedfertiger Güte zu erheucheln" (X,29,48).

Gregor wurde 590 zum Papst gewählt in einer sehr bedrängten Lage; man glaubt ihm die Beteuerung, daß er dieses Amt nicht ersehnt habe. Kurz danach schrieb er seine „Pastoralregel"[4]. Er denkt einleitend über die große Verantwortung des kirchlichen Amtes nach. Eine Gefahr sieht er darin, daß man um des eigenen Seelenfriedens willen die Not des Nächsten übersieht. Er verweist darauf, daß die Gebote der Gottesliebe und der Nächstenliebe von Jesus miteinander verbunden worden sind, und nennt die Propheten Jesaja und Jeremia, die durchaus verschieden waren und doch je in ihrer Weise das Predigtamt recht ausgeübt hätten. Er erinnert an Mose und die Stellen über das Bischofsamt in 1. Tim. 3. Mehrfach schlägt das mönchische Ideal durch. Gregor mahnt besonders zur Demut; Anklänge an Augustin und an die Regel des Benedikt von Nursia werden spürbar:

„Alle, die vorstehen, sollen nicht ihre geweihte Gewalt, sondern ihre menschliche Gleichheit bedenken und sich nicht freuen, den Menschen voranzustehen, sondern ihnen von Nutzen zu sein. Unsere alten Väter waren nicht Könige der Menschen, sondern Hirten der Schafe ... Der Mensch ist den unvernünftigen Tieren, aber nicht den übrigen Menschen von Natur vorgesetzt ... (II,6).

Das dritte Buch der Pastoralregel ist eine Predigtlehre. Der Prediger wird mit einem Künstler verglichen, der zur rechten Zeit die richtigen Töne anschlagen muß. Gregor geht auf die Verschiedenartigkeit der Predigthörer ein, die der Prediger berücksichtigen müsse. Das letzte Buch der Pastoralregel fordert erneut die Selbsteinkehr und Gewissensprüfung des Amtsträgers. Von Gregor sind 62 Predigten erhalten: 22 über Hesekiel und 40 über Evangelientexte.[5]
Stark vom mönchischen Ideal geprägt sind auch die 4 Bücher Dialoge[6] mit Nachrichten über Benedikt von Nursia (Kap. 6 f). Die Dialoge beginnen mit der Klage über fehlende innere Ruhe; deswegen will Gregor von den Einsiedlern und Wundertätern seiner Zeit berichten. Wir stehen diesen Wundergeschichten

[4] PL 77, 13–128 oder ed. *H. Hurter,* 1872, zitiert nach *E. Caspar,* Geschichte des Papsttums II, 1933, 378–383.
[5] PL 76, 783–1312, über Hesekiel 783–1072, danach die Evangelientexte.
[6] Dialogi de vita et miraculis patrum Italicorum, ed. *U. Morrica,* Rom 1924, übers. v. *J. Funk,* BKV, Reihe II, Bd. 3, 1933.

heute fremd gegenüber; für das kommende Mittelalter waren sie prägend. Im vierten Buch der Dialoge geht Gregor auf Glaubenszweifel ein. Er erklärt, der Glaube sei eine notwendige Grundlage menschlichen Lebens: Wir sagen zu zwei Menschen Vater und Mutter, weil wir ihnen das glauben; ebenso soll man an die Existenz der Seele glauben, die nach dem Tode des Leibes weiterlebt; die meisten Seelen sind nach dem Tode im Fegefeuer, nur wenige sterben als Heilige ohne Sünde, nur wenige sterben als Todsünder ohne Hoffnung; die Dauer des Fegefeuers für die Verstorbenen kann abgekürzt werden durch Seelenmessen. Diese Vorstellung Gregors, die er nicht neu erfunden, aber doch verbreitet hat, hängt zusammen mit seiner Auffassung der Messe als eines Opfers. Der Priester wiederholt in der Messe unblutig das Opfer Christi auf Golgatha und bringt es Gott neu dar. Dadurch kann vom Menschen her Einfluß auf Gott gewonnen werden. Man sieht den Abstand Gregors zu Augustin, obwohl er sich gern auf Augustin berufen hat. Für Gregor waren Furcht und Hoffnung die entscheidenden Motive; Augustin war getragen von der Erfahrung der zuvorkommenden und unwiderstehlichen Gnade Gottes trotz tiefgehender Sündhaftigkeit (Kap. 2b und e).
Bei Gregor stehen wir vor jener Denkweise, die uns im Mittelalter immer wieder begegnen wird. Bei ihm bekamen auch die Heiligen als Zwischeninstanz zwischen Gott und Mensch schon große Bedeutung. In einer Predigt hat er dem Ausdruck gegeben:

> „Diese Heiligen macht euch in der Sache eurer Prüfung, die ihr mit dem strengen Richter habt, zu Patronen; ihrer bedient euch am Tage des Schreckens als Verteidiger. Gewiß, wenn ihr am morgigen Tage vor irgendeinem großen Richter eine Sache anhängig hättet, so würdet ihr den ganzen heutigen Tag darauf verwenden, einen Patron zu suchen, der euch als defensor bei solchem Richter zu Hilfe komme. Siehe, nun wird der strenge Richter Jesus kommen, der Schrecken eines solchen Konzils von Engeln und Erzengeln naht; dort wird unsere Sache verhandelt, und doch suchen wir uns jetzt nicht die Patrone, die wir dann zu Verteidigern haben können. Aber sie sind da, unsere Verteidiger, die heiligen Märtyrer; sie wollen gebeten sein und verlangen sozusagen, daß man nach ihnen verlange.“[7]

Durchaus nüchtern handelt Gregor bei der Verwaltung der umfangreichen Besitzungen, die der römischen Kirche im Laufe der Jahre zugefallen waren. Ein Schwerpunkt lag in Süditalien und Sizilien. Die Briefe Gregors geben Einblick in die Verwaltung sowie in die ökonomischen Probleme jener Zeit. Große Summen sind durch den päpstlichen Haushalt gelaufen.[8] Aber Gregor legte Wert darauf, daß es sich bei diesen Gütern um das „Gut der Armen“ handele.[9] Unter den zu versorgenden Personen waren zeitweise dreitausend Nonnen, die nach Rom geflüchtet waren.[10] Bei dem Zusammenbruch der staatlichen Verwaltung wurden die Aufgaben für die Kirche immer größer. Gregor trug Verantwortung für die Brotversorgung Roms, er mußte manchmal sogar für die Soldzahlungen

[7] Homilie in evang. 32,8, zitiert nach *E. Caspar*, a. a. O. II, 399–400.
[8] *E. Caspar*, a. a. O. II, 1933, 336/337.
[9] Ed. *L. M. Hartmann*, Reg. XIII, 23.
[10] Ed. *L. M. Hartmann*, Reg. VII, 23.

an die Soldaten einspringen. E. Caspar formuliert zusammenfassend: „Die Stürme und Nöte der Invasions- und Fremdherrschaftszeiten des sechsten Jahrhunderts“ bewirkten „eine gewaltige Erweiterung des kirchlichen und päpstlichen Wirkungsbereiches durch mächtig angewachsenen materiellen Besitz und organisatorische Leistungssteigerung und durch immer weiter greifende Übernahme öffentlicher Aufgaben.“[11]

Mönche konnten aktive Helfer in der Kirchenregierung werden. So hat Gregor seinen Klostergenossen Petrus nach Süditalien und Sizilien geschickt, um dort die Verwaltung der verstreuten Kirchengüter in die Hand zu nehmen.[12] Dieser Mönch griff als Beauftragter des Papstes auch in die örtlichen Angelegenheiten der Kirchen ein. Er kümmerte sich um die Besetzung von Bistümern, er hatte notfalls auch die Absetzung von Bischöfen durchzusetzen. Häufig spielen rein ökonomische Fragen eine Rolle. Dann wieder ging es um Angelegenheiten der Klöster, denen die besondere Fürsorge des Papstes galt. Einerseits sollten sich die Klöster in die kirchliche Ordnung einfügen, d. h., sie sollten ihrem zuständigen Bischof unterstehen. Andererseits aber sollten die Mönche ihre Angelegenheiten selbständig regeln, wozu ganz besonders das Recht auf freie Wahl des Abtes gehörte. Gregor hat großen Wert darauf gelegt, daß Klosteräbte sich direkt an den Papst wenden können. In einem Streit mit dem Kaiser Mauricius 593 setzte sich Gregor dafür ein, daß grundsätzlich allen Menschen der Eintritt in ein Kloster freistehen müsse.[13] Die mönchische Demut hat schließlich auch dazu geführt, daß Gregor gegen besondere kirchliche Titel kritisch reagierte. Für sich beanspruchte Gregor solche Titel nicht. Der Patriarch von Alexandrien hatte an Gregor geschrieben und ihn darin als den „universalen Papst“ bezeichnet und einen „päpstlichen Befehl“ erwähnt. Gregor will von solcher Redeweise nichts hören und schreibt dem Patriarchen:

> „Das Wort ‚Befehl‘ lasset mich bitte nicht hören, denn ich weiß, wer ich bin und wer ihr seid. Denn ihr seid mir dem Range nach ein Bruder, dem Wandel nach ein Vater. Nicht befohlen habe ich also, sondern anzugeben mich befleißigt, was mir heilsam schien. Ich finde indessen nicht, daß eure Seligkeit eben das, was ich euch ins Gedächtnis prägte, vollkommen hat behalten wollen. Denn ich sagte, daß ihr weder mir noch irgendeinem anderen so etwas schreiben dürftet ... Ich bitte eure zärtlich geliebte Heiligkeit, euch dieser Anrede universalis papa nicht weiter zu bedienen ... ich erachte es nicht als eine Ehre für mich, was meinen Brüdern die Ehre mindert.“[14]

Dieser Brief nach Alexandrien ist auf dem Hintergrund eines anderen Anspruchs zu sehen: Der Patriarch von Konstantinopel wurde damals häufig als „universaler Patriarch“ tituliert. Dagegen vor allem protestierte Gregor. In einem Brief an den Kaiser hat er sich darüber beschwert; in diesem Zusammenhang kommt die besondere Lage in Italien und im Abendland überhaupt mit den Beschwernissen der Völkerwanderung deutlich zum Ausdruck:

---

[11] A. a. O. II, 339; Einzelheiten auf 326–339.
[12] Einzelheiten bei *E. Caspar*, a. a. O. 409–417.
[13] Ebd., 456–468.
[14] Brief an Eulogius ,ed. *L. M. Hartmann*, Reg. VIII, 29; *E. Caspar*, a. a. O. 462.

„Siehe, alles ist in europäischen Landen der Herrschaft der Barbaren überliefert, zerstört sind die Städte, vernichtet die Burgen, entvölkert die Provinzen, kein Bauer bewohnt mehr das Land. Es wüten täglich im Blute der Gläubigen die Götzenanbeter, und doch erstreben die Bischöfe, die lieber weinend in der Asche am Boden liegen sollten, eitle Namen und prahlen mit neuen unheiligen Titeln."[15]

Gregor hat diesem Trend sehr eindrucksvoll widersprochen durch die Formel „Knecht der Knechte Gottes". Er wollte damit nicht einen neuen päpstlichen Titel schaffen. Gregor hat diese Selbstbezeichnung schon Jahre vor seiner Papstwahl gebraucht, mehrere Kirchenväter haben sie gelegentlich schon vor ihm geführt.[16] Im Laufe des Mittelalters wurde diese Formel zu einer selbstverständlichen Selbstbezeichnung aller Päpste. Gregor I. aber, der „Mönchspapst", dachte „so urchristlich-ökumenisch wie vielleicht niemand seit Cyprian"[17]. Umstritten ist die Frage, ob und inwieweit das Sacramentarium Gregorianum auf ihn zurückgeführt werden kann.[18]

b) Die Langobarden in Italien

Von den Germanenstämmen, mit denen Papst Gregor I. zu tun hatte, waren ihm die Langobarden am nächsten. Seit 568 waren sie in Italien eingedrungen. Sie waren zum Teil Heiden, zum Teil aber auch schon von der Mission der homöischen Germanen her erfaßt worden (Kap. 1 e). Die Königin Theodelinde stammte aus Burgund und war Katholikin; sie hatte aber dem Papsttum gegenüber jene Vorbehalte, die seit der Nachgiebigkeit des Papstes Vigilius im Dreikapitelstreit in der Mitte des 6. Jh. im Abendland weit verbreitet waren (Kap. 6 d). In Norditalien regierte der Langobardenherzog Aistulf. Gefährlicher für Rom war der Langobardenherzog Ariulf von Spoleto. Die politische Verantwortung für das zum byzantinischen Reich gehörende Italien lag beim Statthalter (Exarchen) von Ravenna, doch Rom war letztlich weithin auf sich selbst gestellt. In Rom war der Bischof der Stadt schon zu Zeiten Leos d. Gr. der wichtigste Mann, der auch den Germanen gegenüber die Verantwortung zu tragen hatte (Kap. 5 d). Gregor sprach einmal die Sorge aus, er werde vielleicht schon bald weniger ein Bischof der Römer als vielmehr der Langobarden sein.[19] Gregor hat sich zunächst an den zuständigen Statthalter in Ravenna gehalten und um Hilfe gebeten. Der Papst hat sogar an einzelne Truppenführer geschrieben, um ihre Hilfe gegen die Langobarden zu aktivieren. Er mußte erkennen, daß man ihm von dieser Seite nicht helfen konnte oder wollte. In den Jahren 592/593

---

15 Reg. V, 37, zitiert nach *E. Caspar,* a. a. O. II, 1933, 457.

16 *E. Caspar* nennt Augustin, Caesarius von Arles, Eugippius und Fulgentius von Ruspe, a. a. O. 457/458, Anm. 5 und 6.

17 So formulierte *E. Caspar,* a. a. O. II, 462.

18 *K. Gamber,* Sakramentartypen. Versuch einer Gruppierung der Handschriften und Fragmente (Texte und Arbeiten 49/50), Beuron 1958. *J. Deshusses,* Le Sacramentaire Grégorien. Ses principales formes d'après les plus anciens manuscrits (Specilegium Friburgense 16), Fribourg 1971.

19 Reg. I,30, zitiert nach *E. Caspar,* II, 471.

war Rom von den Langobarden belagert. Der Papst predigte über Texte aus dem Buch Hesekiel: Die Weltherrschaft Roms ist zu Ende, so wie damals das Volk Israel im Exil leben mußte. Gregor hat sich schließlich zu direkten Verhandlungen mit den Langobarden entschließen müssen. Er hat ihren Abzug mit Tributzahlung erreichen können. Es ist verständlich, daß man in Ravenna und Konstantinopel diese Verhandlungen des Papstes mit den langobardischen Landesfeinden mit einigem Mißtrauen sah. So hatte die Angelegenheit noch ein Nachspiel, das für uns besonders aufschlußreich ist. In einem längeren Brief hat Gregor I. dem Kaiser Mauricius seinen Standpunkt erläutert. Er nimmt zunächst die Kritik des Kaisers an:

> „In seinem durchlauchtigsten Erlasse geruht mein allerfrömmster Herr mir wegen gewisser Dinge Vorwürfe zu machen, schonend und doch durchaus nicht schonend; denn er gebraucht das zwar höfliche Wort Einfalt (simplicitas), in der Heiligen Schrift im guten Sinne verwendet, sofern die Einfalt mit Klugheit gepaart ist. Wenn ich aber, weil von der Schlauheit des Ariulf getäuscht, als einfältig ohne Klugheit bezeichnet werde, so bedeutet das ohne Zweifel, daß ich ein Narr bin. Das bin ich auch, wie ich selbst bekenne. Denn wenn Eure Majestät es verschweigt, so reden laut die Tatsachen. Wenn ich nicht ein Narr gewesen wäre, niemals wäre mir widerfahren, was ich jetzt unter den Schwertern der Langobarden erleide ...“[20]

Im weiteren Verlauf des Briefes teilt Gregor mit, daß die Langobarden zu einem umfassenden Friedensschluß bereit seien. Man solle ihm dies glauben und nicht auf andere Gewährsleute hören. Es sei eine Beleidigung für ihn als Priester, daß man ihm eine Lüge zutraue. Gregor fordert Ehrfurcht für alle Priester, so wie es die Bibel vorschreibe und wie es auch Kaiser Konstantin gehalten habe. Dazu bringt er noch ein überraschendes Argument:

> „Vor ihm (Konstantin) waren heidnische Kaiser in der res publica, die doch ihren Priestern die höchste Ehre erwiesen. Wie sollte also ein christlicher Kaiser die Priester des wahren Gottes nicht ehren? Das sage ich dem frommen Herren nicht um meinetwillen, sondern um der Priester willen. Denn ich bin ein sündiger Mensch und erhoffe mir im furchtbaren Endgericht Erbarmen, wenn ich jetzt täglich mit Plagen geschlagen werde ... Wir wissen nicht, wie ein jeder dort erfunden werden wird. Das aber sage ich in Kürze, daß ich unwürdiger Sünder mir von der Barmherzigkeit des kommenden Jesus mehr erwarte als von der Gerechtigkeit eurer frommen Majestät.“[20]

Man sieht, daß der „Mönchspapst“ wirklich demütig die Kritik des Kaisers annimmt. Zugleich aber behauptet der Papst seinen Standpunkt und weiß sich letztlich vor dem Urteil Gottes mehr verantwortlich als vor dem des Kaisers. Papst Gelasius hatte solche Tendenz schon 100 Jahre früher viel forscher ausgedrückt (Kap. 6 a); bei Gregor klingt es überzeugender, weil er nicht jene Rückendeckung hat, aus der Gelasius einst schrieb. Gregor wird von den Langobarden bedroht, aber auch das byzantinische Regime ist schwer erträglich. Zumal über den Exarchen von Ravenna klagt Gregor, „daß seine Bosheit gegen uns die Schwerter der

---

[20] Reg. V,36, zitiert nach *E. Caspar,* II, 479.

Langobarden noch übertrifft"[21]. Es war schwer, zwischen diesen beiden Mächten einen Ausgleich zu erreichen. Erst 598 kam es zu einem Vertrag. Der Papst schreibt dem Langobardenkönig Agilulf und dankt ihm für seine Friedensliebe; eine Fortsetzung der Kämpfe werde nur noch mehr Blut der armen Bauern fordern, von deren Arbeit letztlich beide Parteien abhängig seien.[22] Der katholischen Königin Theodelinde aber schrieb der Papst:

> „Wirket auf euren Gemahl ein, daß er sich gegen einen Bund (societas) mit der christlichen res publica nicht ablehnend verhalte. Denn auch ihr wisset wohl, wie vielfältig es von Nutzen wäre, wenn er sich in ein Freundschaftsbündnis mit ihr begeben wollte ..."[23]

Der Papst sieht sehr nüchtern die Gefahr neuer langobardischer Angriffe. In Norditalien kam es schon 602 zu neuen Übergriffen. Im gleichen Jahr kam es in Konstantinopel zu einem Umsturz: Der neue Kaiser Phocas legt Wert auf ein gutes Verhältnis zum Papst in Rom. So kommen die päpstlichen Friedensbemühungen doch voran. Wenige Monate vor seinem Tode bekommt Gregor die Nachricht, daß Königin Theodelinde die katholische Taufe für den Thronfolger durchgesetzt hat. Gregor dankt ihr und drückt die Hoffnung aus, daß sie „dem Volke der Langobarden einen neuen König in Gottes Furcht glückverheißend aufziehen möge".[24] Der Weg der Langobarden zum christlich-katholischen Glauben war noch lang. Es besteht aber kaum ein Zweifel daran, daß ganz entscheidende Anfänge durch Papst Gregor gelegt worden sind unter denkbar schwierigen Voraussetzungen.

Die bisher genannten Tatsachen würden es schon rechtfertigen, daß Papst Gregor I. den Beinamen der Große erhielt: Er hat Bedeutendes geleistet als Prediger und theologischer Schriftsteller. Er hat die ökonomischen Aufgaben übernommen, die auf ihn zukamen. Er hat sich um den Frieden für Rom und Italien bemüht, er hat sich nachhaltig für das Mönchtum eingesetzt. Er war ein loyaler Bürger des byzantinischen Reiches und respektierte die Kaiser in Konstantinopel, aber zugleich hatte er Kontakte zu den germanischen Kirchen und Königen: Das galt für den Machtbereich der Westgoten (Kap. 7 d) und ebenso der Franken (Kap. 8 d). Trotzdem liegt die größte Bedeutung dieses Papstes noch auf einem anderen Gebiet: Er hat die Missionierung der Angelsachsen begonnen und damit für die weitere Zukunft einen Anfang gemacht, der ganz unabsehbare Folgen für die Kirchengeschichte haben sollte. Aber hier müssen wir weiter ausholen; die Geschichte der Kirche auf den Britischen Inseln ist alt und reicht bis in die Zeit vor der Konstantinischen Wende – also bis vor 300 – zurück.

c) Die Kirchen auf den Britischen Inseln vom 3. bis 6. Jahrhundert

Schon um 200 weist der nordafrikanische Kirchenschriftsteller Tertullian darauf hin, daß es Christen in Britannien gebe.[25] Wenig später erwähnt Origenes den

[21] Reg. V,40, zitiert nach *E. Caspar,* II, 481.
[22] Reg. IX,66, zitiert nach *E. Caspar,* II, 485.
[23] Reg. IX,67, zitiert nach *E. Caspar,* II, 486.
[24] Reg. XIV,12, zitiert nach *E. Caspar,* II, 491.
[25] Adversus Judaeos 7.

gleichen Tatbestand.[26] Nach 300 nennt Euseb Christen in Britannien.[27] Die Verfolgungen römischer Kaiser haben auch in Britannien Opfer gefordert. In seiner „Kirchengeschichte des englischen Volkes", die freilich erst kurz nach 700 geschrieben wurde, berichtet Beda vom Martyrium Albans[28] über dessen Grab später die Abtei St.Alban errichtet wurde. Der für die Kirchengeschichte so wichtige Kaiser Konstantin begann seinen Siegeszug von England aus. Nach der Anerkennung der Kirche durch Konstantin nahmen Bischöfe aus Britannien an verschiedenen Synoden im römischen Reich teil: In Arles 314 waren die Bischöfe von London, York und Lincoln dabei:[29] in Sardica 343 wirkten britische Bischöfe mit, sie waren allerdings auch bei den Beschlüssen von Rimini 359 anwesend, als man sich vom nicänischen Glauben entfernte. Nach der Eroberung Roms 410 durch die Westgoten wurden die in Britannien stationierten römischen Soldaten abgezogen, da man sie auf dem Festland dringender brauchte. So stand die alte britische Kirche allein jenen Ereignissen der Völkerwanderung gegenüber, die sich auf den Britischen Inseln abspielten: Vom Norden her drangen die Pikten vor, vom Westen her kamen irische Eindringlinge. Am wichtigsten aber war das Vordringen der Angelsachsen, die über das Meer kommend im Südosten Fuß faßten. Sie eroberten den Raum um London und York, in dem die Romanisierung und Christianisierung am stärksten fortgeschritten war.

Die betroffenen Menschen – und unter ihnen eine große Zahl Christen – gerieten in schwere Bedrängnis. Einige wanderten aus und siedelten sich südlich des Kanals an; die Landschaft heißt nach ihnen bis heute Bretagne. Von Gallien aus gab es Bemühungen, mit den Christen in Britannien in Verbindung zu bleiben. Bischof Germanus von Auxerre unternahm eine Reise[30] – wohl im Jahr 429. Archäologische Untersuchungen förderten Löffel mit christlichen Inschriften zutage sowie römische Becken, die zur Taufe benutzt wurden.[31] Die Masse der Christen mußte natürlich in Britannien bleiben. Sie bewahrten ihren Glauben und hatten Kraft zu missionarischer Ausstrahlung. Ninian war von Papst Siricius (um 390) zum Bischof geweiht worden; in seiner Heimat gründete er ein Kloster, von dem Missionare nach Schottland und Irland ausgingen.[32] Von dem kurz nach 400 wirkenden Pelagius war mehrfach die Rede (Kap. 2 e, 3 b und c). In seiner Chronik berichtet Prosper, daß der 431 in Rom ordinierte Palladius zu den an Christus glaubenden „Schotten" gesandt worden sei.[33] Die Bezeichnung „Scotus" kann damals auch Bewohner Irlands meinen. Aus einheimischer Sicht schilderte der Mönch Gildas die Völkerwanderung in Britannien unter der

[26] Homil. 4,1 in Ezechiel.
[27] Demonstratio evangelica I,2, 13 und III, 4, 45.
[28] Beda I,7; ed. *C. Plummer,* Oxford 1896.
[29] *J.-D. Mansi,* Collectio conciliorum II, 466.
[30] Vita St. Germani 12, ed. *B. Krusch,* MGH SRM VII,1, 225 ff.
[31] *J. M. C. Toynbee,* Some notes on the Mildenhall Treasure. Forschungen zur Kunstgeschichte und Archäologie, II, 1953; *H. Vierck,* Cortina Tripodis. Zu Aufhängung und Gebrauch subrömischer Hängebecken aus Britannien und Irland, FMSt IV, 1970, 8–52.
[32] Lives of St. Ninian and St. Kentigern, ed. *A. P. Forbes,* 1874; ausgewertet bei *W. Delius,* Geschichte der irischen Kirche, München 1954, 16 ff.
[33] Ed. *Th. Mommsen,* MGH AA IX, 1896, 473.

Überschrift: „Von der Verwüstung und Wehklage Britanniens".[34] Seine Darstellung ist später in die Kirchengeschichte Englands von Beda (nach 700) hineingenommen worden. Gildas läßt erkennen, daß es in Britannien zahlreiche Kirchen gab, darunter eine in Canterbury, dem späteren Sitz des Erzbischofs.[35]
Die christlichen Gemeinden verloren mit der Zeit den Zusammenhang mit den Kirchen des Festlandes. Die neue Berechnung des Ostertermins durch Dionysius Exiguus (Kap. 6 g) wurde in Britannien nicht übernommen; Gildas kennt auch die Fortbildung der päpstlichen Amtstheorie durch Leo d. Gr. nicht.[36] Neben der altbritischen Kirche gewann bald eine Kirche in Irland an Bedeutung. An ihrem Anfang steht die Gestalt des heiligen Patrick, der in seiner „Confessio" Rechenschaft über sein Leben und Wirken ablegte.[37] Patrick wurde als 16jähriger aus Britannien nach Irland verschleppt, konnte von dort nach Gallien fliehen, wo Bischof Germanus von Auxerre sein Lehrer wurde. Nach einem Bekehrungserlebnis ging Patrick 432 nach Irland zurück. Er gründete zunächst ein Kloster und wirkte dann in Nordirland; später wendete er sich auch den anderen Teilen dieser Insel zu. Das Todesjahr Patricks wird auf 461 datiert. Sein Feiertag wird als „Patrickstag" noch heute von irischen Katholiken in aller Welt gefeiert.
Die erstaunliche Lebenskraft jener alten Kirchen auf den britischen Inseln lag wesentlich in ihrem klösterlichen Aufbau. Ein 476 gegründetes Kloster wurde zur ersten Stätte wissenschaftlicher Arbeit auf britischem Boden.[38] Der schon genannte Geschichtsschreiber Gildas († 578) arbeitete in einem Kloster.[39] Der irische Abt Finnian († 549) schuf ein Musterkloster, das für andere Klöster auch außerhalb Irlands zum Vorbild wurde.[40] Mehrere Nonnenklöster werden auf die heilige Brigitta zurückgeführt.[41] Oft deckten sich die Grenzen von Stämmen mit denen eines Klosters, die also offenbar sehr bodenständig verwurzelt waren. Von den Klöstern her wurde die Kirche gestaltet: „Alle Kleriker waren Mönche und beobachteten mit ihrem Bischof die Mönchsregel."[42] Die Oberaufsicht über die Kirche lag in den Händen des Klosterabtes. Christus konnte als „großer Abt", der Teufel als „Abt der Hölle" bezeichnet werden.[43] Diese klösterliche Leitung der Kirche bedeutete aber keine Abwendung von der Welt. Vielmehr ist die missionarische Aktivität ein Kennzeichen dieser Kirche. So verließ der Mönch Columban (der Ältere) 563 Irland und gründete auf der Insel Hy (Iona) zwischen Irland und Schottland ein Kloster, das neue Ausstrahlungskraft haben sollte.[44] Zeitweise wurde der Abt von Hy von der Kirche Schottlands als Leiter

---

[34] Ed. *Th. Mommsen,* MGH AA XIII, 1, 1898 (Chronica minora III).
[35] Gildas, Kap. 24.
[36] Gildas, Kap. 66, 106, 107 und 109.
[37] *L. Bieler,* The Life and Legend of St. Patrick, Dublin 1949; Libri epistolarum S. Patricii, ed. *L. Bieler,* Dublin 1952.
[38] Caerworgan, gegründet von Dubritius und Iltrut.
[39] In Langwarwan, gegründet um 550 durch St. Cadoc.
[40] Kloster Clonard an der Ostküste Irlands.
[41] *A. Curtayne,* Saint Birgid of Ireland ²1955.
[42] Beda, Kirchengeschichte III,4; ed. *C. Plummer,* Oxford 1896.
[43] *W. Delius,* a. a. O., 45.
[44] Vita St. Columbae, ed. *J. T. Flower,* 2 Bde., 1920. Verfasser war der Abt Adamnan († 704), der eine ältere Vita Columbae verwertete.

anerkannt und war auch Ehrenprimas für die Klöster Irlands und Britanniens.[45] Bischof Kentigern von Glasgow soll vor 600 schon Missionare nach Norwegen, Island und den Orkney-Inseln ausgesandt haben.[46] Die Reisebeschreibung Brendans gehört auch in diese Zeit und könnte sogar eine Fahrt nach Amerika meinen.[47]

d) Die Missionierung der Angelsachsen

Trotz dieser erstaunlichen missionarischen Aktivität wurden die im 5. Jh. in Südbritannien landenden Angelsachsen nicht missioniert. Zu stark war wohl das Gefühl der Feindschaft gegenüber diesen Eindringlingen. Gildas schreibt von den „wilden und berüchtigten Sachsen“ und nennt sie eine „Gott und den Menschen gleichermaßen verhaßte Rasse“[48]. So ist die Nachricht Papst Gregors I. glaubhaft, daß die benachbarten Priester sich leider nicht um die Angelsachsen gekümmert hätten.[49] Einen ersten Anknüpfungspunkt gab es zur fränkischen Kirche, als ein Angelsachsenkönig eine fränkische Prinzessin katholischen Glaubens heiratete. Jetzt entsandte Papst Gregor den Prior des römischen Andreasklosters Augustin mit einer Mönchsschar nach England. Sie wurde von der fränkischen Kirche unterstützt und fand Aufnahme am Hofe jenes Königs Ethelbert. Die aus der alten Römerzeit stammende Martinskirche in Canterbury wurde wieder aufgebaut. Schon 597 ließ sich König Ethelbert taufen, zahlreiche Anhänger folgten diesem Schritt. Der Papst hatte seinem Missionar Augustin kluge Anweisungen gegeben; so schrieb er ihm wegen der Götzentempel:

> „Man muß nämlich nicht die Götzentempel bei jenem Volk zerstören, sondern nur die darin befindlichen Götzenbilder. Es soll geweihtes Wasser in den Tempeln versprengt werden, Altäre aufgebaut und Reliquien niedergelegt werden. Soweit die Tempel gut gebaut sind, ist es nötig, sie aus Kultstätten der Dämonen in Orte des wahren Gottesdienstes umzuwandeln. Wenn das Volk sieht, daß die Tempel nicht zerstört werden, so wird es im Herzen seinen Irrtum ablegen, und, den wahren Gott erkennend und anbetend, wird es zu den Orten, die es gewohnt ist, zusammenkommen ...“[50]

Trotz dieser Weitherzigkeit hatte Gregor einiges Mißtrauen gegenüber den bestehenden Kirchen auf den britischen Inseln. Aus Irland war 592 der Mönch Columban (der Jüngere) auf das Festland gekommen. Er sah mit Bedenken die Zustände in der fränkischen Kirche; er wollte die Beichte intensivieren (oder überhaupt erst einführen), die Klöster sollten zu Zellen der Erneuerung für die Kirche

---

[45] Beda, Kirchengeschichte III,4; ed. *C. Plummer,* Oxford 1896.

[46] *K. H. Jackson,* The sources of the Life of St. Kentigern, Studies in the Early British Church, Cambridge 1958, 273–357.

[47] Brendan († 577) suchte die „terra promissa sanctorum“. Die Navigatio Brendani, ed. *C. Selmer,* Traditio 13 (1957), 313–344.

[48] Gildas, ed. *Th. Mommsen,* MGH AA XIII, 1, 1898, 38.

[49] Reg. VI, 57.

[50] Reg. XI, 56, abgedruckt auch bei *C. Mirbt,* Quellen zur Geschichte des Papsttums, sämtliche Auflagen.

werden. Columban bemühte sich um Kontakte zum Papst, er hat vermutlich drei Briefe an Gregor I. geschrieben.[51] Aber es gibt keinen Antwortbrief Gregors, in seinem so ausführlichen Briefwechsel sucht man den Namen Columban vergeblich. Freilich machte es Columban auch nicht leicht zu antworten; er schrieb zwar teils demütig-bittend, dann aber auch energisch fordernd. Ein Anliegen war für Columban die Berechnung des Ostertermins, die inzwischen neu gestaltet worden war; nur hatten die Christen auf den britischen Inseln diese neue Berechnung nicht mitbekommen. So konnten die alten einheimischen Kirchen auf den britischen Inseln nicht bruchlos mit der neu entstehenden Kirche unter den Angelsachsen zusammenwachsen. Erst auf einer Synode 664 kam es zu einer Entscheidung (Teil I/7).

Obwohl die neu gegründete Kirche bei den Angelsachsen einstweilen sehr klein und weithin nur vom König abhängig war, machte Papst Gregor I. große Pläne mit Bistümern und Erzbistümern.[52] Er ernannte seinen Missionar Augustin zum Erzbischof von Canterbury. Abt Mellitus wurde 604 Bischof von London.[53] Dort weihte er die St.-Pauls-Kathedrale, die – wenn auch häufig renoviert – noch heute steht. Nach Gregors Tod gab es Rückschläge, zumal 616 nach dem Tode des Königs Ethelbert. Bei der angelsächsischen Bevölkerung war das Christentum noch nicht festgewurzelt. Der neue Erzbischof Laurentius von Canterbury dachte daran, nach Gallien auszuwandern, doch blieb er auf seinem Posten nach einem Traum, in dem ihn Petrus zurechtgewiesen hatte.[54] Eine neue Möglichkeit eröffnete sich 625: König Edwin von Northumberland heiratete eine Tochter des verstorbenen Königs Ethelbert, die eine aktive Christin war. Jetzt wurde York zu einem neuen Zentrum. Bischof Paulinus vertrat seine Sache so überzeugend, daß König Edwin übertreten wollte. Aber vorher hielt er eine Beratung mit seinen Adligen ab. Nach dem Bericht Bedas war es der heidnische Oberpriester, der die Annahme der neuen Religion empfahl, da er am alten Glauben zweifelte. Nach ihm sprach ein anderer Vornehmer über den Sinn des Lebens:

> „So scheint mir, o König, das gegenwärtige Erdendasein der Menschen im Vergleich zu der uns unbekannten Zeit zu sein: Wenn du beim Essen bist mit deinen Fürsten und Dienern zur Winterszeit, und das Feuer brennt in der Mitte der Halle wärmend, während draußen der Wintersturm rast mit Regen oder Schnee, da kommt ein Spatz eiligst durch das Haus geflogen. Durch die eine Öffnung kommt er hinein, durch die andere fliegt er rasch wieder hinaus. In jener Zeit, die er im Hause ist, rührt ihn das Winterwetter nicht an, aber den kleinen Raum der Behaglichkeit hat er rasch durchflogen, und vom Winter in den Winter zurückkehrend entschwindet er deinen Augen. So erscheint auch das Leben der Menschen erträglich; was aber folgt, und was vorher war, das wissen wir nicht. Wenn diese neue Lehre

[51] Ed. *W. Gundlach,* MGH Ep III, 1892, 156 vom Jahre 600. Zwei weitere Briefe lassen sich erschließen.
[52] Beda, Kirchengeschichte Englands I,29; ed. *C. Plummer,* Oxford 1896.
[53] Beda, Kirchengeschichte Englands II,3.
[54] Beda, Kirchengeschichte Englands II,5.

> uns etwas Sichereres bringt, dann scheint mir, sollte man ihr verdientermaßen folgen."[55]

Der heidnische Oberpriester beginnt selbst mit der Zerstörung eines heidnischen Tempels, Ostern 627 läßt sich König Edwin mit seinen Beratern taufen. Bischof Paulinus von York wurde Erzbischof und konnte sechs Jahre lang erfolgreich wirken. Sicher haben auch für diesen angelsächsischen König politische Überlegungen mitgespielt; ganz deutlich ist aber auch die Tatsache, daß eine persönliche Entscheidung getroffen worden ist, die nicht nur politisch motiviert war. Papst Gregor I. hat diese letzten Erfolge nicht mehr miterlebt. Aber es ist Tatsache, daß er den entscheidenden Anstoß zu dieser weit ausgreifenden Missionsunternehmung gegeben hat. Neben Italien, Spanien, Gallien, den Rheinlanden und dem Alpen-Donau-Raum sollten die britischen Inseln mit ihren verschiedenen Volksstämmen ein weiterer wesentlicher Schauplatz werden, der die Kontinuität der Kirche und der Kultur im Abendland von der Antike zum Mittelalter hinübertrug. Auch in England hat die Völkerwanderung die Kirche schwer getroffen. Am Ende der Völkerwanderung stand aber auch in England eine neue angelsächsische Kirche. Die Synthese zwischen Christentum und Germanen war auch in Britannien am Anfang des 7. Jh. erreicht.

[55] Beda, Kirchengeschichte Englands II,13.

Zeittafel

um 180	Irenäus erwähnt Christen in Germanien
um 200	Tertullian erwähnt Christen in Germanien und Britannien
264	Verschleppung kleinasiatischer Christen durch Goten
311–383	Wulfila, Gotenbischof und Bibelübersetzer
313	Bischöfe aus Germanien und Britannien nehmen an Synode in Rom teil
325	Theophilus, Bischof von Gothien, unterschreibt in Nicäa
348	Flucht des Gotenbischofs Wulfila mit seiner Gemeinde nach gotischer Christenverfolgung in das oströmische Reich
354–430	Kirchenvater Augustin
369	Christenverfolgung durch Gotenfürst Athanarich
376	Übertritt der Westgoten unter Fritigern in das oströmische Reich und zum christlichen Glauben homöischen Bekenntnisses
381	Synode in Konstantinopel verwirft das homöische Bekenntnis, das sich bei den Germanen ausbreitet (Germanischer Arianismus)
387	Taufe Augustins durch Ambrosius von Mailand
410	Eroberung Roms durch Westgoten unter Alarich
411–431	Streit um die Theologie des Pelagius
415	Niederlassung der Westgoten in Südgallien und Spanien
429	80 000 Wandalen setzen nach Nordafrika über
430	Augustin stirbt in seiner belagerten Bischofsstadt Hippo
431	Konzil von Ephesus entscheidet sich für die Bezeichnung „Gottesmutter“ für Maria unter dem Einfluß von Papst Caelestin
432	Patrick beginnt seine Mission in Irland
439	Wandalen erobern Karthago
um 440	Salvian schreibt „Über die Weltregierung Gottes“
449	Angelsachsen beginnen Landnahme im Süden Britanniens
449	Lehrbrief Papst Leos d. Gr. an Flavian über die Zweinaturenlehre
451	Konzil von Chalkedon beschließt Zweinaturenlehre im Sinne Leos I.
451	Römer und Goten besiegen die Hunnen in Gallien
453–483	Wirksamkeit des hl. Severin im Donauraum östlich Passau
455	Wandalen erobern von See her Rom
476	Germanenführer Odoaker stürzt den letzten weströmischen Kaiser und nennt sich König von Italien
484–519	Acacianisches Schisma zwischen Rom und Konstantinopel wegen der Zweinaturenlehre
486	Frankenkönig Chlodwig besiegt das letzte römische Heer in Gallien unter Syagrius
493	Ostgotenkönig Theoderich erobert Italien
494	Papst Gelasius formuliert seine Zweigewaltentheorie

498	Frankenkönig Chlodwig wird katholisch getauft durch Bischof Remigius von Reims
502	Ennodius von Pavia begründet den Grundsatz: „Der Papst kann von niemandem gerichtet werden"
507	Frankenkönig Chlodwig besiegt die Westgoten, die sich auf Spanien beschränken müssen
511	Erste fränkische Landessynode von Orléans
524	Boethius hingerichtet („De consolatione philosophiae")
525	Dionysius Exiguus begründet die Zeitrechnung nach Christi Geburt
526	Papst Johannes I. stirbt im Gefängnis
526	Ostgotenkönig Theoderich gestorben
527–565	Kaiser Justinian, Pläne zur Restauration des römischen Reiches
529	Synode von Orange (Gallien): Unter Einfluß des Bischofs Caesarius von Arles werden augustinische Sätze zur Gnadenlehre angenommen
529	Benedikt von Nursia gründet Kloster Monte Cassino
531	Franken erobern das Reich der Thüringer
533/534	Byzantiner erobern Nordafrika
535–553	Byzantiner erobern Italien
540	Cassiodor, Berater der Ostgoten, zieht sich in das von ihm gegründete Kloster Vivarium zurück
537–556	Papst Vigilius, gibt in Konstantinopel im Dreikapitelstreit nach, Empörung im Abendland
um 550	Katholischer Gote Jordanes schreibt Gotengeschichte
um 550	Facundus von Hermiane (Nordafrika) schreibt für die Drei Kapitel
556–561	Papst Pelagius, erlebt Mißtrauen des Abendlandes
568	Einbruch der Langobarden in Italien
587	Westgotenkönig Rekkared tritt zum Katholizismus über
589	Synode von Toledo konstituiert westgotisch-katholische Kirche
um 590	Frankengeschichte des Bischofs Gregor von Tours
590	Irischer Mönch Columban kommt nach Gallien
590–604	Papst Gregor d. Gr.
596	Beginn der Angelsachsenmission
597	Angelsachsenkönig Ethelbert von Kent läßt sich taufen
598	Friedensschluß mit Langobarden
627	Angelsachsenkönig Edwin von Northumberland läßt sich taufen
636	Bischof Isidor von Sevilla gestorben
697	Karthago durch Mohammedaner erobert

Literaturnachträge zur 3. Auflage

Zu 4. Allgemeine Geschichte

H. Dieter / R. Günther, Römische Geschichte bis 476, Berlin ^{2}1981

B. Töpfer (Hrsg.), Allgemeine Geschichte des Mittelalters, Berlin 1985

Zu 5. Allgemeine Darstellungen zur Kirchengeschichte jener Epoche

H. Opitz, Die Alte Kirche. Ein Leitfaden durch die ersten fünf Jahrhunderte, Berlin 1983

M. Greschat (Hrsg.), Gestalten der Kirchengeschichte, 12 Bände; Bd. 2: Alte Kirche 2, Stuttgart 1984; Bd. 3: Mittelalter 1, Stuttgart 1983; Bd. 11: Das Papsttum 1, Stuttgart 1985

Zu 7. Amt – Papsttum – Kirchenrecht

W. Ullmann, Gelasius I. (492–496). Das Papsttum an der Wende der Spätantike zum Mittelalter, Stuttgart 1981

St. O. Horn, Petrou Kathedra. Der Bischof von Rom und die Synoden von Ephesus (449) und Chalcedon, Paderborn 1982

H. Arens, Die christologische Sprache Leos d. Gr., Freiburg/Basel/Wien 1982

Zu 8. Bibel und Liturgie

E. Nagel, Kindertaufe und Taufaufschub. Die Praxis vom 3.–5. Jahrhundert in Nordafrika und ihre theologische Einordnung bei Tertullian, Cyprian und Augustin, Frankfurt (Main) 1980

K. B. Schnurr, Hören und handeln. Lateinische Auslegungen des Vaterunsers in der Alten Kirche bis zum 5. Jahrhundert, Freiburg/Basel/Wien 1985

Zu 9. Theologie- und Dogmengeschichte

R. Schlieben, Cassiodors Psalmenexegese, Göppingen 1979

J. Badewien, Geschichtstheologie und Sozialkritik im Werk Salvians von Marseille, Göttingen 1980

A. Grillmeier, Jesus der Christus im Glauben der Kirche, Bd. I: Von der apostolischen Zeit bis zum Konzil von Chalcedon (451), Freiburg/Br. ^{2}1982

J. Le Goff, Die Geburt des Fegefeuers, Stuttgart 1984

Zu 10. Augustin

W. Wieland, Offenbarung bei Augustinus (Tübinger Theol. Studien 12), Mainz 1978

W. Geerlings, Christus Exemplum. Studien zur Christologie und Christusverkündigung Augustins (Tübinger Theol. Studien 13), Mainz 1978

K. Flasch, Augustin. Einführung in sein Denken, Stuttgart 1980

L. Wittmann, Ascensus. Der Aufstieg zur Transzendenz in der Metaphysik Augustins, München 1980

I. Opelt, Die Polemik in der christlich-lateinischen Literatur von Tertullian bis Augustinus, Heidelberg 1980
C. Andresen, Das Augustingespräch (1960–1980), in: Zum Augustingespräch der Gegenwart II (Wege der Forschung 328), Darmstadt 1981, 1–34
H.-I. Marrou, Augustinus und das Ende der antiken Bildung, Paderborn 1982

Zu 11. Germanen und Germanenmission
K. Schäferdiek, Die Fragmente der „Skeireins" und der Johanneskommentar des Theodor von Herakleia, Zeitschrift f. dt. Altertum u. dt. Literatur 110 (1981), 175–193
G. Haendler, Wulfila, in: Gestalten der Kirchengeschichte, hrsg. v. M. Greschat, Bd. 2, Stuttgart 1984, 63–74

Zu 14. Die Kirche in Gallien
P. Gassmann, Der Episkopat in Gallien im 5. Jh., Bonn 1977

Zu 18. Das Mönchtum
J. F. Tschudy / F. Renner, Der heilige Benedikt, St. Ottilien 1979
F. Prinz, Askese und Kultur. Vor- und frühbenediktinisches Mönchtum an der Wiege Europas, München 1980
D. König, Amt und Askese. Priesteramt und Mönchtum bei den lateinischen Kirchenvätern in vorbenediktinischer Zeit, St. Ottilien 1985
B. Steidle, Beiträge zum alten Mönchtum und zur Benediktusregel, hrsg. v. U. Engelmann, Sigmaringen 1986